现代经济与管理类系列教材

会计综合实训

（含会计人工智能基础）

主编 戴 悦 孙 薇

清华大学出版社

北京交通大学出版社

·北京·

内 容 简 介

本书是财务与会计专业综合类的实验实训教材，可用于"会计综合实训"课程使用和"会计学""会计人工智能基础"等课程的课内实验环节补充使用。全书以大型制造业企业财务会计岗位工作为主线，用 7 个前后衔接的实训展现了企业财务会计核算的完整流程及其业务逻辑，着重于实用性和针对性。为方便教学和教材的使用，每个实训均设计了实训目的、实训组织、实训内容、实训任务 4 个模块。本书将时代发展新思想、学科研究新进展、实践发展新经验、社会需求新变化及时纳入教材。针对当前"大智移云"等新技术、新技能对财务会计领域的影响，增加"会计人工智能基础实训"一章。

本书适用于会计专业、财务专业等相关专业的本科生、高职高专学生的实验与实训学习。读者将通过学习本书，掌握会计核算的基本流程与方法，熟悉会计人工智能的基础方法与技能，提升实际操作能力和综合素质，从而满足会计职业需求，实现理论与实践的有效结合。

图书在版编目（CIP）数据

会计综合实训：含会计人工智能基础 / 戴悦，孙薇主编. -- 北京：北京交通大学出版社：清华大学出版社，2025. 8. -- ISBN 978-7-5121-5626-5

Ⅰ. F230

中国国家版本馆 CIP 数据核字第 2025Z2S241 号

会计综合实训（含会计人工智能基础）
KUAIJI ZONGHE SHIXUN (HAN KUAIJI RENGONG ZHINENG JICHU)

责任编辑：吴嫦娥

出版发行：	清华大学出版社	邮编：100084	电话：010-62776969	http://www.tup.com.cn
	北京交通大学出版社	邮编：100044	电话：010-51686414	http://www.bjtup.com.cn
印 刷 者：	北京鑫海金澳胶印有限公司			
经　　销：	全国新华书店			

开　　本：185 mm×260 mm　　印张：17.25　　字数：442 千字
版 印 次：2025 年 8 月第 1 版　　2025 年 8 月第 1 次印刷
定　　价：49.00 元

本书如有质量问题，请向北京交通大学出版社质监组反映。对您的意见和批评，我们表示欢迎和感谢。

投诉电话：010-51686043，51686008；传真：010-62225406；E-mail：press@bjtu.edu.cn。

前言

在"大智移云"技术深刻重塑经济社会格局的时代背景下，财务会计领域正经历前所未有的变革浪潮。《企业会计准则》持续深化实施（如收入准则、金融工具准则、租赁准则的重大修订），企业会计准则体系与国际准则持续趋同；《中华人民共和国会计法》修订稳步推进，进一步强化会计监督职能，规范会计行为；财政部《会计信息化发展规划(2021—2025 年)》更是明确提出要推动会计工作数字化转型，加快形成与现代经济发展相适应的智能会计体系。与此同时，大数据、人工智能、机器人流程自动化（RPA）、云计算等新技术正以前所未有的深度和广度融入财务工作的核心流程，推动着会计核算从传统手工、电算化阶段，向自动化、智能化、共享化的高阶形态跃迁，对财务人员的知识结构和能力素养提出了全新要求。

正是在这样充满机遇与挑战的时代节点上，我们编写了这本《会计综合实训》。本书立足于培养适应新时代需求的复合型、应用型财会人才，紧密对接国家最新政策导向与行业前沿实践。我们深刻认识到，扎实的会计核算基本功是财会人员的立身之本，而拥抱新技术、掌握新工具则是未来职业发展的关键引擎。因此，本书的核心设计思想是"固本强基，拥抱智能"。

（1）**固本强基**：全书以一家大型制造业企业的完整经济业务流程为蓝本，精心设计了7 个前后紧密衔接、逻辑严谨的实训模块。这 7 个模块系统覆盖了从建账、日常业务处理（采购、生产、销售、薪酬、资产）、成本核算、期末账项调整与结转，直至最终编制财务报表、进行纳税申报的"全流程会计核算工作"。本书的业务流程强化业务的会计核算本质和流程逻辑，弱化手工账和电子账在核算处理中的操作步骤区别，力在突出会计核算流程的底层逻辑，弱化程序化流程训练，使学习者经过了本书的训练后能够具备应对各种核算形式的实践操作能力。我们力求通过高度仿真的业务场景和原始凭证，让学习者在动手实践中深刻理解企业经济业务的实质、会计核算的原理与规范操作流程，牢固掌握会计确认、计量、记录和报告的核心技能，这是应对一切变革的坚实基础。

（2）**拥抱智能**：针对大数据、人工智能等技术对财务领域的深刻渗透，本书与时俱进，专门增加了"会计人工智能基础实训"一章。这并非简单的概念介绍，而是聚焦于当前财务工作中真实应用的智能化场景与工具基础。我们引导学习者初步探索：如何利用工具在大数据中进行会计数据特征的提取；如何利用智能化工具进行财务分析并进行可视化处理；如何利用RPA 技术自动化处理规则明确的重复性核算任务（如租金计算、员工工资、个税及五险一金计算等）。该章旨在破除技术的神秘感，通过易上手、好操作的实训案例，帮助学习者理解智能化工具背后的基础逻辑、典型应用及其对传统会计工作模式的影响，为未来学习和应用更先进的智能财务解决方案打下认知基础和实践铺垫。

本书面向对象是会计专业、财务专业等相关专业的本科生、高职高专学生，适用于"会计综合实训"独立设课，也可作为"会计学""智能财务"等课程的配套实训资源。我们由衷希望，通过本书的系统学习和实践操作，学习者不仅能构建起清晰、完整的企业会计核算框架，练就扎实的专业实操技能，更能打开一扇通向智能财务新世界的大门，理解技术变革的趋势，培养拥抱变化、持续学习的意识和能力，最终成长为能够有效连接传统会计智慧与现代信息科技，满足数字经济时代职业需求的高素质、复合型财会人才。

本书的编写力求严谨务实，紧跟前沿，但受限于作者水平及技术发展的日新月异，疏漏之处在所难免，恳请广大师生和业界专家不吝赐教，以便我们不断完善。

特别感谢厦门网中网软件有限公司提供的大量业务与凭证素材，给予了本书大力的支持！谨以此书献给所有在会计道路上求索奋进的学子与实践者！

编　者
2025 年 7 月

目录

实训 1
企业业务认知

　　我们将以北京东方家具有限公司会计人员的身份开始各项会计工作。会计是一门描述企业经济业务活动的专业工作，因此，我们要做好会计工作就必须先了解企业的基本情况，明确企业有哪些部门，生产什么产品，生产流程有哪些。摸清企业的基本情况，是会计人员进行会计工作的前提条件。

1.1　实训目的

　　了解北京东方家具有限公司的基本情况、组织结构、生产产品和生产流程。

1.2　实训组织

　　实训可以选择分组完成，也可以选择个人轮岗完成；可以选择如下形式。
　　（1）五人一组：按照财务经理（王志）、财务会计（王平）、成本会计（陆梅）、税务会计（张峰）和出纳（孙朋）这五个角色进行实训。
　　（2）三人一组：按照财务经理（王志）、财务会计（王平）和出纳（孙朋）这三个角色进行实训。
　　（3）个人轮岗：由一个人担任多个岗位，在轮岗的过程中学习不同岗位之间的差异。
　　本实训可按如下形式进行教学：进行该项实训认知→提交问题→教师解答→小组发言→按照实训要求完成本章实训任务→提交任务。

1.3　实训内容

1.3.1　企业性质、经营模式及经营范围

　　（1）企业性质：家具制造企业。

（2）经营模式：经销批发模式允许制造商通过经销商和批发商的网络来扩大其产品的销售范围，而不必直接与每一个零售商或最终消费者打交道。

（3）经营范围：公司主要从事办公家具的生产和销售，主要产品有办公桌和办公椅、会议桌。

1.3.2 公司组织机构

北京东方家具有限公司在册职工人数为 41 人，设有人力资源部、财务部、信息技术部、产品设计与开发部、采购部、生产部、物流部、质量控制部、销售部、客户服务部与行政部共 11 个部门，组织架构如图 1-1 所示。

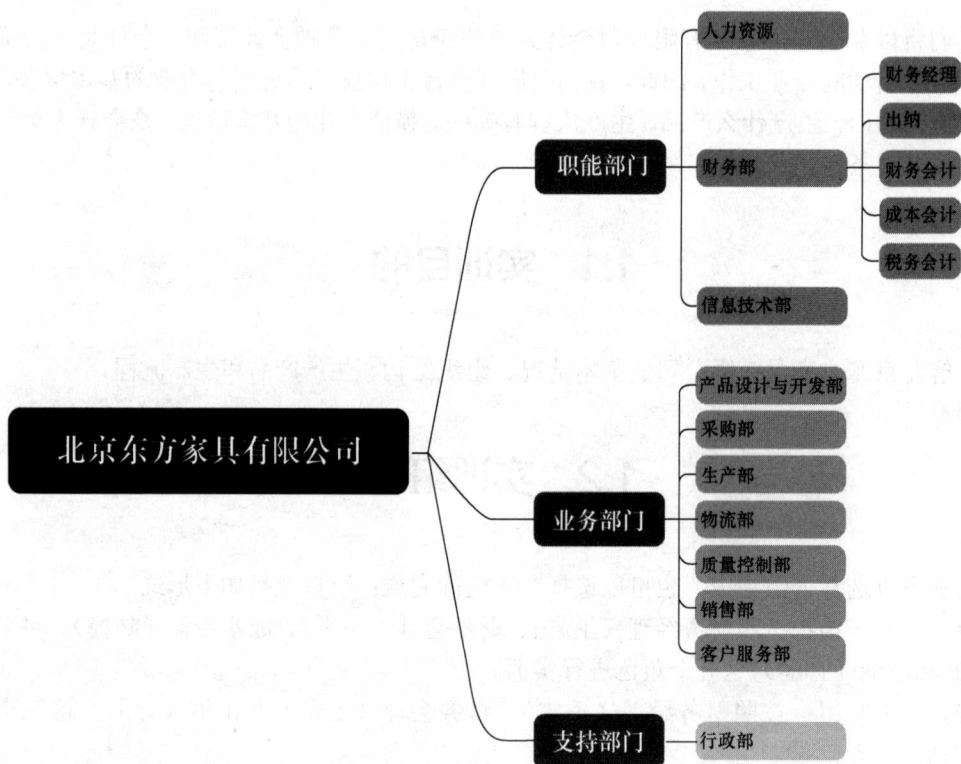

图 1-1　北京东方家具有限公司组织架构

1.3.3 公司生产流程

北京东方家具有限公司所生产的产品包括办公桌和办公椅、会议桌。三种产品的生产所用原料在生产开始时一次投入，机修车间为全厂提供机器维修服务。

基本生产车间包含木工车间、装配车间和油漆车间，其生产工序主要包括切割、加工、组装、出产成品。生产流程大概如下：根据设计图纸将原材料切割成所需尺寸和形状，对切割后的原材料进行进一步加工，如打磨、钻孔等，最后将加工好的部件按照设计要求组装成成品。

生产过程中，主要领用材料包括普通胶合板、特种胶合板、油漆、酒精。其中，普通胶合板主要用于生产白色办公桌、黑色办公桌、普通办公桌、精品办公椅，特种胶合板主要用于棕色会议桌、高档办公桌、高档办公椅。

1.4 实训任务

（1）小组提交讨论记录稿。讨论记录稿内容可以包含该公司组织架构或者生产流程是否存在理解难点。

（2）根据以上描述，按照自己的理解绘制出东方家具有限公司的生产过程图。

实训 2
企业会计机构与会计制度认知

通过实训 1 的企业认知，我们已基本了解了北京东方家具有限公司的生产情况及组织机构。作为一名会计人员，我们将深入了解北京东方家具有限公司的会计机构，了解会计岗位的设置、会计基本业务流程和会计制度规定。我们的会计综合实训将在这个会计机构中进行，每一名同学都将是会计岗位上的一员，按照会计基本业务流程和会计制度规定办理每一项会计事务。所以，请大家在老师的引导下认真实习本实训的内容，并将其与网上搜索的资料进行对比，认知一般企业的会计机构，了解企业会计制度。

2.1　实训目的

（1）了解北京东方家具有限公司会计部门结构。
（2）熟悉该公司各会计人员职责分工，并按照其岗位分工情况完成小组组建。
（3）掌握各岗位人员的工作任务、工作流程、办理各项业务所需的工作制度及操作要求，按照该公司的岗位分工、会计制度和操作要求进行模拟实训。

2.2　实训组织

1. 会计机构认知实训

分组进行该项实训认知→上网查询类似家具公司会计机构（如宜家家居）→讨论北京东方家具有限公司会计结构设置、会计岗位设置和人员分工的合理性→提交问题→教师解答→组建实训小组，完成第一轮实训模拟岗位→提交分组情况与组内分工。

2. 会计制度、会计工作、会计业务办理一般流程认知

教师讲解→教师布置任务→小组讨论并按照分岗情况模拟该项任务的完成过程→提交工作过程总结。

2.3　实训内容

2.3.1　公司会计机构设置

1. 独立设置的会计机构——北京东方家具有限公司财务科

《中华人民共和国会计法》规定，会计机构的设置可有三种方式：第一，设置独立的会计机构，如北京东方家具有限公司单独设置财务科，专门负责会计业务的处理，具有一定规模的单位均采用此种方式设置会计机构；第二，在有关机构中设置会计人员并指定会计主管人员，如一些小型企业可在办公室等机构中设置 1 名会计人员、1 名会计主管，从事会计业务处理；第三，委托代理记账，对于更小的、不具备单独设置会计机构和会计人员的单位而言，可以委托经批准的代理记账机构进行代理记账。北京东方家具有限公司独立设置了财务科作为会计机构，并配备 5 名会计人员从事会计工作。

2. 北京东方家具有限公司会计人员职责分工（见表 2-1）

表 2-1　北京东方家具有限公司会计人员职责分工

人员名称		承担职责分工
财务经理		负责组织公司的日常核算，对会计人员编制的记账凭证及公司发生的各项经济业务进行审核；登记总分类账、编制会计报表；制订公司内部控制制度，编制财务预算；负责保管财务专用章
出纳人员		负责现金收付和银行结算业务，负责登记库存现金日记账和银行存款日记账，负责发放工资
会计人员	财务会计人员	负责编制日常经济业务记账凭证；负责登记明细账；负责编制财务报表、配合财务经理的工作
	成本会计人员	负责采购原材料、存货、固定资产业务，并对公司的成本与费用进行核算
	税务会计人员	负责纳税申报及公司个人工资问题；开具发票，保管发票专用章，负责会计档案的整理和管理

3. 北京东方家具有限公司会计核算流程（见图2-1）

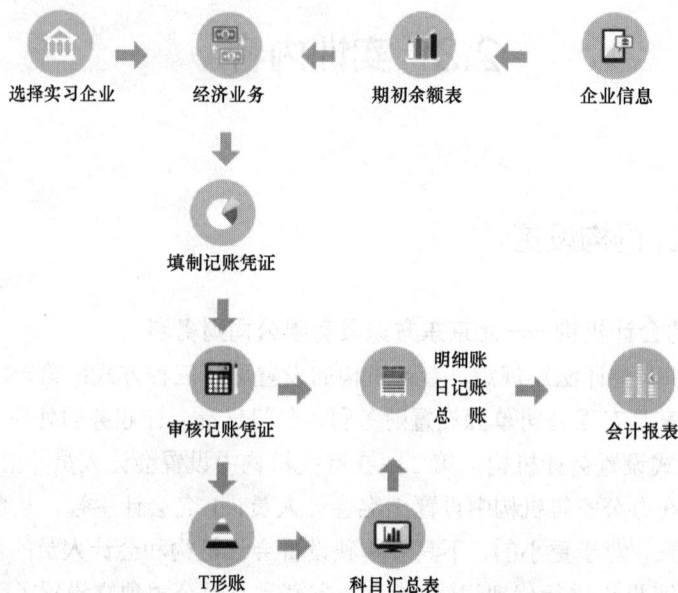

图2-1 北京东方家具有限公司会计核算流程

2.3.2 公司会计工作任务及其会计制度

1. 财务经理

[任务1] 会计制度设计工作

设计企业会计制度，包括设计企业会计组织机构、进行岗位划分及职责界定，设计会计科目、会计凭证、账簿格式及各项会计事务的办理流程。

[任务2] 会计监督与决策工作

（1）进行会计监督：包括审批收支票据、审查经济合同、审查财务会计报告、审计会计工作质量等任务。

（2）参与经营决策：包括参与固定资产采购、改扩建等重大投资项目的论证、计划与实施；参与企业重要筹资项目的论证、计划与实施；参与企业利润分配方案的制定等重大事项的决策。

[任务3] 会计部门工作计划与组织实施

制定会计机构工作计划，制定财务管理工作计划，按照工作计划和会计制定规定组织实施各项会计工作。

[任务4] 总账业务办理

（1）建立总账账簿：根据总分类会计科目建立总账账簿，总账账簿采用订本式外表形式和三栏式账页格式。

① 总分类账会计科目表（见表2-2）。

表2-2　总分类会计科目表

一、资产类		二、负债类	三、权益类	四、成本类	五、损益类
库存现金	长期股权投资减值准备	短期借款	实收资本	生产成本	主营业务收入
银行存款	其他权益工具投资	交易性金融负债	资本公积	开发成本	租赁收入
其他货币资金	投资性房地产	应付票据	其他综合收益	制造成本	其他业务收入
交易性金融资产	投资性房地产累计折旧	应付账款	盈余公积	研发支出	公允价值变动损益
应收票据	投资性房地产减值准备	预收账款	本年利润	应收退货成本	投资收益
应收账款	投资性房地产累计摊销	合同负债	利润分配	合同履约成本	资产处置损益
预付账款	长期应收款	应付职工薪酬	库存股	合同履约成本减值准备	其他收益
应收股利	未实现融资收益	应交税费	专项储备	合同取得成本	营业外收入
应收利息	应收融资租赁款	应付利息	其他权益工具	合同取得成本减值准备	主营业务成本
其他应收款	应收融资租赁款减值准备	应付股利			其他业务成本
坏账准备	固定资产	其他应付款			税金及附加
材料采购	累计折旧	持有待售负债			销售费用
在途物资	固定资产减值准备	递延收益			管理费用
原材料	在建工程	长期借款			财务费用
材料成本差异	工程物资	应付债券			勘探费用
库存商品	固定资产清理	租赁负债			资产减值损失
发出商品	生产性生物资产	长期应付款			信用减值损失
商品进销差价	生产性生物资产累计折旧	未确认融资费用			营业外支出
委托加工物资	油气资产	专项应付款			所得税费用
周转材料	累计折耗	预计负债			以前年度损益调整
融资租赁资产	使用权资产	递延所得税负债			
存货跌价准备	使用权资产累计折旧				
合同资产	使用权资产减值准备				
合同资产减值准备	无形资产				
持有待售资产	累计摊销				
持有待售资产减值准备	无形资产减值准备				
债权投资	商誉				
债权投资减值准备	长期待摊费用				
其他债权投资	递延所得税资产				
长期股权投资	待处理财产损溢				

② 建立总账账簿工作步骤（见图 2-2）。

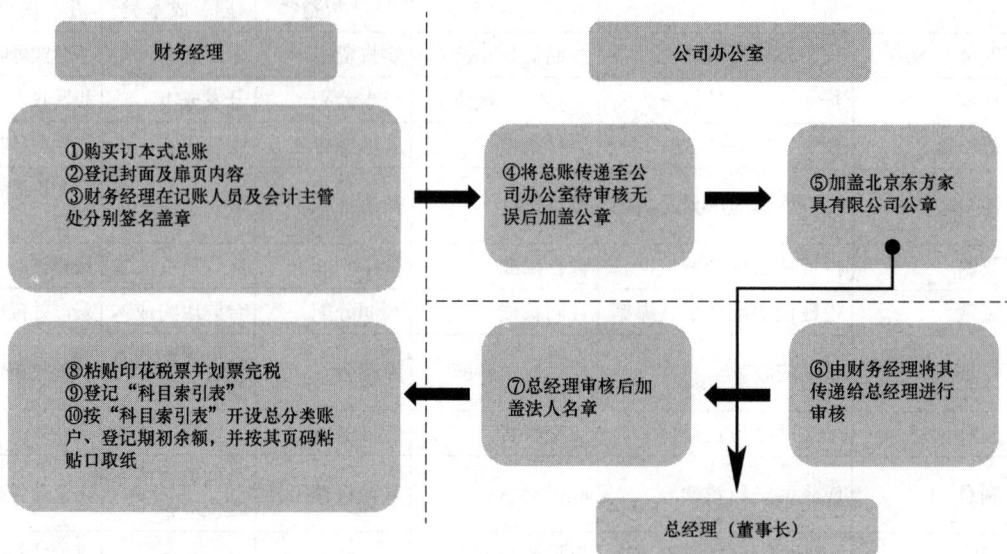

图 2-2　总账账簿工作步骤

（2）编制科目汇总表。

（3）记账、对账与结账。

[任务 5] 销售业务办理

（1）销售由销售部门负责，业务员负责与客户谈判，签订的销售合同必须由财务部经理和总经理核准才能生效。

（2）赊销政策由销售部经理、财务经理和总经理会签核准后执行，财务部会计人员在核准的赊销政策下办理赊销业务，但不得越权办理。

（3）现金折扣和销售折扣与折让等必须经销售部经理、财务经理和总经理会签核准才能执行，业务员不得自行给予客户任何类型的折扣。

[任务 6] 采购业务办理

（1）采购部应根据经批准的生产计划编制采购计划，采购计划应由采购部经理和财务经理、总经理会签。

（2）采取预付账款结算的，应报请财务经理和总经理核准，并由财务部监督预付账款的管理。

（3）财务经理和采购部门建立合格供应商名单管理，合格供应商应由内部各部门集体决策。

[任务 7] 固定资产业务管理

（1）一般固定资产的采购由使用部门提出申请，经财务经理和总经理核准后采购，对于重大固定资产，需要编制项目可行性研究报告，报公司董事会批准后才能采购。

（2）固定资产的验收由使用部门、固定资产管理部门共同验收，财务经理和总经理核准。

[任务 8] 工资及奖金业务办理

工资根据员工的学历、资质等综合确定。奖金主要根据本月的经营业绩及综合考评发放，一般由办公室主任、财务经理和总经理协商后确定一个完整的绩效考核体系。

[任务 9] 稽核

财务的稽核工作，主要复核会计凭证和账表内容是否真实、合法、有效，手续是否完备，金额、会计科目是否正确等。

[任务 10] 财务报告审核

月末，在办理对账、结账的基础上，编制利润表和资产负债表后签名并盖章，年末编制现金流量表和所有者权益变动表后签字并盖章。所有财务会计报告均由财务经理和总经理签名并盖章，并加盖公章后方可对外报送。

[任务 11] 组织档案管理

按照《会计档案管理办法》要求，财务经理应按月收集、整理当月的会计资料，并分类进行保管和装订。年末，对所保管资料进行归档管理。会计部门按规定对会计档案进行保管，保管期满后会计部门自行保管档案的，需编制"档案保管清册""档案使用登记簿""档案销毁清册"，负责档案的使用、保管、销毁工作；需移交给专门档案管理部门进行保管的，应编制"档案移交清册"，办理移交工作。

2. 出纳

[任务 1] 建立现金、银行存款日记账

建立现金、银行存款日记账过程见图 2-3。

银行存款设置基本银行账户——交通银行北京大兴支行账户。

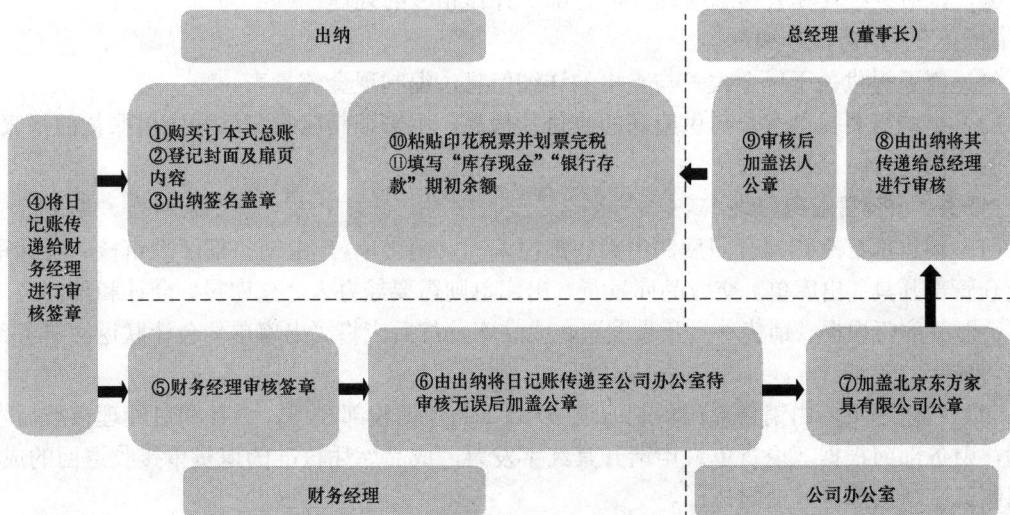

图 2-3　建立现金、银行存款日记账过程

[任务 2] 办理现金、银行存款收款、付款业务
[任务 3] 管理库存现金等及相关印鉴

（1）库存现金实行限额管理，核定的库存现金限额为 30 000.00 元，现金使用范围按《现金管理暂行条例》规定执行。

（2）现金和银行存款的支付必须凭有效的审批单据才能支付，具体由出纳办理。有效的审批单据可以是《付款申请书》《报销单》等，审批过程为经办人签字确认，部门经理签核意见，会计人员审核，财务经理审批，总经理核准。

（3）公司在证券公司开设的保证金账户视同银行存款账户进行管理，证券投资的买卖必须由财务经理和总经理核准后才能进行。

[任务4] 登记现金、银行存款日记账并结账

（1）会计员不得经手货款和货物，所有的款项直接打入公司的银行账户，不得收受现金，由出纳填制原始凭证。

（2）在银行存款日记账中记录每日的所有收款和付款事项，企业每一笔交易都有相应的凭证支持，如发票、收据、付款申请等。

（3）定期对银行存款账户进行结账，准备结账报告，展示期间内的现金和银行存款的变动情况。

[任务5] 配合进行现金、银行存款清查

（1）银行汇票、银行承兑汇票等票据视同现金管理，由出纳保管，相关的支付需按公司的支付流程办理。银行承兑汇票的贴现必须经过财务经理和总经理的核准。财务部应登记备查簿，并定期进行盘点核对。

（2）保证金账户由财务部编制保证金的明细表，与银行承兑汇票相互稽核。

（3）公司财务部每月终了前必须由出纳对现金进行一次全面的盘点，并填制《库存现金盘点表》，由财务经理监盘，并在《库存现金盘点表》审核签字。

（4）银行存款应根据银行存款对账单编制银行存款余额调节表，如发现不符，应及时查明原因，报财务经理和公司总经理，财务部一并作相应的处理。

[任务6] 财务报告编制

（1）需要提供关于现金收入与支出的详细信息，编制现金流量表。

（2）出纳需要提供客户与供应商的收付款信息，用来编制应收账款和应付账款的报表。

3. 财务会计

[任务1] 销售业务办理

（1）销售部订立购销合同后，由销售部门编制《销售单》，由销售部经理审核、会计审批后交仓管部开具《出库单》交成品库发货，出库单则需要经办人、仓库员、会计和部门经理签字后；财务部门根据《销售单》开具发票。成品库发货后应将《出库单》会计联返回财务部作为结转成本的依据。

（2）销售退货，由销售部门填制《退货单》，需经销售部经理、会计和总经理核准后才能办理，财务部门根据《退货单》申请开具红字发票，成品库凭核准的退货单接收退回的成品，并填制红字《出库单》交财务部。

（3）发票的开具由会计人员根据销售合同、销售单和《出库单》开具。

（4）赊销政策由销售部经理、财务经理和总经理会签核准后执行，财务部会计人员在核准的赊销政策下办理赊销业务，但不得越权办理。

（5）现金折扣和销售折扣与折让等必须经销售部经理、财务经理和总经理会签核准才能执行，业务员不得自行给予客户任何类型的折扣。

（6）销售过程中收取应收票据的，应在合同的结算方式里标注清楚。如已发货后需要采取票据结算的，需重新审批。

（7）应收账款由业务员负责催收，财务部监督催收。超过3年未收回应收账的款的，进行年末风险评估并计提坏账准备；极有可能收回应收账款的，则不需要计提坏账准备；极有可

能发生坏账风险的，则需要计提坏账准备。

（8）财务会计应每月和客户对账，并取得对方签字确认的对账单，经办业务员应协助财务部对账。对对账过程中发现的差异，应及时查明原因，必要时应报财务经理和总经理。

（9）财务会计按客户名称设置明细账，加强对应收账款的管理。

[任务2] 记录和报告财务信息

财务会计主要负责公司所有销售业务的财务交易，包括收入、支出、资产和负债等，负责财务报表的编制工作。

[任务3] 预算编制

财务会计参与制定公司的财务预算，帮助管理层规划公司的财务未来。

4．成本会计

[任务1] 采购原材料业务办理

（1）原材料仓库根据采购合同办理货物验收，不得多收，不得接收采购合同上未记载的货物。仓库同时应填制《入库单》并送财务部和采购部结算。

（2）采购材料对于涉及运输费的，需将运输费用分摊至材料中，按材料金额比例分摊。

（3）材料退货应取得供应商开具的退货证明，并由采购人员催收退货款，财务部负责监督。

（4）财务部根据采购合同、《入库单》和供应商的发票办理采购核算。

（5）采取预付账款结算的，应报请财务经理和总经理核准，并由财务部监督预付账款的管理。

（6）财务部应按供应商的名称建立明细账，财务部定期与供应商对账，并取得对方签字确认的对账单，采购员协助财务人员开展对账工作。

[任务2] 存货成本管理

（1）生产发料由车间领料人员根据领料申请单及生产常用物料计划价格表编制《领料单》，仓库根据经批准的《领料单》发料，不得多发和少发。《领料单》会计联交财务部进行成本核算。

（2）存货的管理实行永续盘存制、财务部每月对存货进行一次全面盘点，必要时，可以进行不定期盘点。

（3）存货成本计价方法如下。

① 原材料与包装物实行计划成本计价法。

② 低值易耗品摊销采取一次摊销法。

③ 库存商品、委托代销商品、分期收款发出商品采取月末一次加权平均法。

[任务3] 固定资产业务办理

（1）固定资产的报废由固定资产管理部门提出申请，相关人员审批核准。

（2）固定资产的折旧年限为：机器设备10年、运输工具按千里数折旧、其他固定资产5年。

（3）固定资产采取年限平均法计提折旧。

（4）固定资产的净残值率为5%。

（5）固定资产的日常修理费用，在发生时直接计入当期损益。

（6）按实际利率法，对租入的固定资产（使用权资产）确认分摊各期租赁负债、未确认融资费用。该资产租赁方式确定为融资租赁，使用权资产通常应自租赁期开始的当月计提折旧。当月计提确有困难的，为便于实务操作，企业也可以选择自租赁期开始的下月计提折旧，但应对同类使用权资产采取相同的折旧政策。

（7）短期租赁则按简化的账务处理。

[任务4] 成本与费用核算

（1）生产成本按品种法计算。

（2）公司的领料及费用按受益对象进行归集，其中直接材料、直接人工和制造费用计入产品成本，其余计入期间费用。

（3）辅助生产成本按其他部门耗用的生产工时进行分配。

（4）制造费用按产品耗用的生产工时进行分配。

（5）期末产成品成本和未完工产品成本之间采取约当产量法进行分配，约当产量由生产部结合实际生产情况确定，直接材料、制造费用、直接人工的完工率一般按50%确定。

辅助生产成本明细归集见表2-3。

表2-3 辅助生产成本明细归集表

归集项目	成本费用明细
直接材料	领用酒精（计划成本）
	分摊材料成本差异
直接人工	机修车间人员工资
	职工福利费
	工会经费
	社会保险费
制造费用	折旧
	领用工作服及口罩
	水费
	电费

[任务5] 财务报告编制

（1）计算各种产品或服务的成本，包括直接材料、直接人工和制造费用（或生产成本）。

（2）计算存货的成本，包括原材料、在产品和成品，编制资产负债表中的存货项目。

（3）在财务报表附注中披露成本会计政策和方法，如存货估值方法、折旧方法等。

5. 税务会计

[任务1] 个人工资及福利费办理

具体要求如下。

（1）公司的职工工资由基本工资、岗位工资、交通费补贴、通信费补贴、津贴、奖金、加班工资及考勤扣款组成。

① 基本工资根据员工的学历、资质等综合确定。

②　岗位工资根据员工任职岗位的性质确定。基本工资和岗位工资实行固定工资制。

③　交通费补贴和通信费补贴主要发给管理人员，根据其工资内容综合确定。

④　津贴给予特殊岗位的工作人员，是其工作环境方面的一种补偿。

⑤　奖金主要根据本月的经营业绩及综合考评发放，一般由办公室主任、财务经理和总经理协商确定。

⑥　加班工资根据个人加班时间和国家有关法律法规的规定计算发放。

⑦　员工缺勤应根据基本工资和岗位工资计算缺勤扣款，从工资总额中扣除。

⑧　计算公式为：应发工资=基本工资+岗位工资+津贴+交通费补贴+通信费补贴+奖金-考勤扣款。

（2）公司按照市政府的有关规定缴纳社会保险费，主体缴费的比例如下。

①　基本养老保险：按应发工资总额的24%缴纳，其中企业承担16%，个人承担8%。

②　医疗（生育）保险：按应发工资总额的12.8%（还需个人承担部分）缴纳，其中企业承担10.8%，个人承担2%+3%。

③　失业保险：按应发工资总额的1.2%缴纳，其中企业承担1%，个人承担0.2%。

④　工伤保险：按应发工资总额的0.5%缴纳，由企业承担。

（3）公司按国家法律规定代扣代缴个人所得税，个人所得税税前扣除标准为5 000元/月，个人承担的社会保险费缴款可以在税前扣除，专项扣除、专项附加扣除、依法确定的其他扣除按规定处理。

（4）公司按应发工资总额的2%计提工会经费。工会经费按月划拨给工会。公司不计提福利费、职工教育经费，在列支时直接计入相关费用科目。

［任务2］公司税费计算、核算与申报

（1）本公司为增值税一般纳税人，增值税税率为13%。

（2）本公司按照实际缴纳增值税的合计数计算缴纳城市维护建设税及教育费附加，其中城市维护建设税的税率为7%，教育费附加征收率为3%，地方教育附加2%。

（3）除经济业务中购买印花税税票外，印花税不用计提，不考虑其他税费。

（4）本公司所得税实行按月预缴，年终汇算清缴，多退少补。

［任务3］财务报告编制

（1）计算税前利润和税后利润，以及相应的所得税费用。

（2）计算递延税资产和递延税负债，包括暂时性差异的影响。

（3）在财务报表的附注中提供税务相关的披露，如税率变化、税务争议、税收优惠等。

（4）财务报表中的税务信息与税务申报表中信息一致。

2.3.3　公司会计基本业务办理流程

1. 北京东方家具有限公司账务处理程序

北京东方家具有限公司采用集中核算制，并采用科目汇总表会计核算程序组织会计核算（见图2-4）。

（1）由财务会计、成本会计、税务会计按照岗位分工根据原始凭证或汇总原始凭证编制记账凭证。

（2）由出纳人员根据审核无误的收、付款凭证逐笔登记现金和银行存款日记账。

（3）由财务会计、成本会计、税务会计根据审核无误的记账凭证（有时需要结合原始凭证和汇总原始凭证）逐笔登记各种明细分类账。

（4）由财务经理根据记账凭证每10日编制一张科目汇总表，全月共编制3张科目汇总表。

（5）由财务经理每旬旬末根据科目汇总表登记总分类账。

（6）月末，财务经理、财务会计、成本会计、税务会计、出纳人员将其所负责的总分类账与现金、银行存款日记账及所属明细分类账进行核对。

（7）财务经理根据核对后的总分类账和明细账编制会计报。

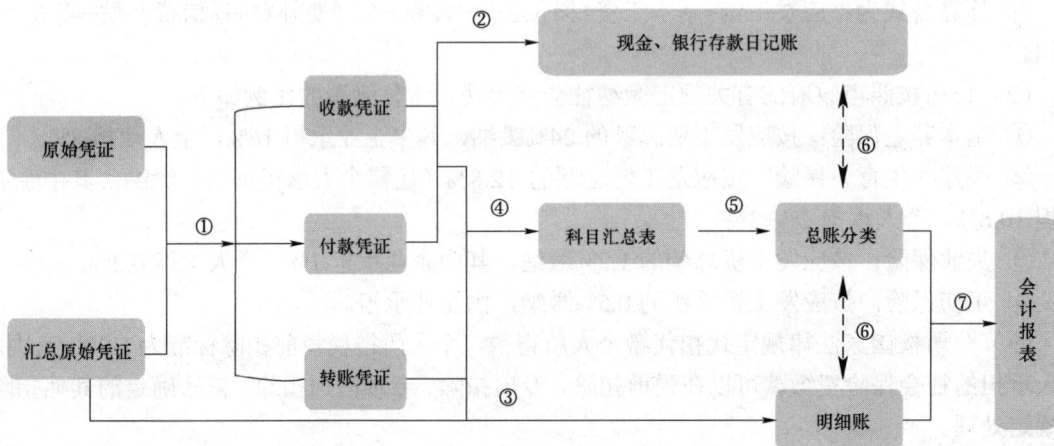

图2-4 账务处理流程图

2. 北京东方家具有限公司收付款业务分岗办理流程

1）收付款业务办理岗位职责（见表2-4）

表2-4 收付款业务办理岗位职责

岗位	岗位职责
财务经理	（1）负责对收款、付款业务原始单据的真实性、合法性、正确性、完整性进行审核，应注意审核授权审批人员的签名或盖章是否真实合法； （2）保管已记明细账和日记账的会计凭证，以备编制科目汇总表
财务会计	办理除成本费用业务以外的其他业务的相关手续，如往来业务、无形资产业务、投资业务、筹资业务等。其主要工作任务为： （1）审核相关业务单据，并在原始单据上加盖审核专用章； （2）根据业务审批人员、会计机构负责人审核的原始凭证编制记账凭证，并交会计机构负责人审核； （3）根据会计机构负责人及出纳人员再次审核后的记账凭证登记其负责的明细账； （4）将已记账的会计凭证整理后交由会计机构负责人保管
成本会计	办理成本费用业务的相关手续，包括原材料和存货的取得与发出、固定资产业务、生产成本及期间费用的业务。其主要工作任务为： （1）审核成本费用及存货业务单据，并在原始单据上加盖审核专用章； （2）根据业务审批人员、会计机构负责人审核的原始凭证编制记账凭证，并交会计机构负责人审核； （3）根据会计机构负责人及出纳人员再次审核后的记账凭证登记其负责的明细账； （4）将已记账的会计凭证整理后交由会计机构负责人保管

岗位	岗位职责
税务会计	（1）及时准确地完成税务申报及缴款：税务会计需要根据国家税法、会计法等相关规定，在规定的时间内完成税款的申报和缴纳工作； （2）负责发票领用和开具：税务会计需要负责发票的管理工作，包括发票的领用、开具以及后续的认证和核对工作； （3）进项税认证和税费计提：税务会计需要对每项业务的进项税进行认证，并进行税费的计提和缴纳账务处理
出纳人员	（1）对会计、会计机构负责人已审核的记账凭证再次进行审核； （2）根据审核的会计凭证办理收款、付款业务。如为付款业务，需开具支票的，出纳人员应要求申请付款的业务，人员登记"支票申领登记簿"，审核其登记的支票号码及其他项目后，填制支票交由"财务专用章"授权保管人员（如综合会计或成本会计）进行审核签字后加盖银行预留印鉴之一的"财务专用章"，其后出纳人员需持该业务所有的审批单据单位负责人（或其授权人如会计机构负责人）审核后加盖银行预留印鉴之二的"法人名章"。开具支票后，将支票存根撕下作为付款依据，支票正本可由业务人员交由收款方办理转账，也可由出纳人员送至银行办理转账； （3）在已审核的原始凭证上加盖"收讫""付讫"章； （4）在记账凭证上加盖名章； （5）登记现金、银行存款日记账； （6）将会计凭证交由综合会计（非成本业务）或成本会计登记明细账

2）收付款业务办理操作步骤（见图 2-5）

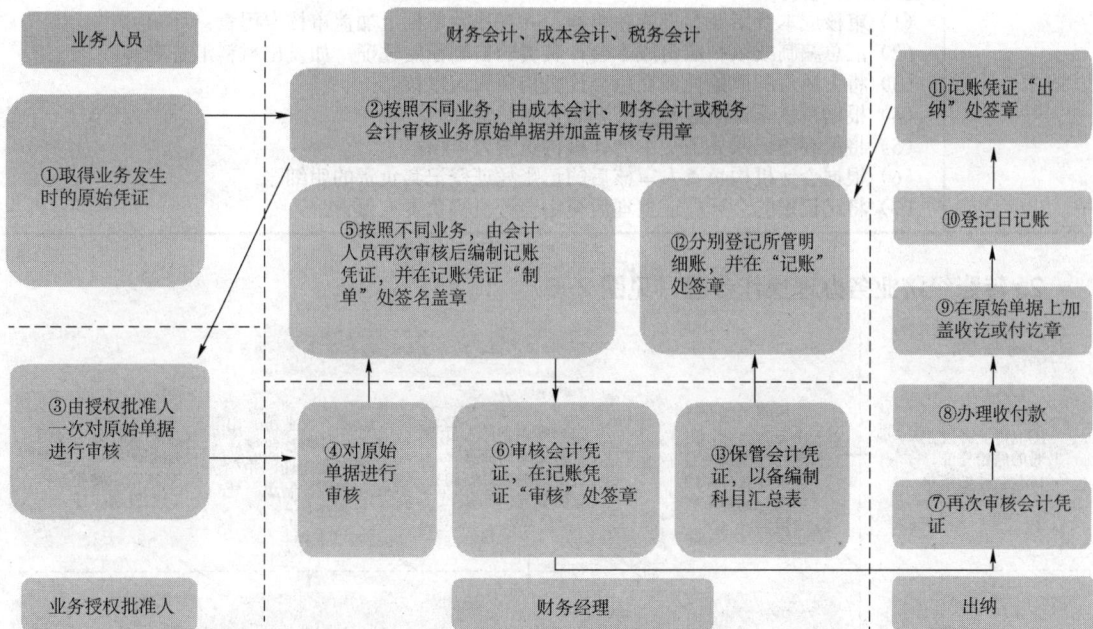

图 2-5　收付款业务办理操作步骤

3）说明

（1）公司银行预留印鉴为"财务专用章"和"法人名章"按照内部会计控制要求，应分别由不同的人员保管，不允许由出纳人员（或其他人员）统一保管。

（2）公司空白票据，可由税务人员或出纳人员保管，但不允许由一人同时保管印鉴及空白票据。

2.3.4 转账业务办理流程

1. 转账业务办理岗位职责（见表2-5）

表2-5 转账业务办理岗位职责

岗位	岗位职责
财务经理	（1）负责对转账业务原始单据的真实性、合法性、正确性、完整性进行审核，应注意审核业务授权审批人员的签名或盖章是否真实合法； （2）保管已记明细账的会计凭证，以备编制科目汇总表
财务会计	办理除成本费用业务以外的其他业务的相关手续，如往来业务、固定资产业务、无形资产业务、投资业务、筹资业务等。其主要工作任务为： （1）审核所负责的业务单据，并在原始单据上加盖审核专用章； （2）汇总编制或填制应由综合会计负责的自制原始凭证； （3）将上述自制原始凭证交由会计机构负责人审核； （4）根据审核无误的原始凭证编制记账凭证； （5）将编制的记账凭证交由会计机构负责人审核； （6）根据会计机构负责人审核后的记账凭证登记其负责的明细账； （7）将已记账的会计凭证整理后交由会计机构负责人保管
成本会计	办理成本费用业务的相关手续，包括存货的取得与发出、生产成本及期间费用的转账业务。其主要工作任务为： （1）审核成本费用及存货业务单据，并在原始单据上加盖审核专用章； （2）汇总编制或填制应由成本会计负责的自制原始凭证，如发出材料汇总表等； （3）将上述自制原始凭证交由会计机构负责人审核； （4）根据审核无误的原始凭证编制记账凭证； （5）将编制的记账凭证交由会计机构负责人审核； （6）根据会计机构负责人审核后的记账凭证登记其负责的明细账； （7）将已记账的会计凭证整理后交由会计机构负责人保管

2. 转账经济业务办理操作步骤（见图2-6）

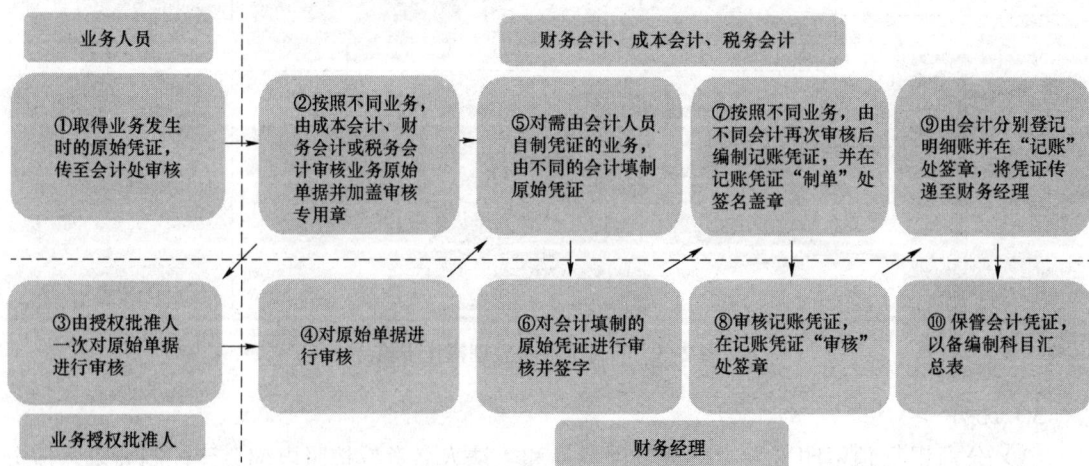

图2-6 转账经济业务办理操作步骤

2.4　实训任务

（1）以小组或个人为单位，提交类似家具公司的会计机构与会计制度认知。

（2）以小组或个人为单位，提交对东方家具有限公司会计结构、会计岗位划分和会计人员分工合理性的讨论意见。

（3）以小组或个人为单位，按照东方家具有限公司的制度安排、分岗模拟收取货款业务、报销差旅业务、领用材料业务等办理过程，并将操作过程以流程图或者文字的表述形式提交作业。

实训 3
建立会计账簿实训

对于一般企业来说，年初建账是会计工作的开始。为了帮助同学们更深刻地理解建立手工账与电子账的区别与联系，本章将带领同学们分别建立手工账与电子账。由于一年度的业务工作量过大，本书仅以北京东方家具有限公司 2022 年 12 月的业务为例，指导同学们将理论应用于实践，提升学生的综合能力。

3.1　实训目的

（1）掌握手工现金日记账、银行存款日记账账簿的建立流程；
（2）掌握各类手工明细账簿的建立流程；
（3）掌握手工总账账簿的建立流程；
（4）掌握电子账簿的建立流程；
（5）理解建立手工账与电子账的区别与联系。

3.2　实训组织

（1）建立手工账：建立学习小组，分岗建立各类账簿，出纳人员建立现金日记账、银行存款日记账；成本会计和财务会计按其岗位职责分别建立明细账（具体分工见实训 2 相关资料）；会计机构负责人（财务经理）建立总账。
（2）建立电子账簿。学生可登录会计电算化系统进行学习和实训练习（本书以"网中网理实互动实训教学平台"为例）。

3.3 实训内容

3.3.1 建立手工账簿

1. 各类手工账账页示例图（见图 3-1～图 3-8）

图 3-1 银行存款日记账封面

图 3-2 银行存款日记账内页

图 3-3 现金日记账封面

图 3-4 现金日记账内页

图 3-5 总分类账封面

图 3-6 总分类账内页

图 3-7 明细账封面

图 3-8 明细账内页

2. 手工账簿启用的注意事项

账簿登记：在账簿封面和扉页上填写企业名称、账簿名称、启用日期等信息。

账簿编号：对账簿进行编号，方便管理和查找。

账簿目录设置：在账簿扉页或目录页上，列出所有科目的页码，方便定位。

科目页设置：为每个科目设置账页，包括科目名称、页码、总账页码等。

期初余额登记：在相应的科目账页上登记期初余额，包括借贷方向和金额。

3. 手工账实训

表 3-1 是北京东方家具有限公司会计科目表及 2022 年 12 月月初账户余额，需以此作为建立手工账的基础。

表 3-1 北京东方家具有限公司会计科目表及 2022 年 12 月月初账户余额 元

总账科目	二级科目	三级科目	借方余额	贷方余额
一、资产类				
库存现金			5 000.00	
银行存款			408 724.70	
	交通银行北京大兴支行		408 724.70	
其他货币资金			940 258.40	
	保证金存款		740 000.00	
	银行汇票存款		200 258.40	
	存出投资额			
交易性金融资产				
	成本			
应收票据			1 500 000.00	
	北京华联商厦股份有限公司		1 000 000.00	
	北京张氏家私有限公司		500 000.00	
应收账款			493 741.60	
	北京凯乐装饰有限公司		159 741.60	

续表

总账科目	二级科目	三级科目	借方余额	贷方余额
	北京禾山电子有限公司		100 000.00	
	北京张氏家私有限公司			
	江苏湖辉家具城有限公司		234 000.00	
	广州超越家具有限公司			
	北京宏基有限公司			
	北京飞腾展览服务有限公司			
	北京华美家具城有限公司			
	北京东百商场股份有限公司			
预付账款				
	北京兴山物业有限公司			
	深圳龙兴贸易有限公司			
应收股利				
应收利息				
其他应收款			15 000.00	
	郑凡		5 000.00	
	许飞		10 000.00	
	北京联发运输有限公司			
	孙瑶			
	北京中安货物托运有限公司			
	中国财产保险公司北京市分公司			
坏账准备				24 950.00
材料采购			13 200.00	
	特种胶合板		10 200.00	
	普通胶合板			
	白色油漆		3 000.00	
	黑色油漆			
	棕色油漆			
	酒精			
在途物资				
原材料			358 200.00	
	特种胶合板		100 000.00	

总账科目	二级科目	三级科目	借方余额	贷方余额
	普通胶合板		200 000.00	
	白色油漆		16 800.00	
	黑色油漆		22 400.00	
	棕色油漆		17 500.00	
	酒精		1 500.00	
材料成本差异			5 463.00	
库存商品			2 617 000.00	
	白色办公桌		680 000.00	
	黑色办公桌		657 000.00	
	棕色会议桌		500 000.00	
	精品办公椅		480 000.00	
	高档办公椅		300 000.00	
发出商品				
	委托代销商品			
		黑色办公桌		
		精品办公椅		
商品进销差价				
委托加工物资				
周转材料			16 500.00	
	包装物		6 000.00	
		塑料包装袋	6 000.00	
	低值易耗品		10 500.00	
		工作服	6 600.00	
		工具	3 000.00	
		口罩	900.00	
融资租赁资产				
存货跌价准备				
合同资产				
合同资产减值准备				
持有待售资产				
持有待售资产减值准备				

总账科目	二级科目	三级科目	借方余额	贷方余额
债权投资				
债权投资减值准备				
其他债权投资				
长期股权投资			600 000.00	
	凯乐装饰有限公司		600 000.00	
长期股权投资减值准备				
其他权益工具投资				
投资性房地产				
投资性房地产累计折旧				
投资性房地产减值准备				
投资性房地产累计摊销				
长期应收款				
	北京张氏家私有限公司			
未实现融资收益				
应收融资租赁贷款				
应收融资租赁贷款减值准备				
固定资产			3 690 000.00	
	木工设备 C1		700 000.00	
	木工设备 D2		800 000.00	
	木工设备 F3		650 000.00	
	喷涂设备		200 000.00	
	生产线 A		350 000.00	
	生产线 B		400 000.00	
	维修设备 LK		100 000.00	
	维修设备 GH		50 000.00	
	叉车		50 000.00	
	东风轻卡货车		80 000.00	
	办公设备 A		30 000.00	

总账科目	二级科目	三级科目	借方余额	贷方余额
	小轿车		125 000.00	
	办公设备 B		30 000.00	
	办公设备 C		30 000.00	
	办公设备 D		30 000.00	
	办公设备 E		30 000.00	
	打印机		10 000.00	
	复印机		20 000.00	
	传真机		5 000.00	
	复印机 DZ			
	东风天龙重卡货车			
	计算机			
	木工设备 CQ			
累计折旧				399 131.90
固定资产减值准备				549.88
	传真机			549.88
	木工设备 C1			
	木工设备 D2			
	木工设备 F3			
在建工程				
	木工设备 CQ			
工程物资				
固定资产清理				
生产性生物资产				
生产性生物资产累计折旧				
油气资产				
累计折耗				
使用权资产				
	生产线 C			
使用权资产累计折旧				
使用权资产减值准备				
无形资产			50 000.00	

总账科目	二级科目	三级科目	借方余额	贷方余额
	商标权		50 000.00	
	非专利技术			
累计摊销				10 000.00
无形资产减值准备				1 200.00
	商标权			1 200.00
商誉				
长期待摊费用				
递延所得税资产			6 237.50	
待处理财产损溢				
		待处理流动资产损溢		
二、负债类				
短期借款				
	交通银行北京大兴支行			
交易性金融负债				
应付票据				1 500 000.00
	福建建瓯山林木材有限公司			1 000 000.00
	北京昌盛油漆有限公司			500 000.00
	天津宏发板材有限公司			
应付账款				1 402 040.24
	天津宏发板材有限公司			902 040.24
	北京万事发工贸有限公司			500 000.00
	北京华兴木材加工有限公司			
	北京昌盛油漆有限公司			
	北京邦都化工有限公司			
	北京南方化工有限公司			
预收账款				
合同负债				100 000.00
	北京东百商场股份有限公司			100 000.00
应付职工薪酬				180 444.05
	短期薪酬			180 444.05
		工资		176 506.05
		医疗（生育）保险		

总账科目	二级科目	三级科目	借方余额	贷方余额
		工伤保险		
		福利费		
		职工教育经费		
		工会经费		3 938.00
		非货币性福利		
		临时性补助		
	离职后福利			
		养老保险		
		失业保险		
应交税费				36 903.03
	应交增值税			
		进项税额	2 714 196.64	
		销项税额抵减		
		已交税金		
		转出未交增值税	2 823 986.36	
		减免税款		
		出口抵减内销产品应纳税额		
		销项税额		5 538 183.00
		出口退税		
		进项税额转出		
		转出多交增值税		
	未交增值税			
	预交增值税			
	待抵扣进项税额			
	待认证进项税额			
	待转销项税额			
	简易计税			
	转让金融商品应交增值税			
	代扣代缴增值税			
	应交所得税			36 715.88
	应交消费税			

总账科目	二级科目	三级科目	借方余额	贷方余额
	应交资源税			
	应交土地资源税			
	应交城市维护建设税			
	应交教育费附加			
	应交地方教育附加			
	应交房产税			
	应交土地使用税			
	应交车船税			
	应交个人所得税			187.15
	应交环境保护税			
	应交契税			
	应交印花税			
	应交矿产资源补偿费			
应付利息				
应付股利				
其他应付款				20 712.94
	经销商保证金			20 712.94
	社会保险费			
持有待售负债				
递延收益				
长期借款				
应付债券				
租赁负债				
	未确认融资费用			
	租赁付款额			
长期应付款				
未确认融资费用				
专项应付款				
预计负债				
递延所得税负债				
衍生工具				

总账科目	二级科目	三级科目	借方余额	贷方余额
三、所有者权益				
实收资本				5 000 000.00
	李佳惠			2 750 000.00
	王薇			2 250 000.00
资本公积				
其他综合收益				
盈余公积				276 724.47
	法定盈余公积			184 482.98
	任意盈余公积			92 241.49
本年利润				2 020 797.07
	利润分配			311 631.62
	未分配利润			311 631.62
	提取法定盈余公积			
	提取任意盈余公积			
库存股				
专项储备				
其他权益工具				
四、成本类				
生产成本			565 760.00	
	基本生产成本		565 760.00	
		白色办公桌	98 700.00	
		黑色办公桌	82 560.00	
		棕色会议桌	225 000.00	
		精品办公椅	54 500.00	
		高档办公椅	105 000.00	
	辅助生产成本			
		直接材料		
		直接人工		
		制造费用		
开发成本				
制造费用				

总账科目	二级科目	三级科目	借方余额	贷方余额
	木工车间			
		房租费		
		分配辅助生产成本		
		工会经费		
		社会保险费		
		工资		
		其他		
		水电费		
		折旧费		
		职工福利费		
	油漆车间			
		房租费		
		分配辅助生产成本		
		工会经费		
		社会保险费		
		工资		
		其他		
		水电费		
		折旧费		
		职工福利费		
	装配车间			
		房租费		
		分配辅助生产成本		
		工会经费		
		社会保险费		
		工资		
		其他		
		水电费		
		折旧费		
		职工福利费		
		机物料消耗		

总账科目	二级科目	三级科目	借方余额	贷方余额
研发支出				
应收退货成本				
合同履约成本				
合同履约成本减值准备				
合同取得成本				
合同取得成本减值准备				
五、损益类				
主营业务收入				
	白色办公桌			
	黑色办公桌			
	棕色会议桌			
	精品办公椅			
	高档办公椅			
租赁收入				
其他业务收入				
	租金收入			
公允价值变动损益				
投资收益				
资产处置损益				
其他收益				
营业外收入				
主营业务成本				
	白色办公桌			
	黑色办公桌			
	棕色会议桌			
	精品办公椅			
	高档办公椅			
其他业务成本				
税金及附加				
销售费用				

总账科目	二级科目	三级科目	借方余额	贷方余额
	工资			
	职工福利费			
	广告费			
	运输费			
	包装费			
	展览费			
	房租费			
	工会经费			
	社会保险费			
	折旧费			
	其他			
	业务招待费			
	代销手续费			
	办公用品费			
	装卸费			
管理费用				
	办公费			
	差旅费			
	电话费			
	房租费			
	工会经费			
	工资			
	其他			
	社会保险费			
	审计费			
	水电费			
	维修费			
	无形资产摊销			
	折旧费			
	职工福利费			
	职工教育经费			
	财产保险费			

续表

总账科目	二级科目	三级科目	借方余额	贷方余额
财务费用				
	利息收入			
	利息支出			
	手续费			
	现金折扣			
勘探费用				
资产减值损失				
	固定资产减值损失			
		木工设备 C1		
		木工设备 D2		
		木工设备 F3		
		传真机		
	无形资产减值损失			
信用减值损失				
营业外支出				
所得税费用				
以前年度损益调整				

3.3.2 建立电子账簿

在会计电算化系统中建立电子账簿（以"网中网理实互动实训教学平台"为例）。

第一步：选择财务经理角色创建账套。单击"建账"进入创建账套界面，根据企业信息输入账套名称等信息，单击"开始创建"，并初始化账户余额，如图 3-9 所示。

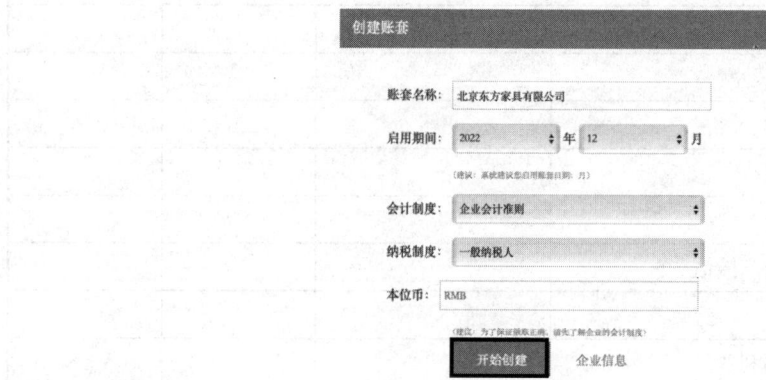

创建账套

账套名称：	北京东方家具有限公司
启用期间：	2022 年 12 月
	（建议：系统建议您启用帐套启用期：月）
会计制度：	企业会计准则
纳税制度：	一般纳税人
本位币：	RMB

（建议：为了保证账账正确，请先了解企业的会计制度）

开始创建　　企业信息

图 3-9　创建账套

第二步：导入期初余额。单击"导入"，单击"下载期初余额数据"，下载完后单击"下一步"，单击"浏览"上传下载的文件，单击"导入"，提示"导入成功"，如图 3-10 和图 3-11 所示。

图 3-10　导入期初余额

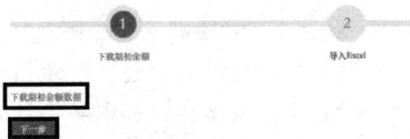

图 3-11　下载期初余额数据

第三步：试算平衡。单击右上角"试算平衡"，弹出"试算平衡"，单击"确定"，如图 3-12 和图 3-13 所示。若试算不平衡，需检查期初余额数据。

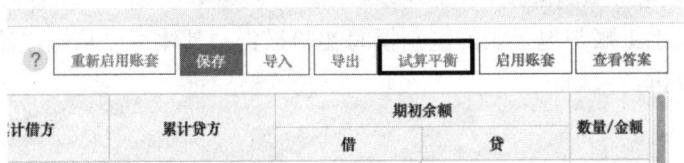

图 3-12　进行试算平衡

图 3-13　完成试算平衡

第四步：启用账套。单击右上角"启用账套"，单击"启用"，如图 3-14 所示，在弹出的界面上单击"确定"。账套创建完成，如图 3-15 所示。

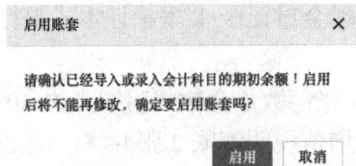

图 3-14　启用账套

图 3-15　账套创建完成

注意：启用账套后财务经理不可再单击设置里面的重新初始化，如图 3-16 所示，否则其他岗位的工作内容会一并丢失。

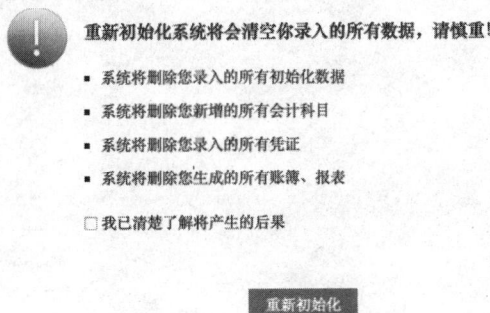

图 3-16　重新初始化

3.4　实训任务

[任务1] 分组建立手工账

（1）小组出纳人员建立现金日记账和银行存款日记账，并办理账簿启用的各项手续；

（2）小组成本会计和财务会计人员按其岗位职责分别建立明细账（具体分工见实训 2 相关资料），并办理账簿启用的各项手续；

（3）小组会计机构负责人建立总账账簿，并办理账簿启用的各项手续。

[任务2] 建立电子账簿

每位同学在"网中网理实互动实训教学平台"上完成电子账簿的建立。

[任务3] 讨论建立手工账与电子账的区别

小组讨论，每人分别就建立手工账与电子账的区别撰写实验报告。具体可以从操作流程、工作效率、准确性等方面进行分析。

3.5　实训准备

（1）建立学习小组，每个小组配备一名人员负责经管企业公章、一名总经理人员并负责总经理名章。

（2）每个小组准备订本式总账账簿 1 本、订本式现金日记账 1 本、订本式银行存款日记账 1 本。

（3）每个小组准备各类账页：三栏式明细账约 50 张；数量金额式明细账约 40 张；多栏式明细账约 20 张（含基本生产成本明细账 4 张、应交增值税明细账 2 张）；材料采购明细账 2 张；材料成本差异明细账 1 张。（上述账页数量为实训 4 所需账簿的数量。）

（4）出纳人员名章、会计人员名章、会计机构负责人（财务经理）名章、企业财务专用章、企业公章、法人代表名章。

实训 4
分岗会计业务处理实训

分岗会计业务处理实训将由每组同学分别担任财务经理、财务会计、成本会计、税务会计和出纳人员五个岗位角色，模拟单位会计业务办理流程，完成各项会计业务处理。本实训既要强化同学的会计核算实践能力，提高会计内部控制的逻辑思维能力，培养他们在工作中的交流沟通、协调工作的社会能力及利用网络、Excel等进行信息收集与处理的方法能力。请同学在本实训中按照实训指导的要求办理各项会计业务，不断提高自己的会计核算业务能力、社会能力和会计素养。

4.1　实训目的

（1）理解会计职业社会能力，其中包括会计职业道德修养、交流沟通能力、团结协作能力、灵活应变能力、社会认知能力、统筹兼顾能力；

（2）熟悉如何制定工作计划及整个会计工作流程；

（3）掌握在会计工作中所需的操作技能、会计核算技能、会计管理技能、会计监督技能、涉税业务办理技能及财务管理技能。

4.2　实训组织

（1）提交作业形式。

① 小组组队形式：将学生分为五人一组或三人一组，分别担任财务经理、财务会计、成本会计、税务会计和出纳人员，若为三人一组，三位会计人员则由一人担任，然后按照会计工作过程进行业务办理和会计处理，完成小组与个人的综合实训任务。

② 个人作业形式：一人轮岗多个角色，体验不同角色在业务办理中所需完成的工作，并完成综合实训任务。

（2）实训内容包含了 183 道业务处理及其原始票据，其中需要填写约 150 张记账凭证，所需填写的表格样式均体现在 4.4 实训任务中。

（3）在填制记账凭证时，如果记账凭证的会计科目涉及货币资金，如库存现金、银行存款和其他货币资金，则需要对现金流量项目进行设置（见实训 5 现金流量表的编制方法）。

（4）在编制记账凭证时，通常涉及数量的科目主要集中在存货类科目和成本类科目，因为这些科目不仅需要记录金额的变化，还需要记录数量的变化。以下是一些常见的需要填写数量的科目：原材料、库存商品、在产品、生产成本、委托加工物资、包装物及低值易耗品、消耗材料。涉及数量的记账凭证如图 4-1 所示。

记账凭证

记字第： 2 号　日期： 2022-12-1　　附单据： 3 张

摘要	会计科目	借方金额	贷方金额
采购普通胶合板	140102 材料采购-普通胶合板	171440.00	
采购普通胶合板	22210101 应交税费-应交增值税-进项税额	21989.60	
采购普通胶合板	101202 其他货币资金-银行汇票存款		193429.60
合计：		193429.60	193429.60

数量：	800.00	单价：	214.3000

审核：王志　　过账：王志　　出纳：孙朋　　制单：王平

图 4-1　涉及数量的记账凭证

4.3　实训内容

1. 建账

详细步骤见实训 3。

2. 业务 1-1　报销办公费用——填制报销单

2022 年 12 月 1 日，北京东方家具有限公司办公室孙瑶报销办公费用，即购即用，出纳人员以现金支付，根据背景单据（图 4-2）填写并审核报销单。

1100222650　　北京增值税专用发票　　№ 30961856　　1100222650　30961856

开票日期：2022年12月01日

购买方	名称：北京东方家具有限公司 纳税人识别号：911101152352632382 地址、电话：北京市大兴区西红门镇新建工业区91号 010-61207058 开户行及账号：交通银行北京大兴支行 622260010088812532501	密码区	03*3187<4/+8490<+95-59+7<243 4987<0-->>-6>525<693719->7*7 87*3187<4/+8490<+95708681380 9<712/<1+9016>6906++>84>93/-

货物或应税劳务、服务名称	规格型号	单位	数量	单价	金额	税率	税额
*纸制品*复印纸	1*8包	箱	10	176.991	1769.91	13%	230.09
合计					￥1769.91		￥230.09
价税合计（大写）	⊗ 贰仟元整				（小写）￥2000.00		

销售方	名称：北京东方办公用品有限公司 纳税人识别号：911101019287001113 地址、电话：北京市东城区仙葫大道112号 010-89042095 开户行及账号：交通银行北京东城支行 622253234545888346701	备注	北京东方办公用品有限公司 911101019287001113 发票专用章

收款人：　　复核：　　开票人：吴四德　　销售方：（章）

第三联：发票联　购买方记账凭证

图 4–2　增值税发票 1

3. 业务 1–2　报销办公费用——账务处理

承业务 1–1，2022 年 12 月 1 日，北京东方家具有限公司办公室孙瑶报销办公费用，即购即用，根据业务 1–1 的报销单及其背景单据编制记账凭证。

4. 业务 2　采购普通胶合板——账务处理

2022 年 12 月 1 日，北京东方家具有限公司向北京华兴木材加工有限公司采购普通胶合板，北京华兴木材加工有限公司代垫货物运输费，收到相关发票，货物尚未运达，用上月开具的银行汇票支付货款，根据背景单据（图 4–3～图 4–5）编制记账凭证。

1100223130　　北京增值税专用发票　　№ 03972600　　1100223130　03972600

开票日期：2022年12月01日

购买方	名称：北京东方家具有限公司 纳税人识别号：911101152352632382 地址、电话：北京市大兴区西红门镇新建工业区91号 010-6120705 开户行及账号：交通银行北京大兴支行 622260010088812532501	密码区	03*3187<4/+8490<+95-59+7<243 4987<0-->>-6>525<693719->7*7 87*3187<4/+8490<+95708681380 9<712/<1+9016>6906++>84>93/-

货物或应税劳务、服务名称	规格型号	单位	数量	单价	金额	税率	税额
*木制品*普通胶合板		片	800	205.00	164000.00	13%	21320.00
合计					￥164000.00		￥21320.00
价税合计（大写）	⊗ 壹拾捌万伍仟叁佰贰拾元整				（小写）￥185320.00		

销售方	名称：北京华兴木材加工有限公司 纳税人识别号：911101052362385242 地址、电话：北京市朝阳区十里河东侧大羊坊路12号 010-67322506 开户行及账号：中国工商银行北京十里河支行 6222800200137253686	备注	北京华兴木材加工有限公司 911101052362385242 发票专用章

收款人：　　复核：　　开票人：张红　　销售方：（章）

第三联：发票联　购买方记账凭证

图 4–3　增值税发票 2

1100224760　　北京增值税专用发票　　№ 30961856

1100224760
30961856

开票日期：2022年12月01日

购买方	名称：北京东方家具有限公司 纳税人识别号：911101152352632382 地址、电话：北京市大兴区西红门镇新建工业区91号 010-6120705 开户行及账号：交通银行北京大兴支行 622260010088812532501	密码区	03*3187<4/+8490<+95-59+7<243 4987<0-->>-6>525<693719->7*7 87*3187<4/+8490<+95708681380 9<712/<1+9016>6906++>84>93/-

货物或应税劳务、服务名称	规格型号	单位	数量	单价	金额	税率	税额
*运输服务*板材运费					7440.00	9%	669.60
合计					¥7440.00		¥669.60
价税合计（大写）	⊗捌仟壹佰零玖元陆角整				（小写）¥8109.60		

销售方	名称：北京联发运输有限公司 纳税人识别号：911101153625803142 地址、电话：北京市大兴区旧忠路15号 010-87967668 开户行及账号：中国工商银行北京西城支行 6222800953530572358	备注	起运地：北京 到达地：北京 车牌号：京QXL823 运输货物：板材

收款人：　　复核：　　开票人：马华　　销售方：（章）

第三联：发票联　购买方记账凭证

图 4-4　增值税发票 3

交通银行

银行汇票　　2　GE 02 85420024

付款期限 壹 月

复印件与原件核对无误

第 号

出票日期（大写）：贰零贰贰年壹拾壹月贰拾捌日

代理付款行：中国工商银行北京十里河支行　行号：102110114052

收款人：北京华兴木材加工有限公司　账号：6222800200137253686

出票金额：人民币（大写）壹拾玖万叁仟肆佰贰拾玖元陆角整　¥193429.60

实际结算金额：人民币（大写）壹拾玖万叁仟肆佰贰拾玖元陆角整

千	百	十	万	千	百	十	元	角	分
		1	9	3	4	2	9	6	0

申请人：北京东方家具有限公司　账号或住址：622260010088812532501

出票行：交通银行北京大兴支行　行号：301100011476

备注：

凭票付款

出票行签章　（交通银行北京大兴支行 301100011476 汇票专用章）（郭森印峰）

多余金额

千	百	十	万	千	百	十	元	角	分

科目（借）

对方科目（贷）

兑付日期　年　月　日

复核　记账

此联代理付款行付款后作联行往帐借方凭证附件

图 4-5　银行汇票 1

5. 业务 3-1　银行承兑汇票贴现——填制贴现凭证

2022 年 12 月 1 日，北京东方家具有限公司将北京华联商厦股份有限公司开具的银行承兑汇票至开户行贴现，根据原始单据（图 4-6～图 4-7）填制银行承兑汇票贴现凭证。

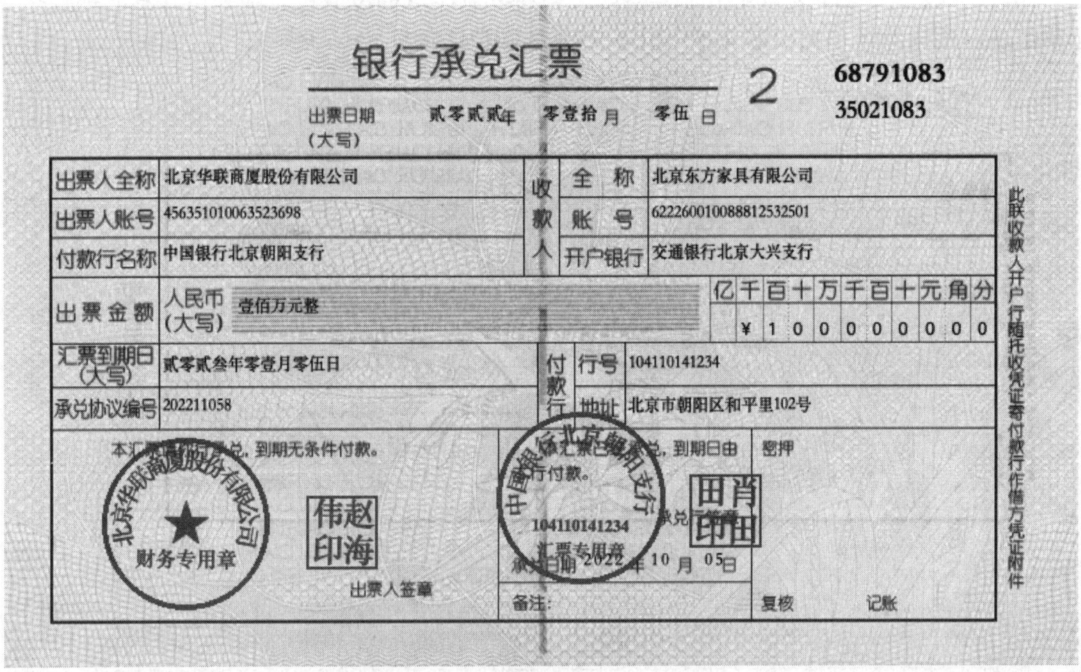

银行承兑汇票　2　68791083

35021083

出票日期（大写）　贰零贰贰年　零壹拾月　零伍日

出票人全称	北京华联商厦股份有限公司	收款人	全　称	北京东方家具有限公司
出票人账号	456351010063523698		账　号	622260010088812532501
付款行名称	中国银行北京朝阳支行		开户银行	交通银行北京大兴支行
出票金额	人民币（大写）壹佰万元整		亿千百十万千百十元角分	¥ 1 0 0 0 0 0 0 0 0
汇票到期日（大写）	贰零贰叁年零壹月零伍日	付款行	行号	104110141234
承兑协议编号	202211058		地址	北京市朝阳区和平里102号

本汇票请你行承兑，到期无条件付款。　北京华联商厦股份有限公司 财务专用章　赵伟印海

出票人签章

本汇票已经承兑，到期日由本行付款。　中国银行北京朝阳支行 104110141234 汇票专用章　肖田印田

承兑行签章　承兑日期 2022 年 10 月 05 日

密押

备注：　复核　记账

此联收款人开户行随托收凭证寄付款行作借方凭证附件

图 4-6　银行承兑汇票 1

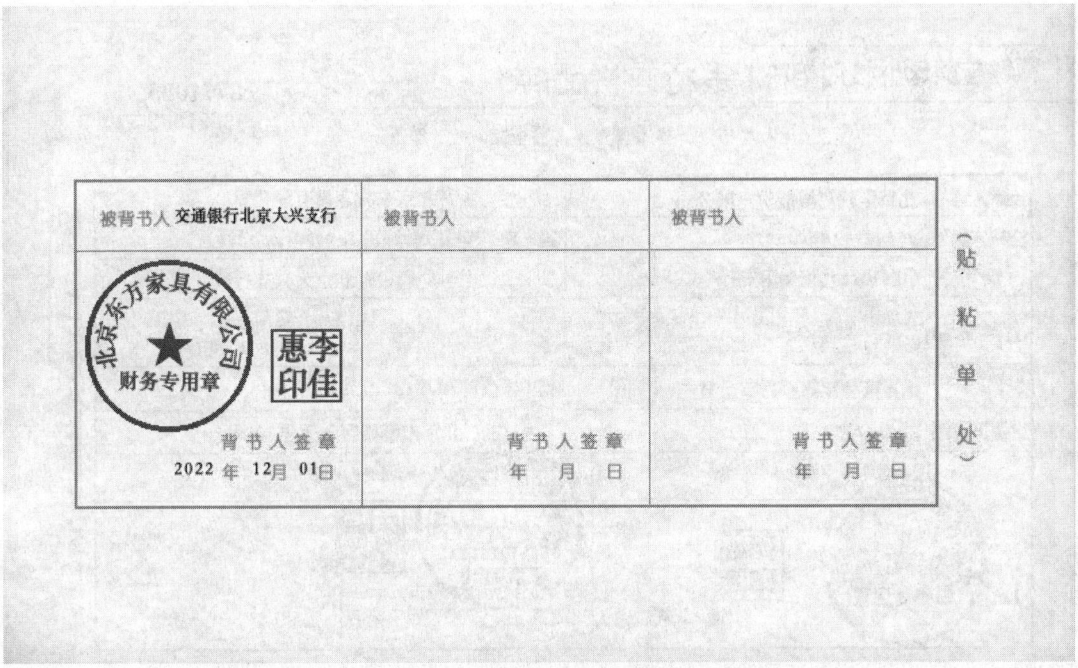

被背书人 交通银行北京大兴支行	被背书人	被背书人
北京东方家具有限公司 财务专用章　李惠印佳 背书人签章 2022 年 12 月 01 日	背书人签章 年　月　日	背书人签章 年　月　日

（贴粘单处）

图 4-7　银行承兑汇票背面 1

6. 业务 3-2　银行承兑汇票贴现——账务处理

2022 年 12 月 1 日，北京东方家具有限公司将北京华联商厦股份有限公司开具的银行承兑汇票贴现，根据背景单据（图 4-8～图 4-10）编制记账凭证。

贴现凭证（收款通知）　④

填写日期　2022　年　12　月　01　日　　第　010246　号

贴现汇票	种类	银行承兑汇票	号码 35021083	申请人	名称	北京东方家具有限公司	
	出票日	2022 年 10 月 05 日			账号	6222600100888 12532501	
	到期日	2023 年 01 月 05 日			开户银行	交通银行北京大兴支行	
汇票承兑人（或银行）	名称	中国银行北京朝阳支行	账号		开户银行		
汇票金额（即贴现金额）	人民币（大写）	壹佰万元整				千百十万千百十元角分	¥100000000
贴现率每月	6‰	贴现利息	¥700000	实付贴现金额		千百十万千百十元角分	¥99300000
上述款项已入你单位账号。 此致 贴现申请人 银行盖章				备注：			

此联银行给申请人的收款通知

交通银行 北京大兴支行 2022.12.01 转讫 (01)

图 4-8　贴现凭证 1

原件与复印件核对相符

银行承兑汇票　2　　68791083　35021083

出票日期（大写）　贰零贰贰年　零壹拾月　零伍日

出票人全称	北京华联商厦股份有限公司	收款人	全称	北京东方家具有限公司
出票人账号	456351010063523698		账号	6222600100888 12532501
付款行名称	中国银行北京朝阳支行		开户银行	交通银行北京大兴支行
出票金额	人民币（大写）壹佰万元整		亿千百十万千百十元角分	¥100000000
汇票到期日（大写）	贰零贰叁年零壹月零伍日	付款行	行号	104110141234
承兑协议编号	202211058		地址	北京市朝阳区和平里102号
本汇票请你行承兑，到期无条件付款。 北京华联商厦股份有限公司 财务专用章　赵伟 印海 出票人签章		本汇票已经承兑，到期日由本行付款。 中国银行北京朝阳支行 104110141234 汇票专用章　肖田 印田 承兑日期 2022 年 10 月 05 日 备注：		密押 复核　记账

此联收款人开户行随托收凭证寄付款行作借方凭证附件

图 4-9　银行承兑汇票 2

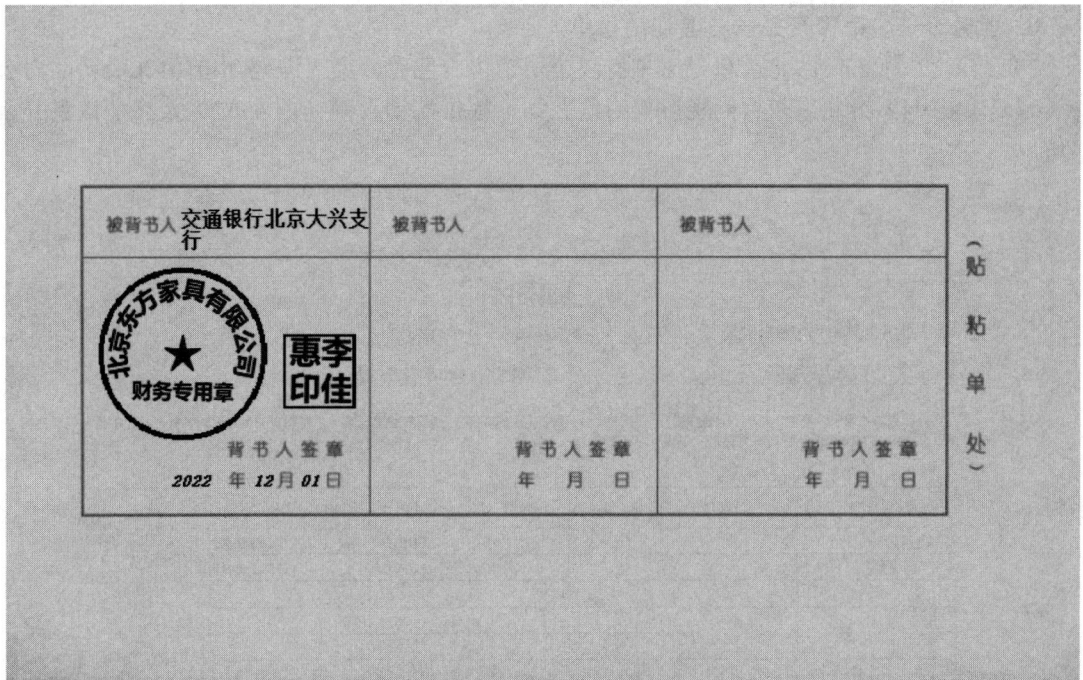

图 4-10 银行承兑汇票背面 2

7. 业务 4 采购油漆——账务处理

2022 年 12 月 1 日，北京东方家具有限公司向北京邦都化工有限公司采购油漆，收到相关发票单据，货款未付，货物尚未运达，根据背景单据（图 4-11）编制记账凭证。

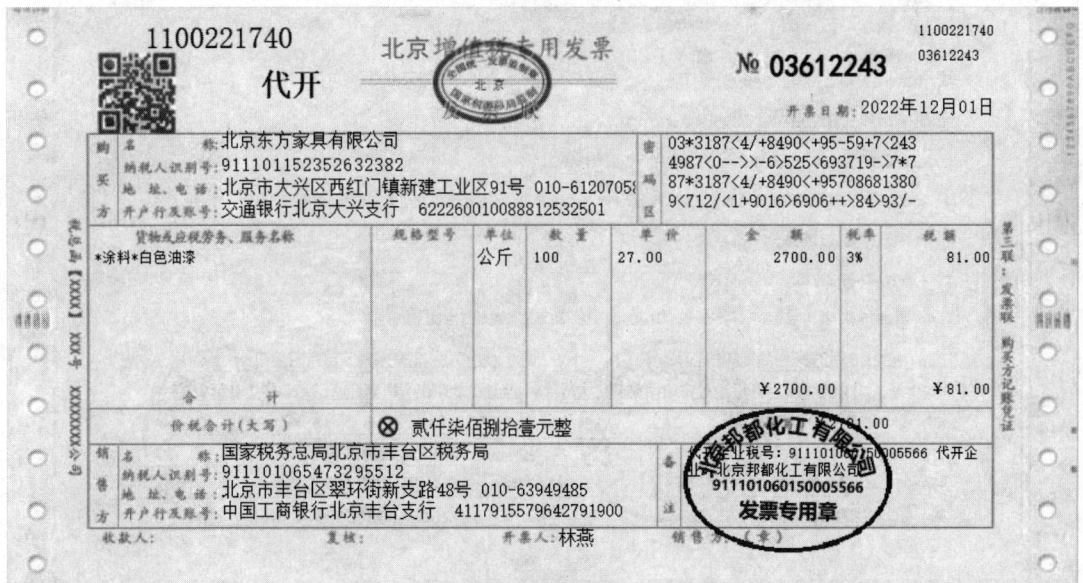

图 4-11 增值税发票 4

8. 业务 5-1　销售产品——填制销售单

2022 年 12 月 2 日，北京东方家具有限公司销售白色办公桌（编码 140501）及精品办公椅（编码 140504）给北京东百商场股份有限公司，根据购销合同（图 4-12）及企业信息开具销售单。

购销合同

购方：北京东百商场股份有限公司　　　　合同编号：**DF01001**

销方：北京东方家具有限公司　　　　　　签订时间：**2022年12月02日**

　　供需双方本着互利互惠、长期合作的原则，根据《中华人民共和国合同法》及双方的实际情况，就需方向供方采购事宜，订立本合同，以使双方在合同履行中共同遵守。

一、产品名称、数量、单价、金额：

产品名称	规格型号	计量单位	数量	单价	金额	备注
白色办公桌		张	500	598.90	299450.00	含税价
精品办公椅		张	500	209.05	104525.00	
合计					￥403975.00	
合计人民币（大写）　肆拾万叁仟玖佰柒拾伍元整						

二、质量要求技术标准：供方对质量负责的条件和期限：按合同企业标准。

三、交（提）货地点、方式：**供方仓库，运杂费由需方承担。**

四、付款时间与付款方式：
已预收10万元货款，余款于次月5日前转账结清。

五、运输方式及到站、港和费用负担：

六、合理损耗及计算方法：以实际数量验收。

七、包装标准、包装物的供应与回收：普通包装，不回收包装物。

八、验收标准、方法及提出异议期限：货到需方七天内提出质量异议，不包括运输过程中造成的质量问题。

九、违约责任：按《合同法》。

十、解决合同纠纷的方式：双方协商解决。

十一、其他约定事项：本合同一式两份，需、供双方各一份，经双方盖章后即生效。

购方（盖章）：北京东百商场股份有限公司　　　销方（盖章）：北京东方家具有限公司

单位地址：北京市海淀区西三环主坟南站城乡大厦　　单位地址：北京市大兴区西红门镇新建工业区9号

电　话：010-63965204　　　　　　　　　电　话：010-61207058

签订日期：2022年12月02日　　　　　　　签订日期：2022年12月02日

开户银行：中国工商银行北京朝阳支行　　　　开户银行：交通银行北京大兴支行

账　号：6222800200137253686　　　　账　号：6222600100888125325____

图 4-12　购销合同 1

9. 业务 5-2　销售产品——填制出库单

承业务 5-1，2022 年 12 月 2 日，北京东方家具有限公司销售白色办公桌（编码 140501）及精品办公椅（编码 140504）给北京东百商场股份有限公司，根据业务 5-1 的销售单填制出库单。（发出仓库为成品库）

10. 业务 5-3　销售产品——账务处理

2022 年 12 月 2 日，北京东方家具有限公司销售白色办公桌（编码 140501）以及精品办公椅（编码 140504）给北京东百商场股份有限公司，根据业务 5-1 的销售单（会计联）及背景单据（图 4-13 和图 4-14）编制记账凭证（已预收部分货款，货款通过“合同负债”核算，剩余货款部分通过“应收账款”进行核算）。［提示：业务 5-2 出库单（会计联）作为结转业务成本原始单据，不计入本题凭证附件张数］

1100224130　　北京增值税专用发票　　№ 03626505　　1100224130　03626505

此联不作报销、扣税凭证使用　　开票日期：2022年12月02日

购买方	名　　称：北京东百商场股份有限公司 纳税人识别号：911101082531256325 地 址、电 话：北京市海淀区西三环公主坟南站四维大厦　010-63965 开户行及账号：中国工商银行北京朝阳支行　6222800200137253686	密码区	03*3187<4/+8490<+95-59+7<243 4987<0-->>-6>525<693719->7*7 87*3187<4/+8490<+95708681380 9<712/<1+9016>6906++>84>93/-

货物或应税劳务、服务名称	规格型号	单位	数量	单价	金额	税率	税额
*家具*白色办公桌		张	500	530.00	265000.00	13%	34450.00
合　　计					￥265000.00		￥34450.00
价税合计（大写）	⊗ 贰拾玖万玖仟肆佰伍拾元整				（小写）￥299450.00		

销售方	名　　称：北京东方家具有限公司 纳税人识别号：911101152352632382 地 址、电 话：北京市大兴区西红门镇新建工业区91号　010-61207058 开户行及账号：交通银行北京大兴支行　6222600100888125325O1	备注	

收款人：　　复核：　　开票人：王平　　销售方：（章）

第一联：记账联　销售方记账凭证

税总函【XXXX】XXX号　XXXXXXX公司

图 4-13　增值税发票 5

1100224130　　北京增值税专用发票　　№ 03626506　　1100224130　03626506

此联不作报销、扣税凭证使用　　开票日期：2022年12月02日

购买方	名　　称：北京东百商场股份有限公司 纳税人识别号：911101082531256325 地 址、电 话：北京市海淀区西三环公主坟南站四维大厦　010-63965 开户行及账号：中国工商银行北京朝阳支行　6222800200137253686	密码区	03*3187<4/+8490<+95-59+7<243 4987<0-->>-6>525<693719->7*7 87*3187<4/+8490<+95708681380 9<712/<1+9016>6906++>84>93/-

货物或应税劳务、服务名称	规格型号	单位	数量	单价	金额	税率	税额
*家具*精品办公椅		张	500	185.00	92500.00	13%	12025.00
合　　计					￥92500.00		￥12025.00
价税合计（大写）	⊗ 壹拾万零肆仟伍佰贰拾伍元整				（小写）￥104525.00		

销售方	名　　称：北京东方家具有限公司 纳税人识别号：911101152352632382 地 址、电 话：北京市大兴区西红门镇新建工业区91号　010-61207058 开户行及账号：交通银行北京大兴支行　622260010088812532501	备注	

收款人：　　复核：　　开票人：王平　　销售方：（章）

第一联：记账联　销售方记账凭证

税总函【XXXX】XXX号　XXXXXXX公司

图 4-14　增值税发票 6

11. 业务6-1 材料验收入库——填制入库单

2022年12月2日，北京东方家具有限公司收到上月从北京华兴木材加工有限公司采购的特种胶合板20片，运输途中损坏2片，经协商，由运输公司按含税价全额赔偿。其余板材验收入库（原材料库），入库数与交库数一致。根据背景资料（图4-15和图4-16）及上述描述，填写入库单。

生产常用物料计划价格表

执行日期：2022年12月01日 　　　　　　　　　　　　编号：2022 第005 号

编号	物料名称	规格型号	计量单位	计划单价	年度内调整价
140301	特种胶合板	25*1 240*1 200	片	500.00	
140302	普通胶合板	18*1 240*1 200	片	200.00	
140303	白色油漆	MD258	千克	28.00	
140304	黑色油漆	MD325	千克	32.00	
140305	棕色油漆	MD524	千克	35.00	
130406	酒精		千克	5.00	
14110101	塑料包装纸		件	15.00	
审核：王志				制单：王平	

图 4-15 生产常用物料计划价格表1

表 4-16 增值税发票7

12. 业务6-2 材料验收入库——账务处理

2022年12月2日，北京东方家具有限公司收到上月从北京华兴木材加工有限公司采购的特种胶合板 20 片，运输途中损坏 2 片，经协商，由运输公司全额赔偿（材料损坏的进项税转出在处理赔偿时转出），其余板材验收入库（原材料库）。根据业务 6-1 的入库单（会计联）编制记账凭证。

13. 业务 7　确认材料验收入库时的运输损坏赔偿——账务处理

2022 年 12 月 2 日，北京东方家具有限公司收到因上月采购的特种胶合板 20 片，运输途中损坏 2 片，经协商，北京联发运输有限公司全额赔偿（材料损坏的进项税转出在处理赔偿时转出）。根据背景单据（图 4-17）编制确认赔偿的记账凭证。

赔偿协议书

甲方（索赔方）：北京东方家具有限公司
乙方（赔偿方）：北京联发运输有限公司

1、2022年12月02日承运方北京联发运输有限公司在运输途中由于管理不善，致使托运方北京东方家具有限公司托运的货物损坏，无法使用。

2、经过双方协商，由乙方对损坏的货物负全额照原价赔偿责任。

3、甲方损失的具体货物为：特种胶合板2片，单价（不含税）510.00元，经济损失总额为1152.60元，乙方根据甲方出具的有效证明（增值税专用发票）予以确认赔偿。

4、未尽事宜由双方可以协商解决。

甲方：北京东方家具有限公司
代理收：李佳惠
2022年12月02日

乙方：北京联发运输有限公司
代理人：王琳
2022年12月02日

图 4-17　赔偿协议书

14. 业务8-1 存出投资款——填制转账支票

2022年12月2日，北京东方家具有限公司开具转账支票一张，以备投资，根据背景单据填写转账支票（签发人口令：123456）。

15. 业务8-2 存出投资款——账务处理

2022年12月2日，北京东方家具有限公司根据业务8-1的转账支票存根及背景单据（图4-18和图4-19）编制记账凭证。

付款申请书

2022 年 12 月 02 日

用途及情况	金额											收款单位(人)：北京东方家具有限公司	
存出投资款	亿	千	百	十	万	千	百	十	元	角	分	账号：110120164655	
			¥	3	0	0	0	0	0	0	0	开户行：北京华翔证券有限公司大兴区营业部	
金额（大写）合计：	人民币 叁拾万元整											结算方式：转账	
总经理	李佳惠	财务部门	经理	王志	业务部门			经理	王志				
			会计	王平				经办人	孙朋				

图4-18 付款申请书1

交通银行 进账单（回单） 1

2022 年 12月 02 日

出票人	全称	北京东方家具有限公司	收款人	全称	北京东方家具有限公司									
	账号	6222600100888812532501		账号	110120164655									
	开户银行	交通银行北京大兴支行		开户银行	北京华翔证券有限公司大兴区营业部	亿	千	百	十	万	千	百	十	元 角 分
金额	人民币（大写）	叁拾万元整								¥	3	0	0	0 0 0 0 0
票据种类	转账支票	票据张数	1											
票据号码	30109810-00023328													
			复核 记账		交通银行 北京大兴支行 2022.12.02 业务受理章（02）			开户银行签章						

此联是开户银行交给持票人的回单

8.5×17.5公分 交9 前店印刷 0512-65011866

图4-19 进账单1

16. 业务 9　收到前欠货款——账务处理

2022 年 12 月 3 日，北京东方家具有限公司收到北京禾山电子有限公司前欠货款，根据背景单据（图 4-20）编制记账凭证。

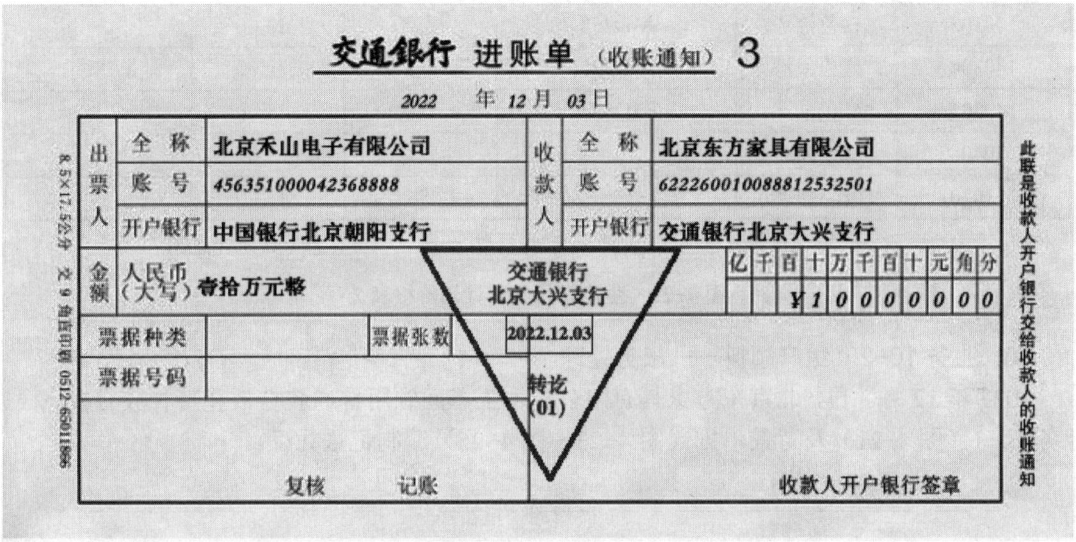

交通银行 进账单（收账通知） 3

2022 年 12 月 03 日

出票人	全　称	北京禾山电子有限公司	收款人	全　称	北京东方家具有限公司
	账　号	4563510000423688888		账　号	6222600100888125325O1
	开户银行	中国银行北京朝阳支行		开户银行	交通银行北京大兴支行
金额	人民币（大写）	壹拾万元整		亿千百十万千百十元角分	¥10000000
票据种类		票据张数			
票据号码					
	复核　记账			收款人开户银行签章	

图 4-20　进账单 2

17. 业务 10-1　生产领料——填制领料单

2022 年 12 月 3 日，北京东方家具有限公司木工车间领用普通胶合板生产白色办公桌，根据背景单据（图 4-21 和图 4-22）填写领料单。（实发数量与请领数量相符）

领料申请单

部门：木工车间　　2022-12-03

序号	材料名称	领用日期	单位	数量	用途	其他备注
140302	普通胶合板	2022-12-03	片	500.00	生产白色办公桌	

审批：廖汉文　　审核：赵敏　　申请人：吴桐

图 4-21　领料申请单 1

生产常用物料计划价格表

执行日期：2022 年 12 月 01 日　　　　　　　　　　　　　　　编号：2022 第 005 号

编号	物料名称	规格型号	计量单位	计划单价	年度内调整价
140301	特种胶合板	25*1 240*1 200	片	500.00	
140302	普通胶合板	18*1 240*1 200	片	200.00	
140303	白色油漆	MD258	千克	28.00	
140304	黑色油漆	MD325	千克	32.00	
140305	棕色油漆	MD524	千克	35.00	
130406	酒精		千克	5.00	
14110101	塑料包装纸		件	15.00	

审核：王志　　　　　　　　　　　　　　　　　　　制单：王平

图 4-22　生产常用物料计划价格表 2

18. 业务 10-2　生产领料——账务处理

2022 年 12 月 3 日，北京东方家具有限公司木工车间领用普通胶合板和特种胶合板，根据业务 10-1（图 4-21）及背景单据（图 4-23～图 4-25）编制记账凭证。

领料申请单

部门：木工车间　　　　　　　　　　　　　　　　　　　　2022-12-03

序号	材料名称	领用日期	单位	数量	用途	其他备注
140301	特种胶合板	2022-12-03	片	150.00	生产棕色会议桌	

审批：廖汉文　　　　　审核：赵敏　　　　　　　　申请人：吴桐

图 4-23　领料申请单 2

领 料 单

领料部门：木工车间

用　途：生产黑色办公桌　　　　　　　2022 年 12 月 03 日　　　　　　　第 L01002 号

材料			单 位	数 量		成 本	
编号	名称	规格		请领	实发	单价	总价
140302	普通胶合板	18MM*1240*120	片	500	500	200.00	100000.00
合计	--		--	--	--	--	￥100000.00

会计联

部门经理：赵敏　　　　　会计：王平　　　　　仓库：王世杰　　　　　经办人：吴桐

图 4-24　领料单 1

领 料 单

领料部门：木工车间

用　途：生产棕色会议桌　　　　　　2022 年 12 月 03 日　　　　　　第 L01003 号

材料			单 位	数 量		成 本	
编号	名 称	规 格		请 领	实 发	单 价	总 价
140301	特种胶合板	25MM*1240*120	片	150	150	500.00	75000.00
合 计	—	—		—	—	—	￥75000.00

部门经理：赵敏　　　　会计：王平　　　　仓库：王世杰　　　　经办人：吴桐

图 4-25　领料单 2

19. 业务 11　材料验收入库——账务处理

2022 年 12 月 3 日，北京东方家具有限公司向北京华兴木材加工有限公司采购 800 片普通胶合板到货，验收入库时发现有 100 片不合格，经协商，北京华兴木材加工有限公司同意退货，退货运费由北京华兴木材加工有限公司承担。据此，编制材料验收入库（入库单见图 4-26）时的记账凭证。

入 库 单

2022 年 12 月 03 日　　　　　　　　　　　　　　　　　单号：RC-01002

交来单位及部门	北京华兴木材加工有限公司		发票号码或生产单号码	03972600		验收仓库	原材料库		入库日期	2022.12.03	
编号	名称规格	单位	数 量		实际价格		计划价格		价格差异		
			交库	实收	单价	金额	单价	金额			
140302	普通胶合板	片	700	700	215.62857	150940.00	200.00	140000.00	10940.00		
	合　　计					￥150940.00		￥140000.00	￥10940.00		

部门经理：赵敏　　　　会计：王平　　　　仓库：王世杰　　　　经办人：郭力

图 4-26　入库单 1

20. 业务 12　非货币性资产交换——存货换固定资产——账务处理

2022 年 12 月 3 日，北京东方家具有限公司以 20 张高档办公椅换入 1 台复印机，根据背景单据（图 4-27～图 4-31）编制记账凭证。

图 4-27 增值税发票 8

北京增值税专用发票

1100224130
No 03626507

开票日期：2022年12月03日

购买方	名　称：北京天诚设备有限公司 纳税人识别号：911101085287074525 地　址、电话：北京市海淀区成功大道114号　010-85053528 开户行及账号：中国工商银行北京海淀支行　6222800355504761374	密码区：03*3187<4/+8490<+95-59+7<243 4987<0-->-6>525<693719->7*7 87*3187<4/+8490<+95708681380 9<712/<1+9016>6906++>84>93/-

货物或应税劳务、服务名称	规格型号	单位	数量	单价	金额	税率	税额
*家具*高档办公椅		张	20	760.00	15200.00	13%	1976.00
合　计					￥15200.00		￥1976.00

价税合计（大写）　⊗ 壹万柒仟壹佰柒拾陆元整　（小写）￥17176.00

销售方	名　称：北京东方家具有限公司 纳税人识别号：911101152352632382 地　址、电话：北京市大兴区西红门镇新建工业区91号　010-61207058 开户行及账号：交通银行北京大兴支行　6222600100888812532501	备注

收款人：　　　复核：　　　开票人：王平　　　销售方：（章）

图 4-27　增值税发票 8

图 4-28 增值税发票 9

北京增值税普通发票

110012206510
No 00561125

开票日期：2022年12月03日

校验码 98340 23487 43887 23445

购买方	名　称：北京东方家具有限公司 纳税人识别号：911101152352632382 地　址、电话：北京市大兴区西红门镇新建工业区91号　010-61207058 开户行及账号：交通银行北京大兴支行　6222600100888812532501	密码区：03*3187<4/+8490<+95-59+7<243 4987<0-->-6>525<693719->7*7 87*3187<4/+8490<+95708681380 9<712/<1+9016>6906++>84>93/-

货物或应税劳务、服务名称	规格型号	单位	数量	单价	金额	税率	税额
*办公印刷设备*复印机	DZ	台	1	16675.73	16675.73	3%	500.27
合　计					￥16675.73		￥500.27

价税合计（大写）　⊗ 壹万柒仟壹佰柒拾陆元整　（小写）￥17176.00

销售方	名　称：北京天诚设备有限公司 纳税人识别号：911101085287074525 地　址、电话：北京市海淀区成功大道114号　010-85053528 开户行及账号：中国工商银行北京海淀支行　6222800355504761374	北京天诚设备有限公司 911101085287074525 发票专用章

收款人：　　　复核：　　　开票人：吴志德

图 4-28　增值税发票 9

销售单

购货单位：北京天诚设备有限公司	地址和电话：北京市海淀区成功大道114号 010-85053528	单据编号：01002
纳税识别号：911101085287074525	开户行及账号：中国工商银行北京海淀支行 6222800355504761374	制单日期：2022年12月03日

编码	产品名称	规格	单位	单价	数量	金额	备注
140505	高档办公椅		张	858.80	20	17176.00	含税价
合　计	人民币（大写）：壹万柒仟壹佰柒拾陆元整					￥17176.00	

销售经理：　　经手人：游奇伟　　会计：王平　　签收人：赵丽丽

图 4-29　销售单 1

固定资产验收单

编号: ZCG-300010　　　　　　　　　　　2022 年 12 月 03 日

合同编号	2022XY-005	合同金额	¥17176.00
项目名称	复印机DZ		
规格型号	DZ-4587SQW	出厂号	45871OP/SQW
生产厂家	北京天诚设备有限公司		

验收项目		
设备清单: 复印机DZ整机一台	是否有与合同不符的情况	否
	设备使用性能是否达到要求	是
	设备技术指标是否与合同相符	是
	设备配件是否与采购要求相符	是
	设备是否全新完好	置换二手
	技术文档是否齐全	是
设备在安装调试、试用过程中的情况	性能稳定，试用效果良好。	
备　注		
验收结果	符合使用要求	验收日期　2022年12月03日

使用单位签章	负责人签名：张跃 使用部门（盖章） 2022 年 12 月 03 日	验收人员签名	使用单位验收人员	纪检、资产、财产处验收人员
			张跃	王志
			孙瑶	陆梅

注: 1、资产名称、型号、规格、生产厂家等相关内容，请按设备上的铭牌详细填写。

2、单价2万元或5万元以上，验收至少要有5人参加。

3、此表一式三份，一份交资产处存档，一份交使用部门存档，一份交财务处资产入账用。

图 4-30　固定资产验收单 1

资产置换协议书

甲方:北京东方家具有限公司（以下简称甲方）
乙方:北京天诚设备有限公司（以下简称乙方）

一、置换资产
1、甲方以库存的高档办公椅20把，市场含税销售价17176.00元，与乙方拥有的一台价值为17176.00元的办公设备复印机（该设备已使用两年半）进行交换。
2、双方于2022年12月03日前办理资产产权划转手续，并进行资产交换。

二、声明和保证
1、甲、乙双方所拥有的置换资产均为其各自拥有的合法资产。
2、甲、乙双方将分别按照各公司章程的有关规定，将本协议约定的资产置换事项报各公司股东大会批准。
3、甲、乙双方均有义务配合对方办理本次资产置换所涉及的产权过户手续，包括但不限于提供相关文件及在产权过户文件上签字、盖章等的相关税费按照有关法律规定，由双方各自承担。

三、资产交割日
双方同意，本协议生效后，双方协商确定资产交割日，资产交割日后置换资产所发生的资产损益由置入方各自承担和享有，但在资产交接之前，置出方有义务妥善维护和使用置出资产，否则，应当赔偿因此给对方造成的损失。

四、资产交付
双方应当于本协议生效后协商确定资产交换日期将其置换资产交付对方。

五、违约责任
1、任一方违反本协议约定的义务给对方造成损失的，应当向守约方承担赔偿责任。
2、甲方未按本协议第二条第3款的约定向乙方支付差额价款时，应当按照欠付价款金额承担日万分之五的违约金。

甲方:北京东方家具有限公司
授权代表:李佳惠
日期:2022.12.02

乙方:北京天诚设备有限公司
授权代表:陈峰艺
日期:2022.12.02

图 4-31　资产置换协议书

21. 业务 13　购买股票——账务处理

2022 年 12 月 4 日，北京东方家具有限公司委托北京华翔证券有限公司大兴区营业部购买“火炬科技”股票 10 000 股，确认为交易性金融资产，支付的价款含本月 1 日“火炬科技”宣告发放税后现金股利 1 000 元。根据背景单据（图 4–32）编制记账凭证，同时注意现金流量表项目金额的填写。

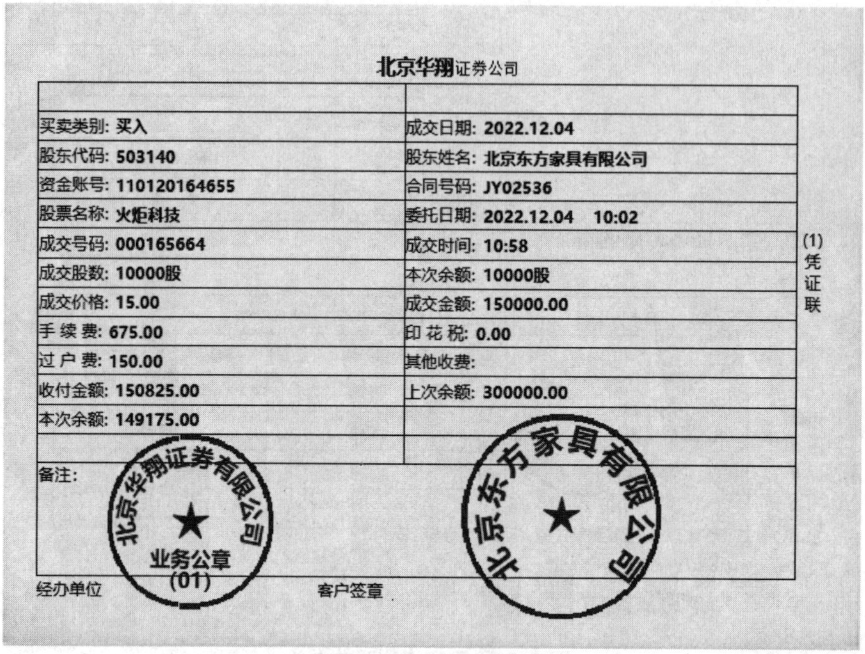

北京华翔证券公司

买卖类别：买入	成交日期：2022.12.04
股东代码：503140	股东姓名：北京东方家具有限公司
资金账号：110120164655	合同号码：JY02536
股票名称：火炬科技	委托日期：2022.12.04　10:02
成交号码：000165664	成交时间：10:58
成交股数：10000股	本次余额：10000股
成交价格：15.00	成交金额：150000.00
手 续 费：675.00	印 花 税：0.00
过 户 费：150.00	其他收费：
收付金额：150825.00	上次余额：300000.00
本次余额：149175.00	

备注：

(1) 凭证联

北京华翔证券有限公司 业务公章 (01)　　北京东方家具有限公司

经办单位　　客户签章

图 4–32　股票交割单

22. 业务 14–1　销售产品——收到货款——填制银行进账单

2022 年 12 月 4 日，北京东方家具有限公司销售会议桌及高档办公椅给北京宝依国际会展有限公司，收到北京宝依国际会展有限公司开具的转账支票，自行办理进账。结合企业信息及转账支票（图 4–33 和图 4–34），填写进账单。

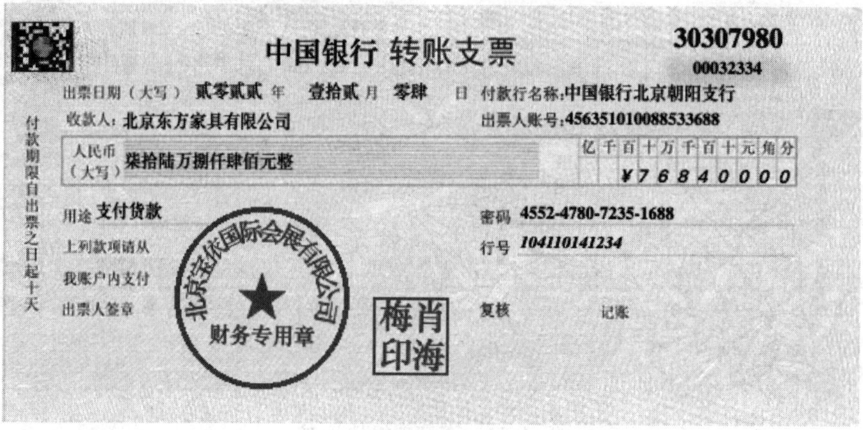

中国银行 转账支票　30307980 00032334

出票日期（大写）贰零贰贰 年 壹拾贰 月 零肆 日　付款行名称：中国银行北京朝阳支行

收款人：北京东方家具有限公司　出票人账号：456351010088533688

人民币（大写）柒拾陆万捌仟肆佰元整　亿 千 百 十 万 千 百 十 元 角 分　¥ 7 6 8 4 0 0 0 0

用途 支付货款　密码 4552-4780-7235-1688

上列款项请从 我账户内支付　行号 104110141234

出票人签章　北京宝依国际会展有限公司 财务专用章　梅肖印海　复核　记账

付款期限自出票之日起十天

图 4–33　银行转账支票 1

图 4-34　银行转账支票背面 1

23. 业务 14-2　销售产品——账务处理

2022 年 12 月 4 日，北京东方家具有限公司销售会议桌及办公椅给北京宝依国际会展有限公司，根据业务 14-1 的银行进账单（回单）及背景单据（图 4-35～图 4-37）编制记账凭证。

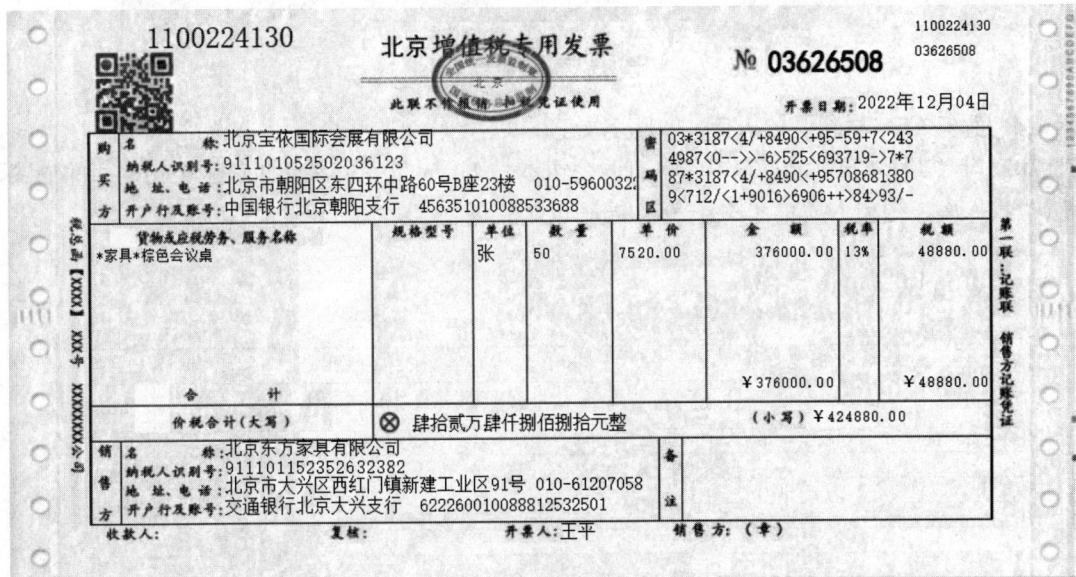

图 4-35　增值税发票 10

图 4-36 增值税发票 11

图 4-37 销售单 2

24. 业务 15 材料验收入库——账务处理

2022 年 12 月 4 日，北京东方家具有限公司本月 1 日从北京邦都化工有限公司购买的油漆，到货验收入库，根据入库单（图 4-38）编制记账凭证。

图 4-38 入库单 2

25. 业务 16　采购退货——账务处理

2022 年 12 月 5 日，北京东方家具有限公司收到北京华兴木材加工有限公司开具的红字发票（材料系本月采购，发票已认证，货款已付，公司与此供应商的往来记入"应付账款——北京华兴木材加工有限公司"），根据背景单据（图 4-39）编制记账凭证（提示：本企业涉及的采购退货、销售退货及银行存款利息收入业务均做反向分录，以正数填入）。

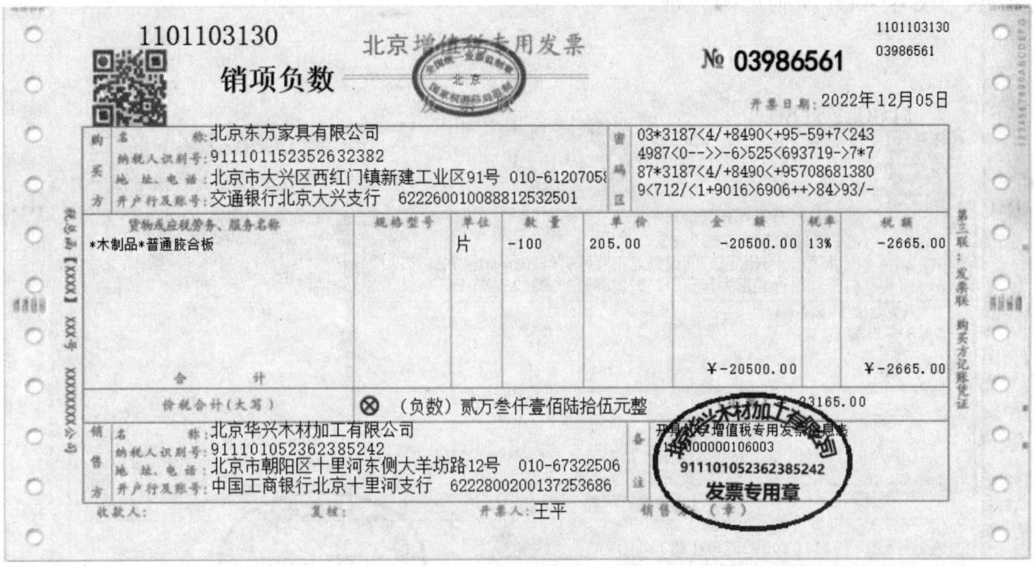

图 4-39　增值税发票 12

26. 业务 17-1　收到赔款——填写收款收据

2022 年 12 月 5 日，北京东方家具有限公司收到北京联发运输有限公司 12 月 2 日运输损坏赔款，根据背景单据（图 4-40）开具收款收据。

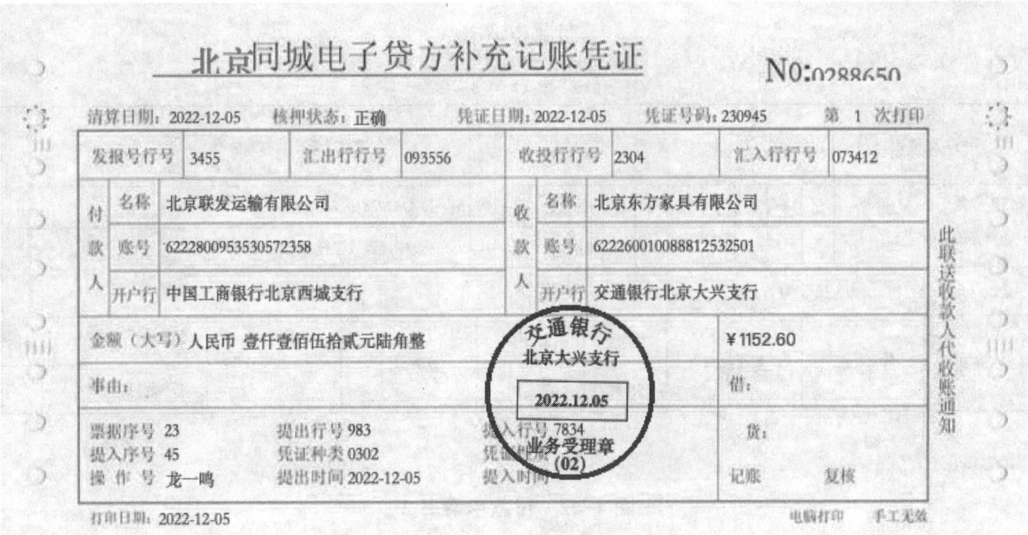

图 4-40　补充记账凭证 1

27. 业务 17-2　收到赔款——账务处理

2022 年 12 月 5 日，北京东方家具有限公司收到北京联发运输有限公司 12 月 2 日运输损坏赔款，根据业务 17-1 的收款收据（交财务联）及背景单据（图 4-40）编制记账凭证。

28. 业务 18　支付广告费——账务处理

2022 年 12 月 5 日，北京东方家具有限公司开具转账支票支付广告费，请根据背景单据（图 4-41～图 4-44）编制记账凭证。

1100223180　　北京增值税专用发票　　№ 00862236　　1100223180 00862236

发票联　　开票日期：2022年12月05日

购买方	名　　称：北京东方家具有限公司 纳税人识别号：911101152352632382 地址、电话：北京市大兴区西红门镇新建工业区91号 010-6120705 开户行及账号：交通银行北京大兴支行 622260010088812532501	密码区	03*3187<4/+8490<+95-59+7<243 4987<0-->>-6>525<693719->7*7 87*3187<4/+8490<+95708681380 9<712/<1+9016>6906++>84>93/-

货物或应税劳务、服务名称	规格型号	单位	数量	单价	金额	税率	税额
*广告服务*广告费					9433.96	6%	566.04
合　　计					¥9433.96		¥566.04
价税合计（大写）	⊗ 壹万元整				（小写）¥10000.00		

销售方	名　　称：北京飞鹏广告有限公司 纳税人识别号：911101059287501733 地址、电话：北京市朝阳区白沙大道103号 010-85301023 开户行及账号：中国建设银行北京朝阳支行 43674281027017563630	备注	北京飞鹏广告有限公司 911101059287501733 发票专用章

收款人：　　复核：　　开票人：陈乔　　销售方：（章）

第三联：发票联　购买方记账凭证

图 4-41　增值税发票 13

付款申请书

2022 年 12 月 05 日

用途及情况	金额											收款单位(人): 北京飞鹏广告有限公司
支付广告费		亿	千	百	十	万	千	百	十	元	角	分	账 号: 43674281027017563630
					¥	1	0	0	0	0	0	0	开户行: 中国建设银行北京朝阳支行

金额（大写）合计:	人民币 壹万元整	结算方式: 转账

总经理	李佳惠	财务部门	经 理	王志	业务部门	经 理	许飞
			会 计	王平		经办人	游奇伟

图 4-42　付款申请书 2

交通银行 进账单（回　单）　1

2022 年 12 月 05 日

出票人	全　称	北京东方家具有限公司	收款人	全　称	北京飞鹏广告有限公司
	账　号	622260010088812532501		账　号	43674281027017563630
	开户银行	交通银行北京大兴支行		开户银行	中国建设银行北京朝阳支行
金额	人民币（大写）壹万元整			亿千百十万千百十元角分	￥1000000
票据种类	转账支票	票据张数 1			
票据号码	30109810-00023329				
	复核　记账			开户银行签章	

交通银行北京大兴支行 2022.12.05 转讫 (01)

8.5×17.5公分　交 9 角直印刷 0512-65011866

此联是开户银行交给持票人的回单

图 4-43　进账单 3

交通银行
转账支票存根
30109810
00023329

附加信息

出票日期 2022 年 12 月 05 日

收款人：	北京飞鹏广告有限公司
金　额：	￥10000.00
用　途：	支付广告费

单位主管　　会计

上海金达证券印制有限公司·2011年印制

图 4-44　转账支票存根 1

29. 业务 19　材料验收入库——账务处理

2022 年 12 月 6 日，北京东方家具有限公司向北京昌盛油漆有限公司采购油漆，货已验收入库，款未付，根据背景单据（图 4-45 和图 4-46）编制记账凭证（金额、税额以增值税专用发票票面显示为准）。

图 4-45　增值税发票 14

图 4-46　入库单 3

30. 业务 20　发放上月工资——账务处理

2022 年 12 月 6 日，北京东方家具有限公司支付上月的工资，根据背景单据（图 4-47～图 4-49）编制记账凭证。

图 4-47　11 月工资表的二维码

图 4-48　转账支票存根 2

图 4-49　进账单 4

31. 业务 21　采购胶合板并验收入库——账务处理

2022 年 12 月 6 日，北京东方家具有限公司向天津宏发板材有限公司购买特种胶合板并验收入库，货款未付，根据背景单据（图 4-50 和图 4-51）编制记账凭证。

59

图 4-50 增值税发票 15

图 4-51 入库单 4

32. 业务 22-1 职工借款——填写审核借款单

2022 年 12 月 7 日，北京东方家具有限公司办公室孙瑶预借现金 3 000.00 元（支付刘海医药费），据此填写借款单并审核。

33. 业务 22-2 职工借款——账务处理

2022 年 12 月 7 日，北京东方家具有限公司根据业务 22-1 的借款单编制记账凭证。

34. 业务 23-1 生产领料——填制领料单

2022 年 12 月 7 日，北京东方家具有限公司油漆车间领用白色油漆用于生产白色办公桌，根据背景单据（图 4-52 和图 4-53）填写领料单（实发数量与请领数量相符）。

领料申请单

部门：油漆车间   2022-12-07

序号	材料名称	领用日期	单位	数量	用途	其他备注
140303	白色油漆	2022-12-07	kg	800	生产白色办公桌	

审批：赵敏   审核：王茂才   申请人：赵林

图 4-52 领料申请单 3

生产常用物料计划价格表

执行日期：2022 年 12 月 01 日   编号：2022 第 005 号

编号	物料名称	规格型号	计量单位	计划单价/元	年度内调整价
140301	特种胶合板	25 mm*1 240 mm*1 200 mm	片	500.00	
140302	普通胶合板	18 mm*1 240 mm*1 200 mm	片	200.00	
140303	白色油漆	MD258	千克	28.00	
140304	黑色油漆	MD325	千克	32.00	
140305	棕色油漆	MD524	千克	35.00	
130406	酒精		千克	5.00	
14110101	塑料包装纸		件	15.00	

审核：王志   制单：王平

图 4-53 生产常用物料计划价格表 3

35. 业务 23-2 生产领料——账务处理

2022 年 12 月 7 日，北京东方家具有限公司油漆车间领用油漆，根据业务 23-1 及本实训内容背景单据（图 4-54～图 4-57）编制记账凭证。

领料申请单

部门：油漆车间   2022-12-07

序号	材料名称	领用日期	单位	数量	用途	其他备注
140304	黑色油漆	2022-12-07	kg	600	生产黑色办公桌	

审批：赵敏   审核：王茂才   申请人：赵林

图 4-54 领料申请单 4

领料申请单

部门：油漆车间   2022-12-07

序号	材料名称	领用日期	单位	数量	用途	其他备注
140305	棕色油漆	2022-12-07	kg	300	生产棕色会议桌	

审批：赵敏   审核：王茂才   申请人：赵林

图 4-55 领料申请单 5

领 料 单

领料部门：油漆车间

用　途：生产黑色办公桌   2022 年 12 月 07 日   第 L01005 号

材料			单位	数量		成本	
编号	名称	规格		请领	实发	单价	总价
140304	黑色油漆	MD325	kg	600	600	32.00	19200.00
合计	—		—	—	—	—	￥19200.00

部门经理：赵敏   会计：王平   仓库：王世杰   经办人：赵林

图 4-56 领料单 3

领 料 单

领料部门：油漆车间

用　途：生产棕色会议桌   2022 年 12 月 07 日   第 L01006 号

材料			单位	数量		成本	
编号	名称	规格		请领	实发	单价	总价
140305	棕色油漆	MD524	kg	300	300	35.00	10500.00
合计	—		—	—	—	—	￥10500.00

部门经理：赵敏   会计：王平   仓库：王世杰   经办人：赵林

图 4-57 领料单 4

36. 业务 24　车间领料——账务处理

2022 年 12 月 7 日，北京东方家具有限公司机修车间及装配车间领用酒精，根据背景单据（图 4-58～图 4-61）编制记账凭证。

领料申请单

部门：装配车间　　　　　　　　　　　　　　　　　　2022-12-07

序号	材料名称	领用日期	单位	数量	用途	其他备注
140306	酒精	2022-12-07	kg	100	擦拭产品用	机物料消耗

审批：赵敏　　　　审核：董如　　　　　　　　　　申请人：张涛

图 4-58　领料申请单 6

领料申请单

部门：机修车间　　　　　　　　　　　　　　　　　　2022-12-07

序号	材料名称	领用日期	单位	数量	用途	其他备注
140306	酒精	2022-12-07	kg	50	擦拭机台用	辅助生产成本

审批：赵敏　　　　审核：王松　　　　　　　　　　申请人：王松

图 4-59　领料申请单 7

领　料　单

领料部门：装配车间

用　途：擦拭产品用　　　　　2022 年 12 月 07 日　　　　第L01007　号

编号	名称	规格	单位	请领	实发	单价	总价
140306	酒精		kg	100	100	5.00	500.00
合计		--	--	--	--	--	￥500.00

部门经理：赵敏　　　会计：王平　　　仓库：王世杰　　　经办人：张涛

图 4-60　领料单 5

63

领料单

领料部门：机修车间

用　途：擦拭机台用　　　　　　　　　　2022 年 12 月 07 日　　　　　　　　第 L01008 号

材料			单位	数量		成本	
编号	名称	规格		请领	实发	单价	总价
140306	酒精		kg	50	50	5.00	250.00
合计	--		--	--	--	--	￥250.00

部门经理：赵敏　　　　　会计：王平　　　　　仓库：王世杰　　　　　经办人：王松

会计联

图 4-61　领料单 6

37. 业务 25-1　提现——填制现金支票

2022 年 12 月 7 日，北京东方家具有限公司开具现金支票，到银行提取备用金，根据背景单据（图 4-62）填写现金支票（签发人口令：123456）。

提现申请单

2022 年 12 月 07 日

收款单位	北京东方家具有限公司		
地址	北京市大兴区西红门镇新建工业区91号	联系电话	010-61207058
收款人开户行	交通银行北京大兴支行	开户账号	62226001008812532501
内容	备用金		
大写	人民币 壹万元整	￥10000.00	

审批：李佳惠　　　　审核：王志　　　　经办人：孙朋

图 4-62　提现申请单 1

38. 业务 25-2　提现——账务处理

2022 年 12 月 7 日，北京东方家具有限公司从银行提取备用金，根据业务 25-1 的现金支票存根及图 4-62 编制记账凭证。

39. 业务 26　报销业务招待费——账务处理

2022 年 12 月 7 日，北京东方家具有限公司销售部经理许飞报销业务招待费，以现金支付，根据背景单据（图 4-63 和图 4-64）编制记账凭证。

110012202650　　北京增值税普通发票　　№ 00162803

110012202650
00162803

校验码 98340 23597 43878 34556　　开票日期：2022年12月07日

购买方	名　　称：北京东方家具有限公司 纳税人识别号：91110115235263 2382 地 址、电 话：北京市大兴区西红门镇新建工业区91号 010-6120705 开户行及账号：交通银行北京大兴支行　6222600100888125325 01				密码区	03*3187<4/+8490<+95-59+7<243 4987<0-->>-6>525<693719->7*7 87*3187<4/+8490<+95708681380 9<712/<1+9016>6906++>84>93/-	
货物或应税劳务、服务名称	规格型号	单位	数量	单价	金额	税率	税额
*餐饮服务*餐饮费					3301.89	6%	198.11
合　　计					¥3301.89		¥198.11
价税合计（大写）	⊗ 叁仟伍佰元整				（小写）¥3500.00		
销售方	名　　称：北京国富园大酒店有限公司 纳税人识别号：911101153412676681 地 址、电 话：北京市朝阳区适中路231号　010-63374259 开户行及账号：中国建设银行北京朝阳支行　43674239000002213360				备注		

收款人：　　复核：　　开票人：叶文慧　　销售方：（章）

北京国富园大酒店有限公司 911101153412676681 发票专用章

第二联：发票联　购买方记账凭证

图 4-63　增值税发票 16

报　销　单

填报日期：2022年 12 月 07 日　　　　单据及附件共 1 张

姓名 许飞	所属部门	销售部	报销形式	现金	
			支票号码		
报销项目		摘　要		金　额	备注：
业务招待费		招待客人费用		3500.00	
			现金付讫		
合　　计				¥3500.00	
金额大写：零 拾 零 万 叁 仟 伍 佰 零 拾 零 元 零 角 零 分				原借款：¥0.00元	应退（补）款：¥3500.00元

总经理：李佳惠　财务经理：王志　部门经理：许飞　会计：王平　出纳：孙朋　报销人：许飞

图 4-64　报销单 1

40. 业务 27　支付银行承兑汇票到期款——账务处理

2022 年 12 月 8 日，北京东方家具有限公司开具给福建建瓯山林木材有限公司的银行承兑汇票到期付款，根据背景单据（图 4-65 和图 4-66）编制记账凭证。

托收凭证（付款通知）　　5

委托日期 2022 年 12 月 05 日　　付款期限 2022 年 12 月 08 日

业务类型	委托收款（☐邮划、☑电划）　托收承付（☐邮划、☐电划）			
付款人	全称	交通银行北京大兴支行	收款人	全称：福建建瓯山林木材有限公司
	账号	417729108440154514000		账号：6229094430025487233
	地址	北京 省 市县　开户行：交通银行北京大兴支行		地址：福建 省 建瓯 市县　开户行：中国工商银行南平建瓯支行
金额	人民币（大写）壹佰万元整			¥1 0 0 0 0 0 0 0 0
款项内容	货款	托收凭据名称：银行承兑汇票		附寄单证张数：1
商品发运情况	已发运			合同名称号码：DF10026
备注： 付款人开户银行收到日期 2022 年 12 月 08 日 复核　记账	付款人开户银行签章 2022 年 12 月 08 日			付款人注意： 1、根据支付结算方法，上列委托收款（托收承付）款项在付款期限内未提出拒付，即视为同意付款，以此代付款通知。 2、如需提出全部或部分拒付，应在规定期限内，将拒付理由书并附债务证明退交开户银行。

交通银行北京大兴支行 2022.12.08 转讫 (01)

此联付款人开户银行给付款人按期付款通知

(2005) 10×17.5公分 交15 角直印刷

图 4-65　托收凭证

银行承兑汇票　　2　　68791083 63486080

原件与复印件核对相符

出票日期（大写）贰零贰贰年 零玖月 零捌日

出票人全称	北京东方家具有限公司	收款人	全称	福建建瓯山林木材有限公司
出票人账号	6222600100888125325O1		账号	6229094430025487233
付款行名称	交通银行北京大兴支行		开户银行	中国工商银行南平建瓯支行
出票金额	人民币（大写）壹佰万元整			¥1 0 0 0 0 0 0 0 0
汇票到期日（大写）	贰零贰贰年壹拾贰月零捌日	付款行	行号	301100011476
承兑协议编号	202210667		地址	北京市大兴区华星街东风路42号
本汇票请你行承兑，到期无条件付款。 北京东方家具有限公司 财务专用章　李佳印　惠 出票人签章	本汇票已经承兑，到期日由本行付款。 交通银行北京大兴支行 301100011476 汇票专用章　郭峰印　霖 承兑日期 2022 年 09 月 08 日 备注：			密押 复核　记账

此联收款人开户行随托收凭证寄付款行作借方凭证附件

图 4-66　银行承兑汇票 3

41. 业务 28　报销差旅费——账务处理

2022 年 12 月 8 日，北京东方家具有限公司企划部郑凡报销差旅费，根据背景单据（图 4-67～图 4-71）编制记账凭证（提示：本题需要考虑进项税额）。

差旅费报销单

2022 年 12 月 08 日

单据及附件共　4　张

所属部门				企划部		姓名	郑凡	出差事由	洽谈业务	
出发		到达		起止地点	交通费	住宿费	伙食费	其他		
月	日	月	日							
12	03	12	06	北京—广州—北京	3140.00					
12	06	12	06	广州		500.00				
12	03	12	03	广州	93.00					

合计 大写金额：人民币叁仟柒佰叁拾叁元整	¥3733.00	预支旅费	¥5000.00	退回金额	¥1267.00
				补付金额	¥0.00

总经理：李佳惠　　财务经理：王志　　会计：王平　　出纳：孙朋　　部门经理：郑凡　　报销人：郑凡

图 4-67　差旅费报销单

图 4-68　航空运输电子客票行程单

图 4-69　增值税发票 17

广州市客运出租车统一发票

GuangZhc TAXI RECEIPT

广州市 发票联

发票代码：440111202578

发票号码：36984485

发票查询电话：（020）82420110

服务监督电话：（020）82420112

手写无效

车号：	粤A1208
证号：	10289
日期：	2022-12-03
上车：	17:02
下车：	17:33
单价：	2.00
里程：	46.50
等候：	0
金额：	93.00
卡号：	--
原额：	--
余额：	--
批号：	--

图 4-70　出租车发票

收 款 收 据

NO.00360809

2022 年 12 月 08 日

现金收讫

今 收 到 郑凡

交 来：借支剩余款

金额（大写）零佰 零拾 零万 壹仟 贰佰 陆拾 柒元 零角 零分

¥ *1267.00*

☑ 现金　☐ 转账支票　☐ 其他

收款单位(盖章)

第三联交财务

核准 王志　会计　记账　出纳 孙朋　经手人 郑凡

图 4-71　收款收据 1

42. 业务 29-1 银行承兑汇票背书转让——填写汇票背书

2022 年 12 月 8 日，北京东方家具有限公司将北京张氏家私有限公司开具的银行承兑汇票背书转让给天津宏发板材有限公司以偿还欠款，对银行承兑汇票（图 4-72）进行背书（图 4-73 为付款申请书）。

图 4-72 银行承兑汇票 4

图 4-73 付款申请书 3

43. 业务 29-2 银行承兑汇票背书转让——账务处理

2022 年 12 月 8 日，北京东方家具有限公司将北京张氏家私有限公司开具的银行承兑汇票背书给天津宏发板材有限公司以偿还欠款，根据背景单据（图 4-72～图 4-73）及背书单据编制记账凭证。

44．业务 30　收回保证金——账务处理

2022 年 12 月 08 日，北京东方家具有限公司开具给福建建瓯山林木材有限公司的银行承兑汇票到期付款，收回银行承兑汇票保证金存款，根据背景单据（图 7-74）编制记账凭证。

交通银行业务回单

2022 年 12 月 08 日　　　　　　　　　　凭证编号：0234562

付款人	全　称	北京东方家具有限公司	收款人	全　称	北京东方家具有限公司
	账　号	622260010088812000101		账　号	622260010088812532501
	开户行	交通银行北京大兴支行		开户行	交通银行北京大兴支行

大写金额	人民币（大写）伍拾万元整	十亿 千 百 十万 千 百 十 元 角 分 ¥ 5 0 0 0 0 0 0 0

用途	退回保证金	交通银行 北京大兴支行 开户行盖章 2022.12.08 转讫 （01） 2022 年 12 月 08 日
备注	业务种类	
	原凭证种类	
	原凭证号码	
	原凭证金额	

图 4-74　银行业务回单 1

45．业务 31　生产领料——账务处理

2022 年 12 月 9 日，北京东方家具有限公司木工车间领用板材，根据背景单据（图 7-75～图 7-78）编制记账凭证。

领料申请单

部门：木工车间　　　　　　　　　　　　　　　　2022-12-09

序号	材料名称	领用日期	单位	数量	用途	其他备注
140302	普通胶合板	2022-12-09	片	500.00	生产普通办公桌	

审批：赵敏　　　审核：廖汉文　　　　　　　　　　申请人：吴桐

图 4-75　领料申请单 8

领料申请单

部门：木工车间　　　　　　　　　　　　　　　　2022-12-09

序号	材料名称	领用日期	单位	数量	用途	其他备注
140301	特种胶合板	2022-12-00	片	60.00	生产高档办公椅	

审批：赵敏　　　审核：王松　　　　　　　　　　申请人：吴桐

图 4-76　领料申请单 9

领 料 单

领料部门：木工车间

用　途：生产普通办公椅　　　　　　2022 年 12 月 09 日　　　　　　第L01009　号

材　料			单 位	数　量		成　本	
编　号	名　称	规　格		请　领	实　发	单　价	总价
140302	普通胶合板	18MM*1240*120(	片	500	500	200.00	100000.00
合　计	--	--	--	--	--	--	￥100000.00

部门经理：赵敏　　　　会计：王平　　　　仓库：王世杰　　　　经办人：吴桐

图 4-77   领料单 7

领 料 单

领料部门：木工车间

用　途：生产高档办公椅　　　　　　2022 年 12 月 09 日　　　　　　第L01010　号

材　料			单 位	数　量		成　本	
编　号	名　称	规　格		请　领	实　发	单　价	总价
140301	特种胶合板	25MM*1240*120(	片	60	60	500.00	30000.00
合　计	--	--	--	--	--	--	￥30000.00

部门经理：赵敏　　　　会计：王平　　　　仓库：王世杰　　　　经办人：吴桐

图 4-78   领料单 8

46. 业务 32   支付展览费——账务处理

2022 年 12 月 9 日，北京东方家具有限公司支付展览费，根据背景单据（图 4-79～图 4-82）编制记账凭证。

交通银行
转账支票存根
30109810
00023331

附加信息

出票日期2022年 12月 09日

收款人:	北京宝依国际会展有限公司
金　额:	¥50000.00
用　途:	支付展览费

单位主管　　　会计

图 4-79　转账支票存根 3

交通银行 进账单（回　单）　1

2022 年 12月 09日

出票人	全　称	北京东方家具有限公司	收款人	全　称	北京宝依国际会展有限公司
	账　号	6222600100888125325O1		账　号	456351010088533688
	开户银行	交通银行北京大兴支行		开户银行	中国银行北京朝阳支行

			亿	千	百	十	万	千	百	十	元	角	分
金额	人民币（大写）	伍万元整				¥	5	0	0	0	0	0	0

票据种类	转账支票	票据张数	1
票据号码	30109810-00023331		

复核　　记账　　　　开户银行签章

交通银行
北京大兴支行
2022.12.09
转讫
(01)

此联是开户银行交给持票人的回单

图 4-80　进账单 5

付款申请书

2022 年 12 月 09 日

用途及情况	金额											收款单位(人): 北京宝依国际会展有限公司
支付“宝依国际家具节”展览费	亿	千	百	十	万	千	百	十	元	角	分	账 号: 456351010088533688
				¥	5	0	0	0	0	0	0	开户行: 中国银行北京朝阳支行

金额（大写）合计:	人民币 伍万元整				结算方式: 转账		
总经理	李佳惠	财务部门	经 理	王志	业务部门	经　理	许飞
			会 计	王平		经 办 人	游奇伟

图 4-81　付款申请书 4

1100222350　　北京增值税专用发票　　№ 00182602　　1100222350 00182602

开票日期：2022年12月09日

购买方	名　　称：北京东方家具有限公司 纳税人识别号：911101152352632382 地 址、电 话：北京市大兴区西红门镇新建工业区91号　010-61207058 开户行及账号：交通银行北京大兴支行　622260010088812532501
密码区	03*3187<4/+8490<+95-59+7<243 4987<0-->>-6>525<693719->7*7 87*3187<4/+8490<+95708681380 9<712/<1+9016>6906++>84>93/-

货物或应税劳务、服务名称	规格型号	单位	数量	单价	金额	税率	税额
*会展服务*展览费					47169.81	6%	2830.19
合　计					¥47169.81		¥2830.19
价税合计（大写）	⊗ 伍万元整				（小写）¥50000.00		

销售方	名　　称：北京宝依国际会展有限公司 纳税人识别号：911101052502036123 地 址、电 话：北京市朝阳区东四环中路60号B座23楼　010-59600322 开户行及账号：中国银行北京朝阳支行　456351010088533688
备注	北京宝依国际会展有限公司 911101052502036123 发票专用章

收款人：　　复核：　　开票人：汪雪玲　　销售方：（章）

第三联：发票联　购买方记账凭证

图 4-82　增值税发票 18

47. 业务 33　支付管理部门维修费——账务处理

2022 年 12 月 9 日，北京东方家具有限公司支付管理部门维修费，根据背景单据（图 4-83～图 4-86）编制记账凭证。

付款申请书

2022 年 12 月 09 日

用途及情况	金额										收款单位(人)：北京大霸机械有限公司
支付管理部门维修费	亿	千	百	十	万	千	百	十	元	角	分	账 号：320123366211688
				¥	5	0	0	0	0	0	0	开户行：中国农业银行北京丰台支行
金额（大写）合计：	人民币 伍万元整											结算方式：转账

总经理	李佳惠	财务部门	经理	王志	业务部门	经理	廖汉文
			会计	王平		经办人	吴桐

图 4-83　付款申请书 5

图 4-84　转账支票存根 4

图 4-85　进账单 6

图 4-86　增值税发票 19

48. 业务 34 收到现金股利——账务处理

2022 年 12 月 10 日，北京东方家具有限公司收到火炬科技分派的现金股利，存入证券保证金账户，根据背景单据（图 4-87）编制记账凭证。

图 4-87 证券公司客户存款凭条

49. 业务 35 材料验收入库——账务处理

2022 年 12 月 10 日，北京东方家具有限公司向天津宏发板材有限公司采购胶合板并验收入库，运费由其代垫，款未付，根据背景单据（图 4-88～图 4-92）编制记账凭证。

图 4-88 增值税发票 20

图 4-89 增值税发票 21

入 库 单
2022 年 12 月 10 日

单号：RO-01006

交来单位及部门		天津宏发板材有限公司		发票号码或生产单号码		05486688、05486689			验收仓库		原材料库		入库日期	2022.12.10

编号	名称规格	单位	数量		实际价格		计划价格		价格差异
			交库	实收	单价	金额	单价	金额	
140301	特种胶合板	片	1000	1000	538.83831	538838.31	500.00	500000.00	38838.31
140302	普通胶合板	片	3000	3000	213.67726	641031.78	200.00	600000.00	41031.78
	合　计					¥1179870.09		¥1100000.00	¥79870.09

部门经理：赵敏　　会计：王平　　仓库：王世杰　　经办人：郭力

图 4-90　入库单 5

图 4-91　增值税发票 22

图 4-92　增值税发票 23

50. 业务 36　缴纳个人所得税——账务处理

2022 年 12 月 10 日，北京东方家具有限公司收到银行电子缴税回单（个人所得税），根据背景单据（图 4–93）填制记账凭证。

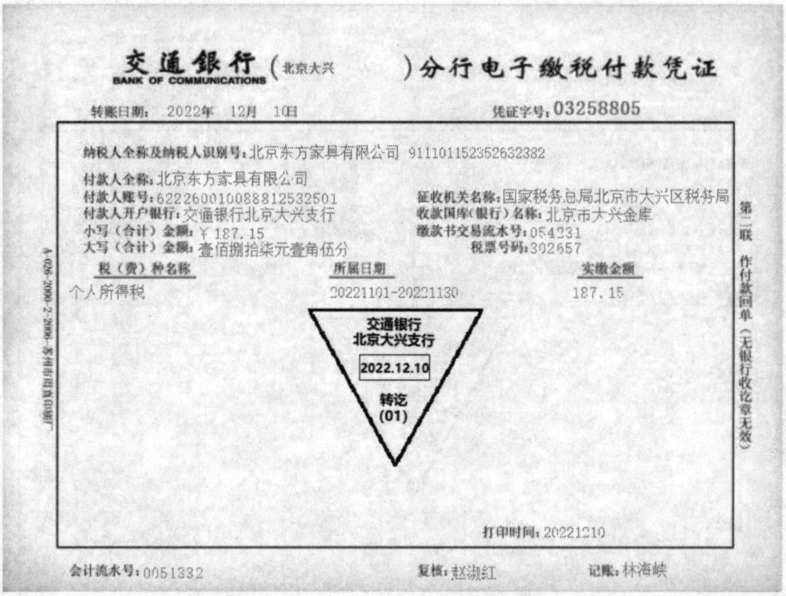

交通银行 BANK OF COMMUNICATIONS（北京大兴　　）分行电子缴税付款凭证

转账日期：2022年　12月　10日　　凭证字号：03258805

纳税人全称及纳税人识别号：北京东方家具有限公司 91110115235263238２

付款人全称：北京东方家具有限公司
付款人账号：6222600100888125325０1　　征收机关名称：国家税务总局北京市大兴区税务局
付款人开户银行：交通银行北京大兴支行　　收款国库（银行）名称：北京市大兴金库
小写（合计）金额：￥187.15　　缴款书交易流水号：054231
大写（合计）金额：壹佰捌拾柒元壹角伍分　　税票号码：302657

税（费）种名称	所属日期	实缴金额
个人所得税	20221101-20221130	187.15

交通银行 北京大兴支行 2022.12.10 转讫 (01)

打印时间：20221210

会计流水号：0051332　　复核：赵淑红　　记账：林海峡

第二联 作付款回单（无银行收讫章无效）

A-026-2000-2-2006-苏州市印务印刷厂

图 4–93　电子缴税付款凭证 1

51. 业务 37　缴纳企业所得税——账务处理

2022 年 12 月 10 日，北京东方家具有限公司收到银行电子缴税回单（企业所得税），根据背景单据（图 4–94）填制记账凭证。

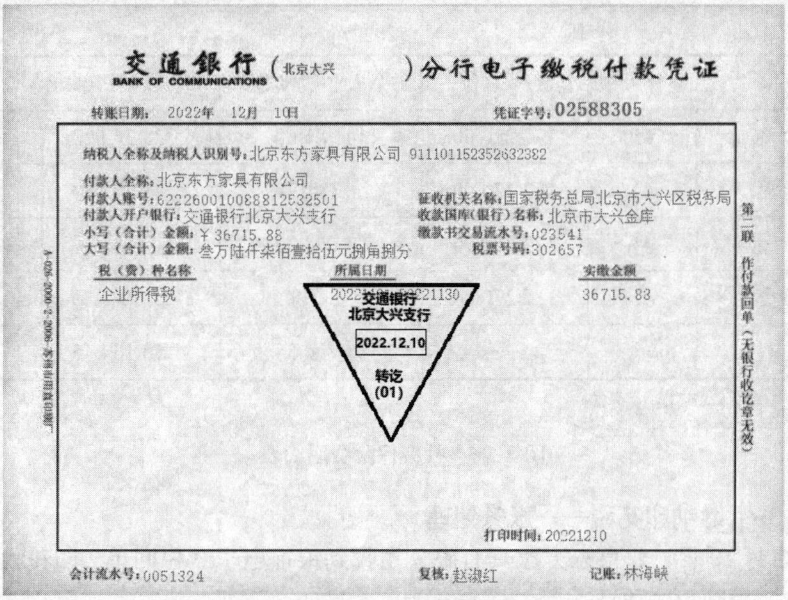

交通银行 BANK OF COMMUNICATIONS（北京大兴　　）分行电子缴税付款凭证

转账日期：2022年　12月　10日　　凭证字号：02588305

纳税人全称及纳税人识别号：北京东方家具有限公司 911101152352632382

付款人全称：北京东方家具有限公司
付款人账号：6222600100888125325０1　　征收机关名称：国家税务总局北京市大兴区税务局
付款人开户银行：交通银行北京大兴支行　　收款国库（银行）名称：北京市大兴金库
小写（合计）金额：￥36715.88　　缴款书交易流水号：023541
大写（合计）金额：叁万陆仟柒佰壹拾伍元捌角捌分　　税票号码：302657

税（费）种名称	所属日期	实缴金额
企业所得税	20221101-20221130	36715.88

交通银行 北京大兴支行 2022.12.10 转讫 (01)

打印时间：20221210

会计流水号：0051324　　复核：赵淑红　　记账：林海峡

第二联 作付款回单（无银行收讫章无效）

A-026-2000-2-2006-苏州市印务印刷厂

图 4–94　电子缴税付款凭证 2

52. 业务 38 缴纳社会保险费——账务处理

2022 年 12 月 10 日，北京东方家具有限公司收到银行电子缴税回单（社会保险费），根据背景单据（图 4-95 和图 4-96）填制记账凭证。

图 4-95 电子缴税付款凭证 3

社会保险费明细表

单位名称：北方东方家具有限公司		2022 年 12 月			单位：元
参保险种	参保人数	工资总额	个人缴费部分	单位缴费部分	缴费合计
养老保险费	41	177 270.00	141 81.60	28 363.20	42 544.80
失业保险费	41	177 270.00	354.54	1 772.70	2 127.24
医疗（生育）保险费	41	177 270.00	3 668.40	19 145.16	22 813.56
工伤保险费	41	177 270.00		886.39	886.39
合计	—	—	18 204.54	50 167.45	68 371.99

审核：王志　　　　　　　　　　　　制单：王平

图 4-96 社会保险费明细表

53. 业务 39 缴纳印花税——账务处理

2022 年 12 月 10 日，北京东方家具有限公司收到银行电子缴税回单（印花税），根据背景单据（图 4-97）填制记账凭证。

图 4-97　电子缴税付款凭证 4

54. 业务 40　借入短期借款——账务处理

2022 年 12 月 11 日，北京东方家具有限公司向银行借入短期借款，根据背景单据（图 4-98）编制记账凭证。

图 4-98　借款借据（收账通知）

55. 业务 41　预付短期租赁房租费——账务处理

2022 年 12 月 11 日，北京东方家具有限公司预付 2022 年 12 月—2023 年 11 月的短期房租费，根据背景单据（图 4-99～图 4-102）编制记账凭证。（经董事会研究拟计划下年度新建厂房及办公楼，原短期租赁合同到期，本月开始与新物业公司签订新的短期房屋租赁。）

付款申请书

2022 年 12 月 11 日

用途及情况	金　额											收款单位(人)：北京兴山物业有限公司
预付短期房租（2022年12月~2023年11月）	亿	千	百	十	万	千	百	十	元	角	分	账号：62226009102536369901
			¥	4	9	0	5	0	0	0	0	开户行：交通银行北京海淀支行
金额 (大写) 合计：	人民币 肆拾玖万零伍佰元整											结算方式：转账
总经理　李佳惠	财务部门	经理	王志			业务部门		经理	张跃			
		会计	王平					经办人	孙瑶			

图 4-99　付款申请书 6

交通银行
转账支票存根
30109810
00023333

附加信息

出票日期 *2022* 年 *12* 月 *11* 日
收款人 北京兴山物业有限公司
金　额：¥490500.00
用　途：预付房租

单位主管　　会计

图 4-100　转账支票存根 5

交通银行　进账单（回单）**1**

2022 年 12 月 11 日

出票人	全　称	北京东方家具有限公司	收款人	全　称	北京兴山物业有限公司	亿	千	百	十	万	千	百	十	元	角	分	此联是开户银行交给持票人的回单
	账　号	62226001008 8812532501		账　号	62226009102536369901												
	开户银行	交通银行北京大兴支行		开户银行	交通银行北京海淀支行												
金额	人民币(大写) 肆拾玖万零伍佰元整			交通银行 北京大兴支行 2022.12.11 转讫(01)					¥	4	9	0	5	0	0	0	
票据种类	转账支票		票据张数	*1*													
票据号码	30109810-00023333															
		复核　　　　记账									开户银行签章						

图 4-101　进账单 7

1100225647　　北京增值税专用发票　　№ 00861108　1100225647 00861108

开票日期：2022年12月11日

购买方	
名　　称	北京东方家具有限公司
纳税人识别号	911101152352632382
地 址、电 话	北京市大兴区西红门镇新建工业区91号 010-6120705
开户行及账号	交通银行北京大兴支行　6222600100888125325O1
密码区	03*3187<4/+8490<+95-59+7<243 4987<0-->>-6>525<693719->7*7 87*3187<4/+8490<+95708681380 9<712/<1+9016>6906++>84>93/-

货物或应税劳务、服务名称	规格型号	单位	数量	单价	金额	税率	税额
*经营租赁*房租					450000.00	9%	40500.00
合　　计					¥450000.00		¥40500.00
价税合计（大写）	⊗ 肆拾玖万零伍佰元整				（小写）¥490500.00		

销售方	
名　　称	北京兴山物业有限公司
纳税人识别号	911101082422365043
地 址、电 话	北京市朝阳区海滨大道53号　010-33306956
开户行及账号	交通银行北京海淀支行　622260091025362369901
备注	北京市大兴区西红门镇新建工业区91号

收款人：　　复核：　　开票人：王梅芸　　销售方：（章）

第三联：发票联　购买方记账凭证

（印章：北京兴山物业有限公司 911101082422365043 发票专用章）

图 4-102　增值税发票 24

56. 业务 42　销售部领用包装物——账务处理

2022 年 12 月 11 日，北京东方家具有限公司销售部领用塑料包装纸，根据背景单据（图 4-103）编制记账凭证。

领　料　单

领料部门：销售部

用　　途：销售产品包装　　2022 年 12 月 11 日　　第 L01011 号

材料			单位	数量		成本	
编号	名称	规格		请领	实发	单价	总价
141101(	塑料包装袋		件	350	350	15.00	5250.00
合计	--	--	--	--	--	--	¥5250.00

会计联

部门经理：赵敏　　会计：王平　　仓库：王世杰　　经办人：游奇伟

图 4-103　领料单 9

57. 业务 43-1　支付运费——账务处理

2022 年 12 月 12 日，北京东方家具有限公司支付北京联发运输有限公司销售部门搬运办公用品费用，根据背景单据（图 4-104～图 4-107）编制记账凭证。

图 4-104　进账单 8

图 4-105　付款申请书 7

图 4-106　增值税发票 25

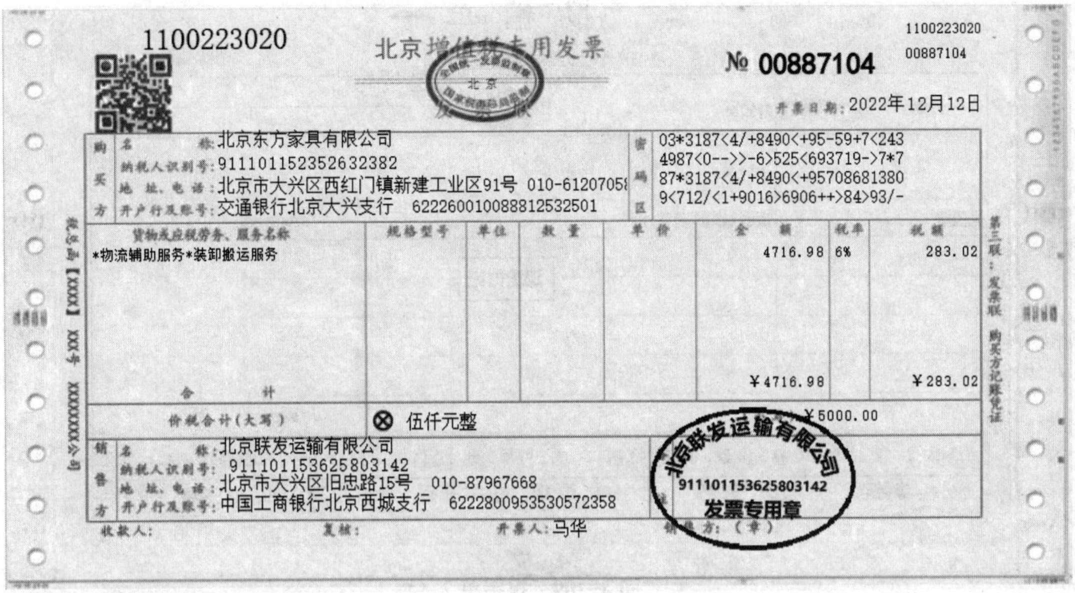

1100223020　北京增值税专用发票　№ 00887104　1100223020 00887104

开票日期：2022年12月12日

购买方	名称：北京东方家具有限公司 纳税人识别号：911101152352632382 地址、电话：北京市大兴区西红门镇新建工业区91号 010-61207058 开户行及账号：交通银行北京大兴支行 622260010088812532501			密码区	03*3187<4/+8490<+95-59+7<243 4987<0-->>-6>525<693719->7*7 87*3187<4/+8490<+95708681380 9<712/<1+9016>6906++>84>93/-		
货物或应税劳务、服务名称	规格型号	单位	数量	单价	金额	税率	税额
*物流辅助服务*装卸搬运服务					4716.98	6%	283.02
合计					¥4716.98		¥283.02
价税合计（大写）	⊗伍仟元整				（小写）¥5000.00		
销售方	名称：北京联发运输有限公司 纳税人识别号：911101153625803142 地址、电话：北京市大兴区旧忠路15号 010-87967668 开户行及账号：中国工商银行北京西城支行 6222800953530572358			备注			

收款人：　复核：　开票人：马华　销售方：（章）

第三联：发票联　购买方记账凭证

北京联发运输有限公司 911101153625803142 发票专用章

图 4–107　增值税发票 26

58. 业务 43-2　完工产品入库——填制入库单

2022 年 12 月 12 日，北京东方家具有限公司装配车间办理入库（成品库）手续，根据背景单据（图 4–108）编制产品入库单。

产品检验单

生产车间：装配车间　　　　检验日期：2022 年 12 月 12 日

编号	产品名称	单位	检验数量	合格数量	备注
140501	白色办公桌	张	348	348	
140501	黑色办公桌	张	240	240	
140501	棕色会议桌	张	45	45	

审核：许青　　　　质检员：刘杰

图 4–108　产品检验单

59. 业务 44　报销医药费——账务处理

2022 年 12 月 13 日，北京东方家具有限公司办公室孙瑶代刘海报销医药费，根据背景单据（图 4–109 和图 4–110）编制记账凭证（提示：同时结转"福利费"）。

报 销 单

填报日期：**2022**年 **12** 月 **13** 日　　　　单据及附件共 **1** 张

| 姓名 | 孙瑶 | 所属部门 | 办公室 | 报销形式 | 现金 |
| | | | | 支票号码 | |

报销项目	摘　要	金　额	备注：
医药费	报销刘海医药费	3945.20	
	现金付讫		
合　　计		￥3945.20	

金额大写：**零 拾零 万叁 仟玖 佰肆 拾伍 元贰 角零 分**　　原借款：￥3000.00元　应退(补)款：￥945.20元

总经理：**李佳惠**　财务经理：**王志**　部门经理：**张跃**　会计：**王平**　出纳：**孙朋**　报销人：**孙瑶**

图 4-109　报销单 2

北京市 医疗服务收费专用发票

税务登记号：911101162782672633
收款单位北京市滨海医院
付款单位（个人）刘海

发票代码 437601284302
发票号码 59012732
密码
信息码 2893167803
信院号 1013943

项　目	金　额
诊查费	15.00
注射费	500.00
护理费	800.00
医药费	1945.20
床位费	685.00

金额合计（人民币大写）　叁仟玖佰肆拾伍元贰角整　￥3945.20
机打票号 59012732
税控装置号 10368092
税控装置防伪码 3433687

北京市滨海医院
911101162782672633
发票专用章
收费员王新艺
开票日期2022年12月13日

收款单位（盖章有效）　　　　　税控装置打印手开无效

图 4-110　医疗服务收费专用发票

60. 业务 45　销售产品——代垫运费——账务处理

2022 年 12 月 14 日，北京东方家具有限公司销售产品给广州超越家具有限公司，代垫运费，根据背景单据（图 4-111～图 4-113）填制记账凭证。

付款申请书

2022 年 12 月 14 日

用途及情况		金 额											收款单位(人): 北京联发运输有限公司
代垫运费		亿	千	百	十	万	千	百	十	元	角	分	账 号: 6222800953530572358
				¥	5	5	0	0	0	0	0	0	开户行: 中国工商银行北京西城支行
金额 (大写) 合计:		人民币 伍万伍仟元整											结算方式: 转账
总 经 理	李佳惠	财务部门	经 理	王 志				业务部门			经 理		许飞
			会 计	王 平							经 办 人		游奇伟

图 4-111 付款申请书 8

图 4-112 转账支票存根 6

图 4-113 进账单 9

61. 业务46 销售产品——账务处理

2022 年 12 月 14 日，北京东方家具有限公司销售家具给广州超越家具有限公司，货款未收，根据背景单据（图 4-114～图 4-117）编制记账凭证。（提示：做题以发票金额为准）

购销合同

购方：广州超越家具有限公司   合同编号：DF01004

销方：北京东方家具有限公司   签订时间：2022年12月14日

供需双方本着互利互惠、长期合作的原则，根据《中华人民共和国合同法》及双方的实际情况，就需方向供方采购事宜，订立本合同，以使双方在合同履行中共同遵守。

一、产品名称、数量、单价、金额：

产品名称	规格型号	计量单位	数量	单价	金额	备注
白色办公桌		张	1200	598.90	718680.00	含税价
精品办公椅		张	1200	209.05	250860.00	
合计					￥969540.00	

合计人民币（大写）：玖拾陆万玖仟伍佰肆拾元整

二、质量要求技术标准：供方对质量负责的条件和期限：按合同企业标准。

三、交（提）货地点、方式：2022年12月20日前，于需方仓库，运杂费先由供方垫付。

四、付款时间与付款方式：

需方收到货物之日起60天内付款。

五、运输方式及到站、港和费用负担：

六、合理损耗及计算方法：以实际数量验收。

七、包装标准、包装物的供应与回收：普通包装，不回收包装物。

八、验收标准、方法及提出异议期限：货到需方七天内提出质量异议，不包括运输过程中造成的质量问题。

九、违约责任：按《合同法》。

十、解决合同纠纷的方式：双方协商解决。

十一、其他约定事项：本合同一式两份，需、供双方各一份，经双方盖章后即生效。

购方（盖章）：北京东方家具有限公司   销方（盖章）：广州超越家具有限公司

单位地址：北京市大兴区西红门镇新建工业区91号   单位地址：广东省广州市天河区潮利路繁华大街50号

电 话：010-61207058   电 话：020-87572805

签订日期：2022年12月14日   签订日期：2022年12月14日

开户银行：交通银行北京大兴支行   开户银行：中国工商银行广州天河支行

账 号：6222600100888812532501   账 号：6226803258617420203

图 4-114 购销合同 2

销 售 单

购货单位：广州超越家具有限公司　　地址和电话：广东省广州市天河区冼村西华大街50号 020-87572305　　单据编号：01004

纳税识别号：914401065820136553　　开户行及账号：中国工商银行广州天河支行 6226803258617420203　　制单日期：2022年12月14日

编码	产品名称	规格	单位	单价	数量	金额	备注
140501	白色办公桌		张	598.90	1200	718680.00	含税价
140504	普通办公椅		张	209.05	1200	250860.00	含税价
合计	人民币（大写）：玖拾陆万玖仟伍佰肆拾元整				—	¥969540.00	

销售经理：许飞　　经手人：游奇伟　　会计：王平　　签收人：赵丽丽

会计联

图 4-115　销售单 3

1100224130

北京增值税专用发票

№ 03626510　　1100224130　03626510

此联不作报销、扣税凭证使用

开票日期：2022年12月14日

购买方	名称：广州超越家具有限公司 纳税人识别号：914401065820136553 地址、电话：广东省广州市天河区冼村西华大街50号 020-87572305 开户行及账号：中国工商银行广州天河支行 6226803258617420203			密码区	03*3187<4/+8490<+95-59+7<243 4987<0-->>-6>525<693719->7*7 87*3187<4/+8490<+95708681380 9<712/<1+9016>6906++>84>93/-		
货物或应税劳务、服务名称	规格型号	单位	数量	单价	金额	税率	税额
*家具*白色办公桌		张	1200.00	530.00	636000.00	13%	82680.00
合计					¥636000.00		¥82680.00
价税合计（大写）	⊗柒拾壹万捌仟陆佰捌拾元整				（小写）¥718680.00		
销售方	名称：北京东方家具有限公司 纳税人识别号：911101152352632382 地址、电话：北京市大兴区西红门镇新建工业区91号 010-61207058 开户行及账号：交通银行北京大兴支行 622260010088812532501			备注			

收款人：　　复核：　　开票人：王平　　销售方：（章）

第一联：记账联　销售方记账凭证

税总函【XXXX】XXX号 XXXXXXXX公司

图 4-116　增值税发票 27

1100224130

北京增值税专用发票

№ 03626511　　1100224130　03626511

此联不作报销、扣税凭证使用

开票日期：2022年12月14日

购买方	名称：广州超越家具有限公司 纳税人识别号：914401065820136553 地址、电话：广东省广州市天河区冼村西华大街50号 020-87572305 开户行及账号：中国工商银行广州天河支行 6226803258617420203			密码区	03*3187<4/+8490<+95-59+7<243 4987<0-->>-6>525<693719->7*7 87*3187<4/+8490<+95708681380 9<712/<1+9016>6906++>84>93/-		
货物或应税劳务、服务名称	规格型号	单位	数量	单价	金额	税率	税额
*家具*普通办公椅		张	1200	185.00	222000.00	13%	28860.00
合计					¥222000.00		¥28860.00
价税合计（大写）	⊗贰拾伍万零捌佰陆拾元整				（小写）¥250860.00		
销售方	名称：北京东方家具有限公司 纳税人识别号：911101152352632382 地址、电话：北京市大兴区西红门镇新建工业区91号 010-61207058 开户行及账号：交通银行北京大兴支行 622260010088812532501			备注			

收款人：　　复核：　　开票人：王平　　销售方：（章）

第一联：记账联　销售方记账凭证

税总函【XXXX】XXX号 XXXXXXXX公司

图 4-117　增值税发票 28

62. 业务47　申请银行承兑汇票——填制银行承兑汇票申请书

2022年12月14日，北京东方家具有限公司申请到期日为3个月的银行承兑汇票，根据背景资料（图4-118）填制银行承兑汇票申请书。

购销合同

购方：北京东方家具有限公司				合同编号：C01026		
销方：天津宏发板材有限公司				签订时间：2022年12月08日		

供需双方本着互利互惠、长期合作的原则，根据《中华人民共和国合同法》及双方的实际情况，就需方向供方采购事宜，订立本合同，以使双方在合同履行中共同遵守。

一、产品名称、数量、单价、金额：

产品名称	规格型号	计量单位	数量	单价	金额	备注
140301	特种胶合板	片	1000	575.02	575020.00	含税价
140302	普通胶合板	片	3000	231.66	694980.00	
合计					￥1270000.00	

合计人民币（大写）：壹佰贰拾柒万元整

二、质量要求技术标准：供方对质量负责的条件和期限：按合同企业标准。

三、交（提）货地点、方式：需方仓库，运杂费由需方承担。

四、付款时间与付款方式：

需方于2022年12月15日前开具100万元银行承兑汇票支付货款，剩余款项在收到货后60天内付清。

五、运输方式及到站、港和费用负担：

六、合理损耗及计算方法：以实际数量验收。

七、包装标准、包装物的供应与回收：普通包装，不回收包装物。

八、验收标准、方法及提出异议期限：货到需方七天内提出质量异议，不包括运输过程中造成的质量问题。

九、违约责任：按《合同法》。

十、解决合同纠纷的方式：双方协商解决。

十一、其他约定事项：本合同一式两份，需、供双方各一份，经双方盖章后即生效。

购方（盖章）：北京东方家具有限公司	销方（盖章）：天津宏发板材有限公司
单位地址：北京市大兴区西毛新建工业区91号	单位地址：天津市和平区南路5号
电　话：010-61207058	电　话：022-23046025
签订日期：2022年12月08日	签订日期：2022年12月08日
开户银行：交通银行北京大兴支行	开户银行：中国工商银行天津和平支行
账　号：6222600100888125325 01	账　号：6229094435184953173

图4-118　购销合同3

63. 业务48-1　存入银行承兑汇票保证金——账务处理

2022年12月14日，北京东方家具有限公司根据银行承兑汇票协议，转账支付保证金，根据背景单据（图4-119～图4-121）编制记账凭证。

付款申请书

2022 年 12 月 14 日

用途及情况	金　额										收款单位(人)：北京东方家具有限公司
申请银行承兑汇票，支付保证金（50%）	亿	千	百	十	万	千	百	十	元	角	分	账号：6222600100888812000101
		¥	5	0	0	0	0	0	0	0	0	开户行：交通银行北京大兴支行
金额（大写）合计：人民币 伍拾万元整												结算方式：转账

总经理	李佳惠	财务部门	经理	王志	业务部门	经理	王志
			会计	王平		经办人	孙朋

图 4-119　付款申请书 9

交通银行
转账支票存根

30109810

00023336

附加信息

出票日期 2022 年 12 月 14 日

收款人 北京东方家具
有限公司

金　额：¥500000.00

用　途：支付保证金

单位主管　　　会计

图 4-120　转账支票存根 7

交通银行 进账单（回 单）1

2022 年 12 月 14 日

出票人	全称	北京东方家具有限公司	收款人	全称	北京东方家具有限公司										
	账号	6222600100888812532501		账号	6222600100888812000101									
	开户银行	交通银行北京大兴支行		开户银行	交通银行北京大兴支行	亿	千	百	十	万	千	百	十	元	角	分
金额	人民币（大写）伍拾万元整			交通银行 北京大兴支行 2022.12.14 转讫（01）				¥	5	0	0	0	0	0	0	0
票据种类	转账支票	票据张数	1													
票据号码	30109810-00023336															
复核　　　记账						开户银行签章									

图 4-121　进账单 10

64. 业务 48-2 支付银行承兑汇票手续费——账务处理

2022 年 12 月 14 日，北京东方家具有限公司根据银行承兑汇票协议，支付银行汇票承兑手续费，根据背景单据（图 4-122）填制记账凭证。

图 4-122 收费通知 1

65. 业务 49 用银行承兑汇票支付前欠货款——账务处理

2022 年 12 月 14 日，北京东方家具有限公司将银行承兑汇票邮寄给天津宏发板材有限公司，用以支付前欠货款。根据背景单据（图 4-123 和图 4-124）填制记账凭证。

图 4-123 银行承兑汇票 5

图 4-124　付款申请书 10

66. 业务 50　购买低值易耗品——账务处理

2022 年 12 月 15 日，北京东方家具有限公司向北京大利劳保用品有限公司购买口罩，根据背景单据（图 4-125～图 4-129）编制记账凭证（现金流计入"购买商品、接受劳务支付的现金"）。

图 4-125　转账支票存根 8

图 4-126　进账单 11

付款申请书

2022 年 12 月 15 日

用途及情况	金额											收款单位(人): 北京大利劳保用品有限公司
购买口罩	亿	千	百	十	万	千	百	十	元	角	分	账 号: 6222532345450002207
					¥	3	0	0	0	0	0	开户行: 交通银行北京东城支行
金额（大写）合计:	人民币 叁仟元整											结算方式: 转账
总经理 李佳惠	财务部门	经理 王志				业务部门		经理 王薇				
		会计 王平						经办人 郭力				

图 4-127 付款申请书 11

入 库 单

2022 年 12 月 15 日

单号: RC-01007

交来单位及部门		北京大利劳保用品有限公司		发票号码或生产单号码		10325468		验收仓库		原材料库	入库日期	2022.12.15	
编号	名称规格		单位	数量		实际价格				计划价格			价格差异
				交库	实收	单价	金额			单价	金额		
14110205	口罩		个	1000	1000	3.00	3000.00						
合 计			--				¥3000.00			--			
部门经理 赵敏		会计 王平		仓库 王世杰			经办人 郭力						

图 4-128 入库单 6

图 4-129 增值税发票 29

67．业务 51　领用低值易耗品——账务处理

2022 年 12 月 15 日，北京东方家具有限公司领用工作服及口罩，根据背景单据（图 4-130～图 4-135）编制记账凭证（各部门领用工作服及口罩分别计入各费用科目"其他"明细科目）。

领　料　单

领料部门：销售部

用　途：员工配发工作服　　　2022 年 12 月 15 日　　　第 L01012 号

材料			单位	数量		成本	
编号	名称	规格		请领	实发	单价	总价
1411020	工作服		件	4	4	60.00	240.00
合计	--	--	--	--	--	--	￥240.00

部门经理：赵敏　　　会计：王平　　　仓库：王世杰　　　经办人：孙瑶

会计联

图 4-130　领料单 10

领　料　单

领料部门：管理部门

用　途：员工配发工作服　　　2022 年 12 月 15 日　　　第 L01013 号

材料			单位	数量		成本	
编号	名称	规格		请领	实发	单价	总价
1411020	工作服		件	19	19	60.00	1140.00
合计	--	--	--	--	--	--	￥1140.00

部门经理：赵敏　　　会计：王平　　　仓库：王世杰　　　经办人：孙瑶

会计联

图 4-131　领料单 11

领 料 单

领料部门：木工车间
用　途：员工配发工作服　　　　　　　2022 年 12 月 15 日　　　　　　　第 L01014 号

材料			单 位	数 量		成 本	
编 号	名 称	规 格		请 领	实 发	单 价	总价
141102(	工作服		件	6	6	60.00	360.00
141102(	口罩		个	100	100	3.00	300.00
合 计	--	--	--	--	--	--	￥660.00

部门经理：**赵敏**　　　　会计：**王平**　　　　仓库：**王世杰**　　　　经办人：**孙瑶**

图 4-132　领料单 12

领 料 单

领料部门：油漆车间
用　途：员工配发工作服　　　　　　　2022 年 12 月 15 日　　　　　　　第 L01015 号

材料			单 位	数 量		成 本	
编 号	名 称	规 格		请 领	实 发	单 价	总价
141102(	工作服		件	3	3	60.00	180.00
141102(	口罩		个	100	100	3.00	300.00
合 计	--	--	--	--	--	--	￥480.00

部门经理：**赵敏**　　　　会计：**王平**　　　　仓库：**王世杰**　　　　经办人：孙瑶

图 4-133　领料单 13

领 料 单

领料部门：装配车间
用　途：员工配发工作服　　　　　　　2022 年 12 月 15 日　　　　　　　第 L01016 号

材料			单 位	数 量		成 本	
编 号	名 称	规 格		请 领	实 发	单 价	总价
141102(	工作服		件	6	6	60.00	360.00
合 计	--	--	--	--	--	--	￥360.00

部门经理：**赵敏**　　　　会计：**王平**　　　　仓库：**王世杰**　　　　经办人：**孙瑶**

图 4-134　领料单 14

领　料　单

领料部门：机修车间

用　途：员工配发工作服　　　　　　　　2022 年 12 月 15 日　　　　　　　第 L01017　号

材　料			单　位	数　量		成　本	
编号	名　称	规　格		请　领	实　发	单　价	总价
141102(	工作服		件	3	3	60.00	180.00
合　计	--	--	--	--	--	--	￥180.00

部门经理：**赵敏**　　　　会计：**王平**　　　　仓库：**王世杰**　　　　经办人：**孙瑶**

图 4-135　领料单 15

68. 业务 52　生产领料——账务处理

2022 年 12 月 16 日，北京东方家具有限公司木工车间领用胶合板，根据背景单据（图 4-136～图 4-141）编制记账凭证。

领　料　单

领料部门：木工车间

用　途：生产白色办公桌　　　　　　　　2022 年 12 月 16 日　　　　　　　第 L01018　号

材　料			单　位	数　量		成　本	
编号	名　称	规　格		请　领	实　发	单　价	总价
140302	普通胶合板	18MM*1240*1200	片	1000	1000	200.00	200000.00
合　计	--	--	--	--	--	--	￥200000.00

部门经理：**赵敏**　　　　会计：**王平**　　　　仓库：**王世杰**　　　　经办人：**吴桐**

图 4-136　领料单 16

领 料 单

领料部门：**木工车间**

用　途：**生产黑色办公桌**　　　　　**2022 年 12 月 16 日**　　　　　第 **L01019** 号

材料			单 位	数量		成本	
编号	名 称	规 格		请 领	实 发	单 价	总价
140302	*普通胶合板*	*18MM*1240*1200*	*片*	*1000*	*1000*	*200.00*	*200000.00*
合 计	--	--	--	--	--	--	￥200000.00

会计联

部门经理：**赵敏**　　　　会计：**王平**　　　　仓库：**王世杰**　　　　经办人：**吴桐**

图 4-137　领料单 17

领 料 单

领料部门：**木工车间**

用　途：**生产棕色会议桌**　　　　　**2022 年 12 月 16 日**　　　　　第 **L01020** 号

材料			单 位	数量		成本	
编号	名 称	规 格		请 领	实 发	单 价	总价
140301	*特种胶合板*	*25MM*1240*1200*	*片*	*600*	*600*	*500.00*	*300000.00*
合 计	--	--	--	--	--	--	￥300000.00

会计联

部门经理：**赵敏**　　　　会计：**王平**　　　　仓库：**王世杰**　　　　经办人：**吴桐**

图 4-138　领料单 18

领 料 单

领料部门：**木工车间**

用　途：**生产普通办公椅**　　　　　**2022 年 12 月 16 日**　　　　　第 **L01021** 号

材料			单 位	数量		成本	
编号	名 称	规 格		请 领	实 发	单 价	总价
140302	*普通胶合板*	*18MM*1240*1200*	*片*	*500*	*500*	*200.00*	*100000.00*
合 计	--	--	--	--	--	--	￥100000.00

会计联

部门经理：**赵敏**　　　　会计：**王平**　　　　仓库：**王世杰**　　　　经办人：**吴桐**

图 4-139　领料单 19

领 料 单

领料部门：木工车间

用　途：生产高档办公椅　　　　　2022 年 12 月 16 日　　　　第 L01022 号

材料			单位	数量		成本	
编号	名称	规格		请领	实发	单价	总价
140301	特种胶合板	25MM*1240*1200	片	400	400	500.00	200000.00
合计	--	--	--	--	--	--	￥200000.00

会计联

部门经理：**赵敏**　　　会计：**王平**　　　仓库：**王世杰**　　　经办人：**吴桐**

图 4-140　领料单 20

领料申请单

部门：木工车间　　　　　　　　　　　　　　2022-12-16

序号	材料名称	领用日期	单位	数量	用途	其他备注
140301	特种胶合板	2022-12-16	片	400	生产高档办公桌	
140301	特种胶合板	2022-12-16	片	600	生产棕色会议桌	
140302	普通胶合板	2022-12-16	片	500	生产精品办公椅	
140302	普通胶合板	2022-12-16	片	1 000	生产白色办公桌	
140302	普通胶合板	2022-12-16	片	1 000	生产黑色办公桌	

审核：赵敏　　　审核：王茂才　　　　　　　申请人：赵林

图 4-141　领料申请单 10

69. 业务 53　收到前欠货款——账务处理

2022 年 12 月 17 日，北京东方家具有限公司收到广州超越家具有限公司前欠货款，根据背景单据（图 4-142）编制记账凭证（提示：现金流量项目请结合记 045 笔分录进行填列）。

交通银行业务回单

2022 年 12 月 17 日　　　　凭证编号：0245022

付款人	全　称	广州超越家具有限公司	收款人	全　称	北京东方家具有限公司
	账　号	6226803258617420203		账　号	622260010088812532501
	开户行	中国工商银行广州天河支行		开户行	交通银行北京大兴支行

大写金额	人民币（大写）壹佰零贰万肆仟伍佰肆拾元整	十	亿	千	百	十	万	千	百	十	元	角	分
				¥	1	0	2	4	5	4	0	0	0
用途	货款												
备注	业务种类	开户行盖章											
	原凭证种类												
	原凭证号码												
	原凭证金额	2022 年 12 月 17 日											

交通银行北京大兴支行 2022.12.17 转讫 (01)

图 4-142　银行业务回单 2

70. 业务 54　出售交易性金融资产——账务处理

2022 年 12 月 17 日，北京东方家具有限公司委托证券公司以每股 17.00 元的价格出售于本月 4 日购入的“火炬科技”股票 5 000 股，并支付相关费用，根据背景单据（图 4-143）编制记账凭证。不考虑相关税费。

北京华翔证券公司

买卖类别：卖出	成交日期：2022-12-17
股东代码：503140	股东姓名：北京东方家具有限公司
资金账号：110120164655	合同号码：JY02536
股票名称：火炬科技	委托日期：2022-12-17　09:45
成交号码：000213254	成交时间：2022-12-17　10:51
成交股数：5000股	本次余额：5000股
成交价格：17.00	成交金额：85000.00
手 续 费：382.50	印 花 税：85.00
过 户 费：	其他收费：
收付金额：84532.50	上次余额：150175.00
本次余额：234707.50	
备注：	

经办单位　　客户签章　　(1) 凭证联

北京华翔证券有限公司 业务公章 (01)　　北京东方家具有限公司

图 4-143　出售股票

71. 业务 55-1　开具银行汇票支付设备款——填制结算业务申请书

2022 年 12 月 18 日，北京东方家具有限公司申请银行汇票，用于向天津富闽机械有限公司购买木工设备，填写结算业务申请书（见图 4-144 和图 4-145）。（结算业务申请书的密码器业务种类选“其他”；签发人口令：123456）

付款申请书

2022 年 12 月 18 日

用途及情况	金　额									收款单位(人): 天津富阳机械有限公司
购买木工设备	亿	千	百	十	万	千	百	十	元	角	分	账　号: 456351010236587911
	￥	8	0	0	0	0	0	0	0	0	开户行: 中国银行天津和平支行

金额(大写)合计:	人民币　捌拾万元整		结算方式: 汇票
总经理	李佳惠	财务部门	经理	王志	业务部门	经　理	赵敏
			会计	王平		经办人	吴桐

图 4-144　付款申请书 12

购销合同

购方: 北京东方家具有限公司　　　　　合同编号: CG0101

销方: 天津富阳机械有限公司　　　　　签订时间: 2022年12月18日

　　供需双方本着互利互惠、长期合作的原则,根据《中华人民共和国合同法》及双方的实际情况,就需方向供方采购事宜,订立本合同,以便双方在合同履行中共同遵守。

一、产品名称、数量、单价、金额:

产品名称	规格型号	计量单位	数量	单价	金额	备注
CQ	木工设备	台	1	800000.00	800000.00	含税价
合计					￥800000.00	

合计人民币(大写): 捌拾万元整

二、质量要求技术标准: 供方对质量负责的条件和期限: 按合同企业标准。

三、交(提)货地点、方式: 需方指定地点,运杂费由供方承担。

四、付款时间与付款方式:

2022年12月31日前,以银行汇票结算。

五、运输方式及到站、港和费用负担:

六、合理损耗及计算方法: 以实际数量验收。

七、包装标准、包装物的供应与回收: 普通包装,不回收包装物。

八、验收标准、方法及提出异议期限: 货到需方七天内提出质量异议,不包括运输过程中造成的质量问题。

九、违约责任: 按《合同法》。

十、解决合同纠纷的方式: 双方协商解决。

十一、其他约定事项: 本合同一式两份,需、供双方各一份,经双方盖章后即生效。

购方(盖章): 北京东方家具有限公司　　　销方(盖章): 天津富阳机械有限公司

单位地址: 北京市大兴区新建工业区91号　　单位地址: 天津市和平区

电　话: 010-64207058　　　　　　　　　　电　话: 022-66407568

签订日期: 2022年12月18日　　　　　　　签订日期: 2022年12月18日

开户银行: 交通银行北京大兴支行　　　　　开户银行: 中国银行天津和平支行

账　号: 6222600100888125　2501　　　　账　号: 456351010236587911

图 4-145　购销合同 4

72. 业务 55-2　开具银行汇票支付设备款——账务处理

2022 年 12 月 18 日，北京东方家具有限公司申请开具银行汇票，根据业务 55-1 的结算业务申请书第三联及图 1-144 编制记账凭证。

73. 业务 56　支付员工培训费——账务处理

2022 年 12 月 18 日，北京东方家具有限公司请北京展望管理咨询有限公司培训师为管理部门员工进行执行能力的培训，用转账支票支付培训费，根据背景单据（图 4-146～图 4-149）编制记账凭证（提示：先计入"应付职工薪酬——短期薪酬——职工教育经费"科目后，直接结转"应付职工薪酬——短期薪酬——职工教育经费"科目）。

图 4-146　进账单 12

图 4-147　付款申请书 13

图 4-148 转账支票存根 9

图 4-149 增值税发票 30

74. 业务 57 缴纳罚款——账务处理

2022 年 12 月 18 日，北京东方家具有限公司缴纳生态环境罚款，根据背景单据（图 4-150～图 4-154）编制记账凭证。

图 4-150　进账单 13

图 4-151　付款申请书 14

图 4-152　转账支票存根 10

北京市政府非税收入专用票据　No.: 00656892

注册号码: 财[2022]票字第90号　票据类型:

2022年12月18日　数字指纹:

缴款单位(或缴款人)	北京东方家具有限公司	执收单位编码	0102655	收费许可证京010 字第 00986 号	
项目编码	收费项目	计费数量	收费标准	金额	备注
10300	排污费罚款	1		3000.00	
人民币(大写)合计: 叁仟元整				¥: 3000.00	

第一联：收据

收费单位(公章):　开票卡号: 016899　收款人: 刘梅英　开票人: 陈海

电脑打印　手写无效

北京市大兴区生态环境局　征收专用章

图 4-153　政府非税收入专用票据

北京市生态环境局处罚通知

北京东方家具有限公司:

你单位因未按时缴纳排污费,违反《排污费使用征收管理条例》第五章第二十一条之规定,现做出以下决定:

1.限于2023年01月01日提交整改报告。

2.罚款人民币叁仟元整。

请在接到本处罚决定5日内到缴纳罚款。逾期每日按罚款数额的3%加处罚款。

如不服本处罚决定,可在接到本处罚决定之日起60日内依法向北京市大兴区生态环境局申请行政复议或3个月内向北京市大兴区法院起诉。

当事人签字: 张跃　执法人签字: 李渊

北京市大兴区生态环境局

2022年12月1[illegible]

北京市大兴区生态环境局

图 4-154　处罚通知

75. 业务 58　采购酒精并验收入库——账务处理

2022 年 12 月 18 日，北京东方家具有限公司向北京南方化工有限公司购买酒精并验收入库，用转账方式支付货款，根据背景单据（图 4-155～图 4-159）编制记账凭证。

交通银行 进账单（回 单） 1

2022 年 12月 18日

出票人	全 称	北京东方家具有限公司	收款人	全 称	北京南方化工有限公司
	账 号	6222600100888125325O1		账 号	4032430315369854217
	开户银行	交通银行北京大兴支行		开户银行	中国工商银行北京丰台支行
金额	人民币（大写）	伍仟捌佰柒拾陆元整		亿千百十万千百十元角分	¥587600
票据种类	转账支票	票据张数	1		
票据号码	30109810-00023340				
	复核　记账			交通银行 北京大兴支行 2022.12.18 业务受理章 (02)　开户银行签章	

8.5×17.5公分　交9角宣印刷 0512-65011866

此联是开户银行交给持票人的回单

图 4-155　进账单 14

付款申请书

2022 年 12 月 18 日

用途及情况	金额											收款单位(人): 北京南方化工有限公司
支付货款	亿	千	百	十	万	千	百	十	元	角	分	账 号: 4032430315369854217
					¥	5	8	7	6	0	0	开户行: 中国工商银行北京丰台支行
金额（大写）合计:	人民币 伍仟捌佰柒拾陆元整											结算方式: 转账

总经理	李佳惠	财务部门	经 理	王志	业务部门	经 理	王薇
			会 计	王平		经 办 人	郭力

图 4-156　付款申请书 15

图 4-157　转账支票存根 11

图 4-158　入库单 7

图 4-159　增值税发票 31

76．业务 59　在途油漆丢失——账务处理

2022 年 12 月 19 日，上月采购的白色油漆至今未收到，经确认（不需要再经过"待处理财产损溢"科目进行核算），为北京中安货物托运有限公司在运输过程中丢失，由托运公司赔偿，13%进项税已抵扣，依据"材料采购"期初余额编制记账凭证。损失赔偿确认函见图 4-160。

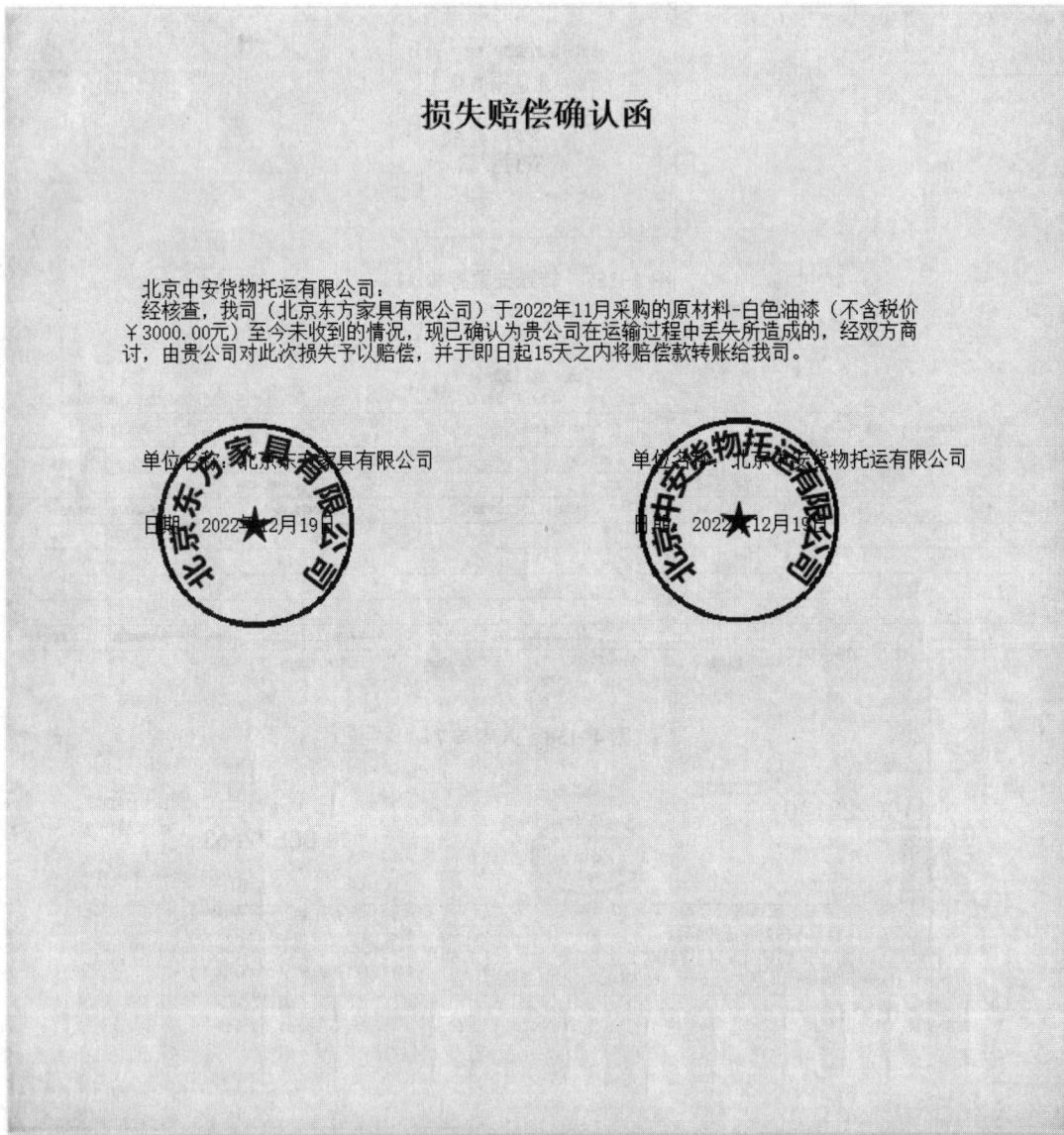

图 4-160　损失赔偿确认函

77．业务 60　现金折扣销售产品——账务处理

2022 年 12 月 19 日，北京东方家具有限公司向江苏湖辉家具城有限公司销售办公桌椅，货款未收，根据背景单据（见图 4-161～图 4-164）编制记账凭证。（提示：按新的收入准则确定，根据往来企业的付款信用"基本确定"能够 10 天内付款。）

销 售 单

购货单位：	江苏湖辉家具城有限公司			地址和电话：	江苏省南京市江宁区江东南路8号　025-86430023			单据编号：	01005	
纳税识别号：	91320100205362412			开户行及账号：	交通银行南京江宁支行　40324303123568211580			制单日期：2022年12月19日		
编　码	产品名称		规　格	单　位	单　价	数　量	金　额		备　注	
140501	白色办公桌			张	598.90	600	359340.00		含税价	
140504	精品办公椅			张	226.00	600	135600.00		含税价	
									折扣条件:2/10，1/20	
合　计	人民币（大写）：肆拾玖万肆仟玖佰肆拾元整					—	￥494940.00			
	销售经理：　许飞		经手人：　游奇伟		会计：　王平			签收人：　王心芳		

图 4-161　销售单 4

图 4-162　增值税发票 32

图 4-163　增值税发票 33

购销合同

购方：江苏湖辉家具城有限公司　　　　　　合同编号：DF01005

销方：北京东方家具有限公司　　　　　　　签订时间：2022年12月19日

供需双方本着互利互惠、长期合作的原则，根据《中华人民共和国合同法》及双方的实际情况，就需方向供方采购事宜，订立本合同，以便双方在合同履行中共同遵守。

一、产品名称、数量、单价、金额：

产品名称	规格型号	计量单位	数量	单价	金额	备注
140501	白色办公桌	张	600	598.90	359340.00	含税价
140504	精品办公椅	张	600	226.00	135600.00	
合计					￥494940.00	
合计人民币（大写）：肆拾玖万肆仟玖佰肆拾元整						

二、质量要求技术标准：供方对质量负责的条件和期限：按合同企业标准。

三、交（提）货地点、方式：需方仓库,运杂费由需方承担.

四、付款时间与付款方式：
2022年12月29日前，现金折扣条件:2/10，1/20，n/30(折扣金额不含增值税)。

五、运输方式及到站、港和费用负担：

六、合理损耗及计算方法：以实际数量验收。

七、包装标准、包装物的供应与回收：普通包装，不回收包装物。

八、验收标准、方法及提出异议期限：货到需方七天内提出质量异议，不包括运输过程中造成的质量问题。

九、违约责任：按《合同法》。

十、解决合同纠纷的方式：双方协商解决。

十一、其他约定事项：本合同一式两份，需、供双方各一份，经双方盖章后即生效。

购方（盖章）：江苏湖辉家具城有限公司　　　　销方（盖章）：北京东方家具有限公司

单位地址：江苏省南京市江宁区东南路8号　　　单位地址：北京市大兴区西红门路新建工业区91号

电　话：025-86630023　　　　　　　　　　　电　话：010-67367058

签订日期：2022年12月19日　　　　　　　　　签订日期：2022年12月19日

开户银行：交通银行南京江宁支行　　　　　　开户银行：交通银行北京大兴支行

账　号：4032430312356821113801　　　　　账　号：6222600100888125332501

图 4-164　购销合同 5

78. 业务 61　缴纳工会经费——账务处理

2022 年 12 月 19 日，北京东方家具有限公司向工会支付上月工会经费，根据背景单据（图 4-165～图 4-167）填制记账凭证。

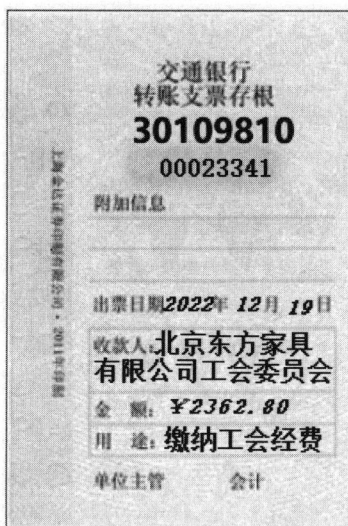

图 4-165　转账支票存根 12

图 4-166　结算凭证

图 4-167　电子缴税付款凭证 5

79. 业务 62　融资租入使用权资产：生产线 C——账务处理

2022 年 12 月 20 日，北京东方家具有限公司以融资方式租入使用权资产（该生产线 C 的市场价值为 27 万元，其年租金为 10 万元，年限为 3 年），并支付归属于租赁项目的相关手续费，根据背景单据（图 4-168～图 4-172）编制记账凭证。[年金现值系数（P/A, 7%, 3）=2.624 3]

图 4-168　付款申请书 16

交通银行
转账支票存根
30109810
00023342

附加信息

出票日期 2022 年 12 月 20 日

收款人：北京银峰机械设备股份有限公司

金　额：¥5300.00

用　途：支付手续费

单位主管　　会计

图 4-169　转账支票存根 13

交通银行 进账单（回　单）　1

2022 年 12 月 20 日

出票人	全　称	北京东方家具有限公司	收款人	全　称	北京银峰机械设备股份有限公司
	账　号	622260010088812532501		账　号	456351020100025458
	开户银行	交通银行北京大兴支行		开户银行	中国银行北京大兴支行
金额	人民币（大写）	伍仟叁佰元整	亿千百十万千百十元角分		¥530000
票据种类	转账支票	票据张数	1		
票据号码	30109810-00023342				
	复核　记账		交通银行北京大兴支行 2022.12.20 业务受理章 (02)		开户银行签章

8.5×17.5公分

此联是开户银行交给持票人的回单

图 4-170　进账单 15

固定资产验收单

编号: ZCG-100011　　　　　　　2022 年 12 月 20 日

合同编号	2022XY-008		合同金额	￥300000.00
项目名称	融资租入生产线C			
规格型号	SDD-22		出厂号	SDD-22
生产厂家	北京银峰机械设备股份有限公司 (出租方)			

验收项目				
设备清单: 生产流水线C一条		是否有与合同不符的情况		否
		设备使用性能是否达到要求		是
		设备技术指标是否与合同相符		是
		设备配件是否与采购要求相符		是
		设备是否全新完好		是
		技术文档是否齐全		是
设备在安装调试、试用过程中的情况	符合使用要求			
备　　注	租赁期限为3年，每年末支付租金10万元，年利率为7%。			
验收结果	符合使用要求		验收日期	2022年12月20日

使用单位签章	负责人签名：王茂才 使用部门（盖章）： （北京东方家具有限公司 ★） 2022 年 12 月 20 日	验收人员签名	使用单位验收人员	纪检、资产、财产处验收人员
			王茂才	王 志
			廖汉文	王 平
			董如	

注:1、资产名称、型号、规格、生产厂家等相关内容，请按设备上的铭牌详细填写。

　　2、单价2万元或5万元以上，验收至少要有5人参加。

　　3、此表一式三份，一份交资产处存档，一份交使用部门存档，一份交财务处资产入账存档。

图 4-171　固定资产验收单 2

融资租赁合同　　　　CG-002

出租人：（以下简称甲方）北京银峰机械设备股份有限公司
法定地址及电电话：北京市大兴区江东南路11-15号　010-86400028
开户银行及账号:中国银行北京大兴支行　456351020100025458

承租人：（以下简称乙方）　北京东方家具有限公司
法定地址及电话：北京市大兴区西红门镇新建工业区91号　010-61207058
开户银行及账号:交通银行北京大兴支行　622260010088812532501

第一条　租赁物件
甲方根据乙方的要求及乙方的自主选定，以给乙方为目的，为乙方融资购买生产设备—生产线C（以下简称租赁物）租予乙方，数量壹条，乙方则向甲方承租并使用该物件。

第二条　租赁期间
1．租赁开始日:租赁物运至北京东方家具有限公司生产车间之日起，约定租赁物于2022年12月20日送达。
2．租赁期:2022年12月20日至2025年12月20日，并以本合同第二条第1款所规定的乙方签收提单日为起租日。

第三条　租金及利率
1．甲方为乙方融资购买租赁物件，乙方承租租赁物件须向甲方支付租金，自租赁期开始日起每年年末支付租金10万元（壹拾万元整）。
2．租赁合同约定年利率为7%。

第四条　租赁物件的购买
1．乙方根据自己的需要，通过调查卖方的信用力，自主选定租赁物件及卖方。乙方对租赁物件的名称、规格、型号、性能、质量、数量、技术标准及服务内容、品质、技术保证及价格条款、交货时间等享有全部的决定权，并直接与卖方商定，乙方对自行的决定及选定负全部责任。甲方根据乙方的选定与要求与卖方签订购买合同。乙方同意并确认购买合同的全部条款，并在购买合同上签字。
2．乙方须向甲方提供甲方认为必要的各种批准或许可证明。
3．甲方负责筹措购买租赁物件所需的资金，并根据购买合同，办理各项有关的进口手续。
4．有关购买租赁物件应交纳的海关关税、增值税及国家新征税项和其他税款，国内运费及其他必须支付的国内费用，均由出租方负担，并按有关部门的规定与要求，由出租方按时直接支付。承租方对此不承担任何责任。

第五条　租赁物件的保管、使用和费用
1．乙方在租赁期间内，可完全使用租赁物件。
2．乙方除非征得甲方的书面同意，不得转让给第三者或允许他人使用。
3．乙方平时应对租赁物件给予良好的维修保养，使其保持正常状态和发挥正常效能。租赁物件的维修、保养，由乙方负责处理，并承担其全部费用。如需更换其零件，在未得到甲方书面同意时，应只用租赁物件的原制造厂所供应的零件更换。
4．因租赁物件本身及其设置、保管、使用等致使第三者遭受损害时乙方应负赔偿责任。

第六条　违反合同处理
1．如乙方不支付租金或不履行合同所规定其他义务时，甲方有权采取下列措施：
（1）要求即时付清部分或全部租金及一切应付款项。
（2）直接收回租赁物件，并由乙方赔偿甲方的全部损失。
2．当乙方未按照本合同规定支付应付的到期租金和其他款项给甲方，或未按时偿还甲方垫付的任何费用时，甲方除有权采取前3款措施外，乙方应按7%年利率支付迟延支付期间的迟延利息，迟延利息将从乙方每次交付的租金中，首先扣抵，直至乙方向甲方付清全部逾期租金及迟延利息为止。

第七条　合同及其他
本合同自甲、乙双方及担保人签字盖章后即生效。本合同书正本一式份，由甲方、乙方和担保人各执一份。未尽事宜由双方协商解决。

出租　　　　　　　　　承租
法人　　　　　　　　　法人
签约日期: 2022年12月10日　　签约日期:2022年12月20日

图 4-172　融资租赁合同

80. 业务 63　对外捐款——账务处理

2022 年 12 月 20 日，北京东方家具有限公司向北京市昌平希望小学捐款，根据背景单据（图 4–173 和图 4–176）编制记账凭证。

付款申请书

2022 年 12 月 20 日

用途及情况	金额											收款单位(人)：北京市昌平希望小学
向北京市昌平希望小学捐款	亿	千	百	十	万	千	百	十	元	角	分	账号：41351420703506902522
			¥	1	0	0	0	0	0	0	0	开户行：中国建设银行北京昌平支行
金额（大写）合计：	人民币 壹拾万元整											结算方式：转账

总经理	李佳慧	财务部门	经理	王志	业务部门	经理	张跃
			会计	王平		经办人	孙瑶

图 4–173　付款申请书 17

交通银行
转账支票存根
30109810
00023343

附加信息

出票日期 2022年 12月 20日

收款人：	北京市昌平希望小学
金　额：	¥100000.00
用　途：	捐款

单位主管　　会计

图 4–174　转账支票存根 14

交通银行 进账单（回　单）　1

2022 年 12月 20日

出票人	全称	北京东方家具有限公司	收款人	全称	北京市昌平希望小学
	账号	622260010088812532501		账号	41351420703506902522
	开户银行	交通银行北京大兴支行		开户银行	中国建设银行北京昌平支行

金额	人民币（大写）壹拾万元整	亿	千	百	十	万	千	百	十	元	角	分
				¥	1	0	0	0	0	0	0	0

票据种类	转账支票	票据张数	1
票据号码	30109810-00023343		

复核　　记账

交通银行 北京大兴支行 2022.12.20 业务受理章 (02)

开户银行签章

此联是开户银行交给持票人的回单

图 4–175　进账单 16

北京市接受社会捐赠专用收据

注册号码　京〔2023〕票字第90号　　　　No:00005201

2022年　12月　20日　　票据类型:001001007
　　Y　　M　　D　　　数字指纹:003802FE960E93C

捐　赠　者 Donor	北京东方家具有限公司				货币种类 Currency	人民币
捐　赠　项　目 Donation Item	北京市昌平希望小学筹建款					
项目(捐赠金额或实物) Item(Amount or Material)	单　位 unit	规　格 Specification	数　量 Quantity	单　价 Unit Price	金　额 Amount	
小学筹建款					100000.00	
合计人民币(大写) ￥Amount (in words)	壹拾万元整			￥:	100000.00	
收费单位(盖章): Receiver (seal)		收款人:吴起新 Payee		开票人:王安里 Drawer		

图 4-176　接受捐赠专用收据

81. 业务 64　购入木工设备——账务处理

2022 年 12 月 20 日,北京东方家具有限公司向天津富闽机械有限公司购买的木工设备已到达,该设备需要安装,用银行汇票支付货款(运费已由天津富闽机械有限公司代垫)。根据背景单据(图 4-177～图 4-179)编制记账凭证。(结合第 110 题业务 91 的凭证)

交通银行
银行汇票

付款期限　壹　月

02　00340098
第　号

出票日期　贰零贰贰年壹拾贰月零贰拾日
(大写)

代理付款行:中国银行天津和平支行　　行号:104210146573

收款人	天津富闽机械有限公司	账号	456351010236587911
出票金额	人民币(大写)　捌拾万元整		￥800000.00

实际结算金额　人民币(大写)

千 百 十 万 千 百 十 元 角 分

申请人　北京东方家具有限公司　　账号或住址:6222600100888812532501

出票行　交通银行北京大兴支行　　行号:301100011476

备注:

凭票付款　301100011476

出票行签章　汇票专用章

科目(借)
对方科目(贷)
兑付日期　年　月　日

多余金额
千 百 十 万 千 百 十 元 角 分

复核　记账

图 4-177　银行汇票 2

图 4-178　增值税发票 34

图 4-179　增值税发票 35

82. 业务 65　提现——账务处理

2022 年 12 月 21 日，北京东方家具有限公司提取备用金，根据背景单据（图 4-180 和图 4-181）编制记账凭证。

图 4-180　提现申请单 2

图 4-181　现金支票存根

83. 业务 66　购入货车——账务处理

2022 年 12 月 21 日，北京东方家具有限公司向北京宇鹏汽车销售有限公司购买东风天龙重卡货车一辆，当天验收投入使用，根据背景单据（图 4-182～图 4-188）编制记账凭证。（车辆购置税以库存现金支付）

图 4-182　付款申请书 18

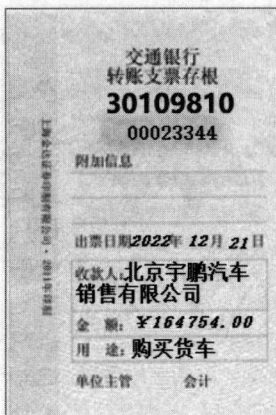

图 4-183　转账支票存根 15

交通银行 进账单（回 单） 1

2022 年 12月 21日

出票人	全称	北京东方家具有限公司	收款人	全称	北京宇鹏汽车销售有限公司
	账号	6222600100888125325O1		账号	43674281027037495840
	开户银行	交通银行北京大兴支行		开户银行	中国建设银行北京朝阳支行
金额	人民币（大写）	壹拾陆万肆仟柒佰伍拾肆元整		亿千百十万千百十元角分	¥16475400
票据种类	转账支票	票据张数	1		
票据号码	30109810-00023344				
	复核 记账				开户银行签章

[交通银行 北京大兴支行 2022.12.21 业务受理章 (02)]

此联是开户银行交给持票人的回单

8.5×17.5公分 交 9 角直印刷 0512-65011866

图 4-184 进账单 17

机动车销售统一发票

发票联

发票代码 11101062310
发票号码 06890145

开票日期 2022年12月21日

机打代码	11101062310	税控码	02+408-7*85-13/<5/47-5-50-8+5+>16>**8/ 53+411-+4*53+77+>>81584<2/99812812+74* 5995793+614></2>6<316--29/3/*349/47185 +4/+8<75-7>294132607176-80/>3700421227 54-1076-79-9*11087<2--29*501>08>+<16<<		
机打号码	06890145				
机器编号	K123564				
购买方名称及身份证号码/组织机构代码	北京东方家具有限公司	纳税人识别号	911101152352632382		
车辆类型	东风天龙重卡	厂牌型号	DFL4180A2-K46-F04-01AJ	产地	湖北
合格证号	WAB606448450465	进口证明书号		商检单号	
发动机号码	N97068	车辆识别代号/车架号码	LFJ654SA045450465		
价税合计	⊗壹拾陆万肆仟柒佰伍拾肆元整			小写	¥164754.00
销货单位名称	北京宇鹏汽车销售有限公司			电话	010-85301125
纳税人识别号	911101129287517356			账号	43674281027037495840
地址	北京市朝阳区和平里东街118号			开户银行	中国建设银行北京朝阳支行
增值税税率或征收率	13%	增值税税额	¥18954.00	主管税务机关及代码	国家税务总局北京市朝阳区税务局 111010500
不含税价	小写 145800.00	完税凭证号码		吨位	15吨
限乘人数	3人				

销货单位盖章　　开票人 钱梅　　备注：一车一票

[北京宇鹏汽车销售有限公司 911101129287517356 发票专用章]

第一联 发票联（购货单位付款凭证）（手开无效）

图 4-185 机动车销售发票

固定资产验收单

编号: ZCG-200003 　　　　　　　2022 年 12 月 21 日

合同编号	2022XY-009	合同金额	￥160380.00
项目名称	东风天龙重卡货车		
规格型号	LFJ654SA045450465	出厂号	DFL4180A2-K46-F04-01AJ
生产厂家	湖北东风汽车有限公司		

验收项目			
设备清单: 重卡货车一辆 (含相关装饰及配件)	是否有与合同不符的情况		否
	设备使用性能是否达到要求		是
	设备技术指标是否与合同相符		是
	设备配件是否与采购要求相符		是
	设备是否全新完好		是
	技术文档是否齐全		是
设备在安装调试、试用过程中的情况	符合使用要求		
备注			
验收结果	合格	验收日期	2022年12月21日

使用单位签章	负责人签名: 许飞 使用部门(盖章): 北京东方家具有限公司 ★ 2022 年 12 月 21 日	验收人员签名	使用单位验收人员	纪检、资产、财产处验收人员
			游奇伟	王平
			许飞	陆梅
			张跃	王志

注:1、资产名称、型号、规格、生产厂家等相关内容,请按设备上的铭牌详细填写。

2、单价2万元或5万元以上,验收至少要有5人参加。

3、此表一式三份,一份交资产处存档,一份交使用部门存档,一份交财务处资产入账存档。

图 4-186　固定资产验收单 3

报 销 单

填报日期：**2022**年 **12** 月 **21** 日 　　　　　　单据及附件共 **1** 张

姓名	郭力	所属部门	采购部	报销形式	现金	
				支票号码		

报销项目	摘　要	金　额	备注
车辆购置税	购买东风天龙重卡货车一辆	14580.00	
	现金付讫		
合　　　计		￥14580.00	

金额大写：零 拾 壹 万 肆 仟 伍 佰 捌 拾 零 元 零 角 零 分	原借款：￥0.00元	应退(补)款：￥14580元

总经理：**李佳惠**　　财务经理：**王志**　　部门经理：**王薇**　　会计：**王平**　　出纳：**孙朋**　　报销人：**郭力**

图 4-187　报销单 3

中 华 人 民 共 和 国
税 收 通 用 完 税 证

国

No:02558712

注册类型：有限责任公司　　填发日期：2022 年 12 月 21 日　　征收机关：国家税务总局北京市大兴区

纳税人代码	91110115235262382	地　址	北京市大兴区西红门镇新建工业区91号
纳税人名称	北京东方家具有限公司	税款所属期	2022年12月01日-2022年12月3

税　种	品　目　名　称	计税金额、销售收入或课税数量	税率或单位税额	已缴或扣除额	实缴税额
车辆购置税	车辆购置税	145800.00	10.00%		14580.00
金额合计（大写）壹万肆仟伍佰捌拾元整					￥14580.00

税收机关（盖章）征税专用章	委托代征单位（盖章）	填票人 李玉仁 （章）	备注

（打印有效，手写开票无效）

图 4-188　完税证

84. 业务 67　固定资产小轿车非正常损失——账务处理

2022 年 12 月 21 日，北京东方家具有限公司小轿车被盗，根据背景单据（图 4-189）编制相关记账凭证（进项税转出放在后续题目结转被盗轿车固定资产清理净损失时一并处理）。

固定资产报废单

2022 年 12 月 21 日　　　　　　　　　　　　　凭证编号：01001

固定资产名称及编号	规格型号	单位	数量	购买日期	已计提折旧月数	原始价值	已提折旧	备注
轿车		辆	1	2021 年5月		125000.00	14843.70	按公里数折旧
固定资产状况及报废原因	管理不善，导致小轿车被盗。							
处理意见	使用部门		技术鉴定小组		固定资产管理部门		主管部门审批	
	已被盗		情况属实		同意		同意	

审核：**王志**　　　　　　制单：**王平**

图 4-189　固定资产报废单 1

85. 业务 68　采购棕色油漆并验收入库——账务处理

2022 年 12 月 21 日，北京东方家具有限公司向北京昌盛油漆有限公司购买棕色油漆，货已收到，货款未付，根据背景单据（图 4-190 和图 4-191）编制记账凭证。

图 4-190　增值税发票 36

入 库 单

2022 年 12 月 21 日

单号：RC-01009

交来单位及部门	北京昌盛油漆有限公司		发票号码或生产单号码	03977685		验收仓库	原材料库		入库日期	2022.12.21
编号	名 称 规 格	单位	数 量		实际价格		计划价格		价格差异		
			交库	实收	单价	金额	单价	金额			
140305	棕色油漆	KG	200	200	32.478632	6495.73	35.00	7000.00	-504.27	会计联
	合 计	--	--	--	--	¥6495.73	--	¥7000.00	¥-504.27	

部门经理：**赵敏**　　会计：**王平**　　仓库：**王世杰**　　经办人：**郭力**

图 4-191　入库单 8

86. 业务 69　收到银行存款利息——账务处理

2022 年 12 月 21 日，北京东方家具有限公司收到银行存款利息，根据背景单据（图 4-192）编制记账凭证（提示：本企业涉及的采购退货、销售退货及银行存款利息收入业务均做反向分录，以正数填入）。

交通银行(北京大兴支)计付存款利息清单　　（收款通知）

2022 年 12 月 21 日

单位名称：北京东方家具有限公司

结算账号：62226001008812532501　　　存款账号：62226001008812532501

编号	计息类型	计息起讫日期	计息积数	利率	利息金额
002135	普通积数	20220921-20221220	414201600.00	0.30%	3451.68
摘要：				金额合计	¥3451.68
金额合计（大写）叁仟肆佰伍拾壹元陆角捌分					

交通银行
北京大兴支行
2022.12.21
转讫
(01)

复核　　　　　　　　　记账

图 4-192　计付存款利息清单

87. 业务 70　销售产品给予商业折扣——账务处理

2022 年 12 月 21 日，北京东方家具有限公司销售会议桌给北京宏基有限公司，货款未收，根据背景单据（图 4-193 和图 4-194）编制记账凭证。

110012206510　　北京增值税普通发票　　110012206510

№ 06890872　　06890872

校验码 23421 09383 91232 29834　　开票日期：2022年12月21日

购买方	名称：北京宏基有限公司 纳税人识别号：911101012422338563 地址、电话：北京市东城区东中街48号楼　010-64170274 开户行及账号：中国工商银行北京东城支行　6222800201053420285	密码区	03*3187<4/+8490<+95-59+7<243 4987<0-->>-6>525<693719->7*7 87*3187<4/+8490<+95708681380 9<712/<1+9016>6906++>84>93/-

货物或应税劳务、服务名称	规格型号	单位	数量	单价	金额	税率	税额
*家具*棕色会议桌		张	10	7520.00	75200.00	13%	9776.00
*家具*棕色会议桌					-7520.00		-977.60
合　　计					¥67680.00		¥8798.40
价税合计（大写）	⊗ 柒万陆仟肆佰柒拾捌元肆角整				（小写）¥76478.40		

销售方	名称：北京东方家具有限公司 纳税人识别号：911101152352632382 地址、电话：北京市大兴区西红门镇新建工业区91号　010-61207058 开户行及账号：交通银行北京大兴支行　622260010088812532501	备注	

收款人：　　复核：　　开票人：王平　　销售方：（章）

第一联：记账联　销售方记账凭证

图 4-193　增值税发票 37

销 售 单

购货单位：北京宏基有限公司　　地址和电话：北京市东城区东中街48号楼　010-64170274　　单据编号：01006

纳税识别号：911101012422338563　　开户行及账号：中国工商银行北京东城支行　6222800201053420285　　制单日期：2022年12月21日

编码	产品名称	规格	单位	单价	数量	金额	备注
140503	棕色会议桌		张	7647.84	10	76478.40	含税价
							已享受10%折扣
合计	人民币（大写）：柒万陆仟肆佰柒拾捌元肆角整				—	¥76478.40	

销售经理：许飞　　经手人：游奇伟　　会计：王平　　签收人：赵甜甜

会计联

图 4-194　销售单 5

88. 业务 71　支付设备安装费——账务处理

2022 年 12 月 21 日，北京东方家具有限公司向北京大力安装服务有限公司支付木工设备 CQ 的安装费，根据背景单据（图 4-195～图 4-198）编制记账凭证。

付款申请书

2022 年 12 月 21 日

用途及情况	金 额										收款单位(人)：北京大力安装服务有限公司
	亿	千	百	十	万	千	百	十	元	角	分	
支付木工设备CQ安装费					¥	3	0	0	0	0	0	0	账 号：320123366222799
												开户行：中国农业银行北京丰台支行

金额（大写）合计：	人民币 叁万元整	结算方式：转账

总经理	李佳惠	财务部门	经理	王志	业务部门	经 理	王薇
			会计	王平		经办人	郭力

图 4-195　付款申请书 19

交通银行
转账支票存根

30109810

00023345

附加信息

出票日期 2022 年 12 月 21 日

收款人：北京大力安装服务有限公司

金 额：¥30000.00

用 途：支付安装费

单位主管　　会计

图 4-196　转账支票存根 16

交通银行 进账单（回单）1

2022 年 12 月 21 日

出票人	全 称	北京东方家具有限公司	收款人	全 称	北京大力安装服务有限公司											
	账 号	6222600100888 12532501		账 号	320123366222799										
	开户银行	交通银行北京大兴支行		开户银行	中国农业银行北京丰台支行										
金额	人民币（大写）	叁万元整			亿	千	百	十	万	千	百	十	元	角	分
									¥	3	0	0	0	0	0	0
票据种类	转账支票	票据张数 1													
票据号码	30109810-00023345														

复核　　记账

交通银行
北京大兴支行
2022.12.21
业务受理章
(02)

开户银行签章

此联是开户银行交给持票人的回单

图 4-197　进账单 18

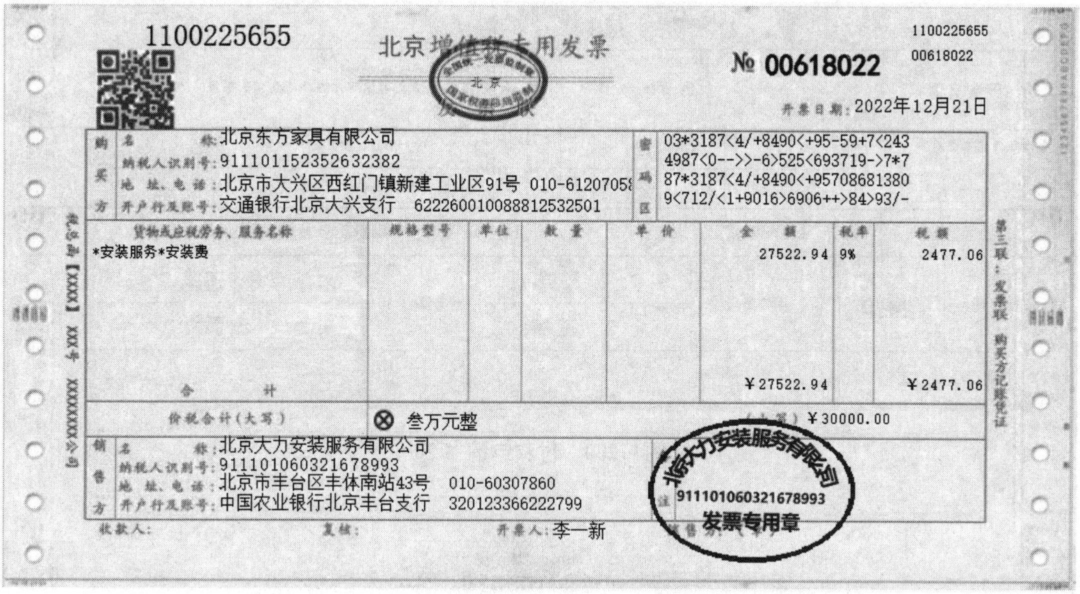

1100225655

北京增值税专用发票

1100225655
00618022

№ 00618022

开票日期：2022年12月21日

购买方	名　　称：北京东方家具有限公司 纳税人识别号：911101152352632382 地址、电话：北京市大兴区西红门镇新建工业区91号 010-61207058 开户行及账号：交通银行北京大兴支行　622260010088812532501	密码区	03*3187<4/+8490<+95-59+7<243 4987<0-->>-6>525<693719->7*7 87*3187<4/+8490<+95708681380 9<712/<1+9016>6906++>84>93/-

货物或应税劳务、服务名称	规格型号	单位	数量	单价	金额	税率	税额
*安装服务*安装费					27522.94	9%	2477.06
合　　计					￥27522.94		￥2477.06
价税合计（大写）	⊗ 叁万元整				（小写）￥30000.00		

销售方	名　　称：北京大力安装服务有限公司 纳税人识别号：911101060321678993 地址、电话：北京市丰台区丰体南站43号　010-60307860 开户行及账号：中国农业银行北京丰台支行　320123366222799	备注	

收款人：　　复核：　　开票人：李一新　　销售方：（章）

北京大力安装服务有限公司 911101060321678993 发票专用章

第三联：发票联　购买方记账凭证

图 4-198　增值税发票 38

89. 业务 72　支付销售部门的办公用品费——账务处理

2022 年 12 月 22 日，北京东方家具有限公司为销售部支付办公用品费，款项用转账支票支付，根据背景单据（图 4-199～图 4-202）编制记账凭证。

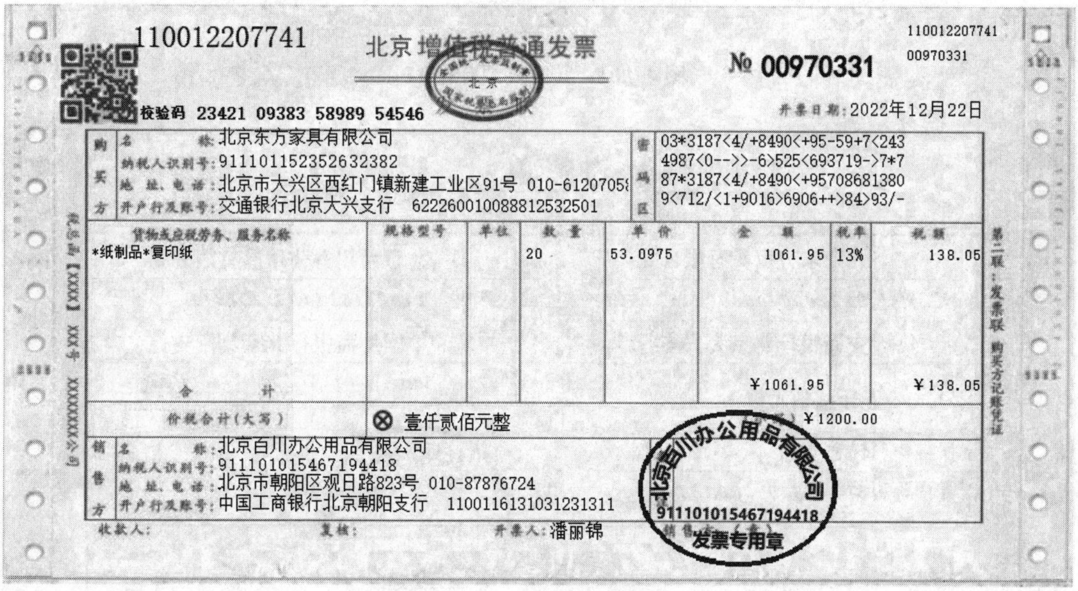

110012207741

北京增值税普通发票

110012207741
00970331

№ 00970331

校验码 23421 09383 58989 54546

开票日期：2022年12月22日

购买方	名　　称：北京东方家具有限公司 纳税人识别号：911101152352632382 地址、电话：北京市大兴区西红门镇新建工业区91号 010-61207058 开户行及账号：交通银行北京大兴支行　622260010088812532501	密码区	03*3187<4/+8490<+95-59+7<243 4987<0-->>-6>525<693719->7*7 87*3187<4/+8490<+95708681380 9<712/<1+9016>6906++>84>93/-

货物或应税劳务、服务名称	规格型号	单位	数量	单价	金额	税率	税额
*纸制品*复印纸			20	53.0975	1061.95	13%	138.05
合　　计					￥1061.95		￥138.05
价税合计（大写）	⊗ 壹仟贰佰元整				（小写）￥1200.00		

销售方	名　　称：北京百川办公用品有限公司 纳税人识别号：911101015467194418 地址、电话：北京市朝阳区观日路823号　010-87876724 开户行及账号：中国工商银行北京朝阳支行　1100116131031231311	备注	

收款人：　　复核：　　开票人：潘丽锦　　销售方：（章）

北京百川办公用品有限公司 911101015467194418 发票专用章

第二联：发票联　购买方记账凭证

图 4-199　增值税发票 39

付款申请书

2022 年 12 月 22 日

用途及情况	金额										收款单位(人)：北京百川办公用品有限公司
支付办公用品费用	亿	千	百	十	万	千	百	十	元	角	分	账 号：1100116131031231311
					￥	1	2	0	0	0	0	开户行：中国工商银行北京朝阳支行

金额（大写）合计：	人民币 壹仟贰佰元整			结算方式：转账	
总经理	李佳惠	财务部门	经理 王志	业务部门	经理 王薇
			会计 王平		经办人 郭力

图 4-200　付款申请书 20

图 4-201　转账支票存根 17

交通银行 进账单（回 单） 1

2022 年 12 月 22 日

出票人	全称	北京东方家具有限公司	收款人	全称	北京百川办公用品有限公司											
	账号	6222600100888125325 01		账号	1100116131031231311										
	开户银行	交通银行北京大兴支行		开户银行	中国工商银行北京朝阳支行	亿	千	百	十	万	千	百	十	元	角	分
金额	人民币（大写） 壹仟贰佰元整								￥	1	2	0	0	0	0
票据种类	转账支票	票据张数 1													
票据号码	30109810-00023346														
	复核　　记账				开户银行签章										

图 4-202　进账单 19

90. 业务 73　木工设备领用原材料——账务处理

2022 年 12 月 22 日，北京东方家具有限公司为安装木工设备领用胶合板，根据背景单据（图 4-203）编制记账凭证。

领　料　单

领料部门：木工车间

用　途：木工设备CQ试产　　　　　　　　　2022 年 12 月 22 日　　　　　　　第 L01023 号

| 材　料 | | | 单　位 | 数　量 | | 成　本 | |
编　号	名　称	规　格		请　领	实　发	单　价	总　价
140302	普通胶合板	18MM*1240*1200	片	10	10	200.00	2000.00
合　计		--	--				￥2000.00

部门经理：**赵敏**　　　　会计：**王平**　　　　仓库：**王世杰**　　　　经办人：**吴桐**

会计联

图 4-203　领料单 21

91. 业务 74　销售产品——账务处理

2022 年 12 月 23 日，北京东方家具有限公司销售办公桌椅给北京永裕电子有限公司，货款已收，根据背景单据（图 4-204～图 4-207）编制记账凭证。

销　售　单

购货单位：北京永裕电子有限公司　　地址和电话：北京市海淀区巨山路8号 010-62597718　　单据编号：01007

纳税识别号：911101082436025192　　开户行及账号：中国银行北京海淀支行 456351010122532658　　制单日期：2022年12月23日

编码	产品名称	规格	单位	单价	数量	金额	备注
140503	棕色会议桌		张	8497.60	2	16995.20	含税价
140505	高档办公椅		张	858.80	20	17176.00	含税价
合　计	人民币（大写）　叁万肆仟壹佰柒拾壹元贰角整					—	￥34171.20

销售经理：**许飞**　　经手人：**游奇伟**　　会计：**王平**　　签收人：**李海学**

会计联

图 4-204　销售单 6

图 4-205　进账单 20

图 4-206　增值税发票 40

图 4-207　增值税发票 41

92. 业务 75　支付电话费——账务处理

2022 年 12 月 23 日，北京东方家具有限公司收到银行代扣电话费回单（管理部门用），根据背景单据（图 4-208～图 4-210）编制记账凭证。

同城特约委托收款凭证（支款通知）

委托日期 2022 年 12 月 23 日　　流水号 002178940

付款人	全称	北京东方家具有限公司	收款人	全称	中国电信北京分公司
	账号或地址	6222600100888125325O1		账号或地址	11006058100778675611 1
	开户银行	交通银行北京大兴支行		开户银行	交通银行北京大兴支行
委收金额	人民币（大写）	叁仟玖佰贰拾伍元贰角壹分			¥3925.21
款项内容			合同号	BJDX0102109	凭证张数 1
电话费		注意事项：1、上列款项为见票全额付款 2、上列款项若有误请与收款单位协商解决			
备注：					

会计　　复核　　记账　　支付日期 2022 年 12 月 23 日

此联交付款人作支款通知

交通银行北京大兴支行 2022.12.23 转讫（01）

图 4-208　同城特约委托收款凭证 1

北京增值税专用发票

1100220160　　№ 05454800　　1100220160 05454800

开票日期：2022年12月23日

购买方	名称：北京东方家具有限公司 纳税人识别号：911101152352632382 地址、电话：北京市大兴区西红门镇新建工业区91号 010-61207058 开户行及账号：交通银行北京大兴支行 6222600100888125325O1	密码区	03*3187<4/+8490<+95-59+7<243 4987<0-->>-6>525<693719->7*7 87*3187<4/+8490<+95708681380 9<712/<1+9016>6906++>84>93/-				
货物或应税劳务、服务名称	规格型号	单位	数量	单价	金额	税率	税额
*电信服务*电信基础服务					2184.72	9%	196.62
合计					¥2184.72		¥196.62
价税合计（大写）	⊗ 贰仟叁佰捌拾壹元叁角肆分				（小写）¥2381.34		
销售方	名称：中国电信北京分公司 纳税人识别号：911101060978665557 地址、电话：北京市大兴区楠恒路156号 010-89042095 开户行及账号：交通银行北京大兴支行 11006058100778675611 1	备注					

收款人：　　复核：　　开票人：张具文　　销售方：（章）

第三联：发票联　购买方记账凭证

中国电信北京分公司 911101060978665557 发票专用章

图 4-209　增值税发票 42

1100220160 北京增值税专用发票 № 05454801 1100220160 05454801

发票联 开票日期：2022年12月23日

购买方	名　　称：北京东方家具有限公司 纳税人识别号：911101152352632382 地址、电话：北京市大兴区西红门镇新建工业区91号 010-61207058 开户行及账号：交通银行北京大兴支行　6222600100888125325O1	密码区	03*3187<4/+8490<+95-59+7<243 4987<0-->>-6>525<693719->7*7 87*3187<4/+8490<+95708681380 9<712/<1+9016>6906++>84>93/-

货物或应税劳务、服务名称	规格型号	单位	数量	单价	金额	税率	税额
*电信服务*电信增值服务					1456.48	6%	87.39
合　　计					￥1456.48		￥87.39
价税合计（大写）	⊗壹仟伍佰肆拾叁元捌角柒分				（小写）￥1543.87		

销售方	名　　称：中国电信北京分公司 纳税人识别号：911101060978665557 地址、电话：北京市大兴区楠恒路156号 010-89042095 开户行及账号：交通银行北京大兴支行　11006058100778675611 1	备注	

收款人：　　复核：　　开票人：张其文　　销售方：（章）

（印章：中国电信北京分公司 911101060978665557 发票专用章）

第三联：发票联 购买方记账凭证

图 4-210　增值税发票 43

93. 业务 76　收到采购材料退货款——账务处理

2022 年 12 月 24 日，北京东方家具有限公司收到北京华兴木材加工有限公司退货款，根据背景单据（图 4-211）编制记账凭证。

交通银行　进账单（收账通知）　3

2022 年 12 月 24 日

出票人	全　称	北京华兴木材加工有限公司	收款人	全　称	北京东方家具有限公司
	账　号	6222800200137253686		账　号	6222600100888125325O1
	开户银行	中国工商银行北京十里河支行		开户银行	交通银行北京大兴支行
金额	人民币（大写）	贰万叁仟壹佰陆拾伍元整		亿千百十万千百十元角分	￥2316500
票据种类		票据张数			
票据号码					
	复核　记账			收款人开户银行签章	

（印章：交通银行北京大兴支行 2022.12.24 转讫（01））

此联是收款人开户银行交给收款人的收账通知

图 4-211　进账单 21

94. 业务 77　销售商品收款——账务处理

2022 年 12 月 24 日，北京东方家具有限公司销售棕色会议桌、高档办公椅给北京张氏家私有限公司，根据背景单据（图 4-212～图 4-214）编制记账凭证。

销售单

购货单位:	北京张氏家私有限公司	地址和电话:	北京市西城区宣武门西大街58号 010-66402335		单据编号:	01008
纳税识别号:	91110102336459875	开户行及账号:	中国银行北京西城支行 456351010138652011		制单日期:	2022年12月24日

编 码	产品名称	规格	单位	单价	数量	金额	备注
140503	棕色会议桌		张	8497.60	100	849760.00	含税价
140505	高档办公椅		张	858.80	800	687040.00	含税价
合 计	人民币（大写）: 壹佰伍拾叁万陆仟捌佰元整				—	¥1536800.00	

销售经理　许飞　　　经手人　游奇伟　　　会计　王平　　　签收人　张毅

图 4-212　销售单 7

图 4-213　增值税发票 44

图 4-214　增值税发票 45

95. 业务78　生产领用油漆——账务处理

2022年12月24日，北京东方家具有限公司油漆车间领用油漆，根据背景资料（图4-215～图4-217）编制记账凭证。

领 料 单

领料部门：油漆车间

用　途：生产白色办公桌　　　　　　　　2022 年 12 月 24 日　　　　　　　第 L01024 号

材　料			单 位	数　量		成　本	
编 号	名　称	规　格		请 领	实 发	单 价	总价
140303	白色油漆	MD258	KG	600	600	28.00	16800.00
合　计	--	--	--	--	--		￥16800.00

部门经理：**赵敏**　　　　会计：**王平**　　　　仓库：**王世杰**　　　　经办人：**赵林**

图 4-215　领料单 22

领 料 单

领料部门：油漆车间

用　途：生产黑色办公桌　　　　　　　　2022 年 12 月 24 日　　　　　　　第 L01025 号

材　料			单 位	数　量		成　本	
编 号	名　称	规　格		请 领	实 发	单 价	总价
140304	黑色油漆	MD258	KG	400	400	32.00	12800.00
合　计	--	--	--	--	--		￥12800.00

部门经理：**赵敏**　　　　会计：**王平**　　　　仓库：**王世杰**　　　　经办人：**赵林**

图 4-216　领料单 23

领 料 单

领料部门：油漆车间

用　途：生产普通办公椅　　　　　　　　2022 年 12 月 24 日　　　　　　　第 L01026 号

材　料			单 位	数　量		成　本	
编 号	名　称	规　格		请 领	实 发	单 价	总价
140304	黑色油漆	MD258	KG	300	300	32.00	9600.00
合　计	--	--	--	--	--		￥9600.00

部门经理：**赵敏**　　　　会计：**王平**　　　　仓库：**王世杰**　　　　经办人：**赵林**

图 4-217　领料单 24

96. 业务 79-1　支付并分配水费——填制用水分配表

2022 年 12 月 25 日，北京东方家具有限公司根据背景资料（图 4-218～图 4-220），填制各部门用水分配表。

图 4-218　增值税发票 46

图 4-219　同城特约委托收款凭证 2

北京东方家具有限公司		2022 年 12 月
使用部门	水用量（吨）	备注
木工车间	2 000.00	
油漆车间	4 000.00	
装配车间	2 000.00	
机修车间	2 000.00	
管理部门	6 000.00	
合计	16 000.00	

图 4-220　各部门水用量分配表

97. **业务 79-2　支付并分配水费——账务处理**

承业务 79-1，2022 年 12 月 25 日，北京东方家具有限公司根据业务 79-1 所填制的各部门用水分配表及本实训内容背景单据编制记账凭证（计入相关费用——水电费明细科目）。

98. **业务 80-1　支付并分配电费——填制用电分配表**

2022 年 12 月 25 日，北京东方家具有限公司根据背景资料（图 4-221～图 4-223），填制各部门用电分配表。

同城特约委托收款凭证（支款通知）

委托日期　2022 年 12 月 25 日　　　　　流水号 002178966

付款人	全称	北京东方家具有限公司	收款人	全称	北京电力有限公司
	账号或地址	62226001008881253 2501		账号或地址	31001004576897776511
	开户银行	交通银行北京大兴支行		开户银行	中国建设银行北京东城支行
委收人民币金额（大写）		柒万陆仟贰佰柒拾伍元整			￥76275.00

款项内容		合同号　BJ0103408	凭证张数　1
电费		交通银行 北京大兴支行 2022.12.25 1、上列款项为见票全额付款 2、上列款项若有误请与收款单位协商解决 转讫 (01)	
备注：			

会计　　　　复核　　　　记账　　　　支付日期 2022 年 12 月 25 日

此联交付款人作支款通知

图 4-221　同城特约委托收款凭证 3

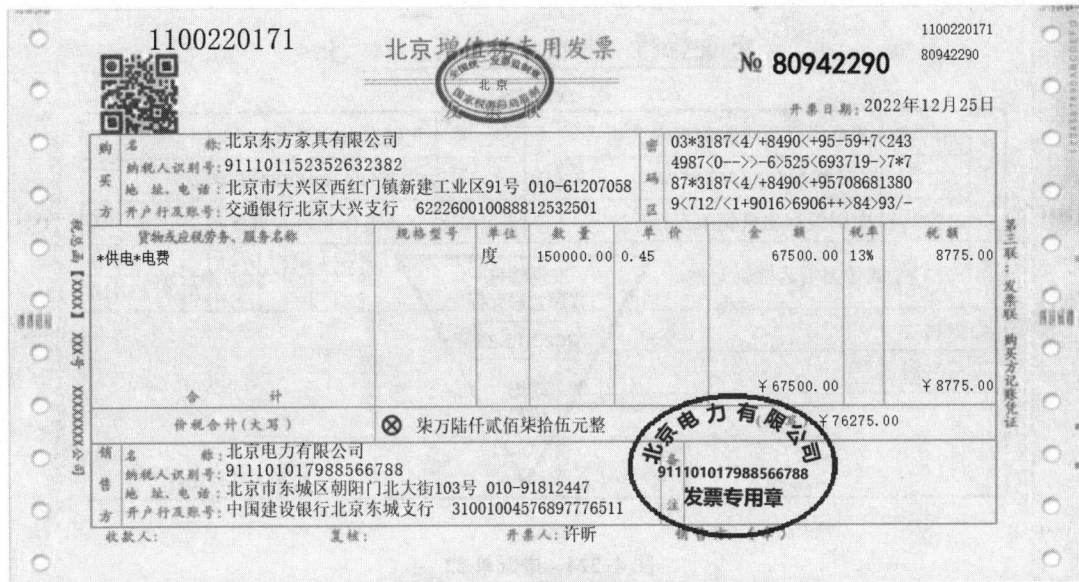

图 4-222   增值税发票 47

北京东方家具有限公司		2022 年 12 月
使用部门	耗用量（度）	备注
木工车间	50 000.00	
油漆车间	10 000.00	
装配车间	20 000.00	
机修车间	30 000.00	
管理部门	40 000.00	
合计	150 000.00	

图 4-223   各部门电量分配表

99. 业务 80-2   支付并分配电费——账务处理

承业务 80-1，2022 年 12 月 25 日，北京东方家具有限公司根据业务 80-1 的图 4-221 和图 4-222 编制记账凭证（计入相关费用——水电费明细科目）。

100. 业务 81   出租汽车租金收入——账务处理

2022 年 12 月 25 日，北京东方家具有限公司收到出租汽车收入，根据背景单据（图 4-224 和图 4-225）编制记账凭证。

交通银行 进账单（收账通知） 3

2022 年 12月 25日

出票人	全称	北京华联商厦股份有限公司	收款人	全称	北京东方家具有限公司
	账号	456351010063523698		账号	622260010088812532501
	开户银行	中国银行北京朝阳支行		开户银行	交通银行北京大兴支行
金额	人民币（大写）	贰仟捌佰贰拾伍元整		亿千百十万千百十元角分	¥282500
票据种类		票据张数			
票据号码					
	复核 记账			收款人开户银行签章	

交通银行 北京大兴支行 2022.12.25 转讫 (01)

8.5×17.5公分 定 9 如需印制 0512-65011866

此联是收款人开户银行交给收款人的收账通知

图 4-224 进账单 22

1100224130

北京增值税专用发票

№ 03626518

1100224130 03626518

此联不得报销、扣税凭证使用

开票日期：2022年12月25日

购买方	名称：北京华联商厦股份有限公司 纳税人识别号：911101052639820535 地址、电话：北京市朝阳区东三环中路22号 010-59601568 开户行及账号：中国银行北京朝阳支行 456351010063523698			密码区	03*3187<4/+8490<+95-59+7<243 4987<0-->>-6>525<693719->7*7 87*3187<4/+8490<+95708681380 9<712/<1+9016>6906++>84>93/-		
货物或应税劳务、服务名称	规格型号	单位	数量	单价	金额	税率	税额
*经营租赁*汽车租金收入					2500.00	13%	325.00
合计					¥2500.00		¥325.00
价税合计（大写）	⊗贰仟捌佰贰拾伍元整				（小写）¥2825.00		
销售方	名称：北京东方家具有限公司 纳税人识别号：911101152352632382 地址、电话：北京市大兴区西红门镇新建工业区91号 010-61207058 开户行及账号：交通银行北京大兴支行 622260010088812532501			备注			

收款人： 复核： 开票人：王平 销售方：（章）

第一联：记账联 销售方记账凭证

图 4-225 增值税发票 48

101. 业务 82 确认小轿车保险赔款——账务处理

2022 年 12 月 26 日，北京东方家具有限公司收到保险公司出具的有关车辆被盗的赔偿说明，根据背景单据（图 4-226）编制记账凭证。

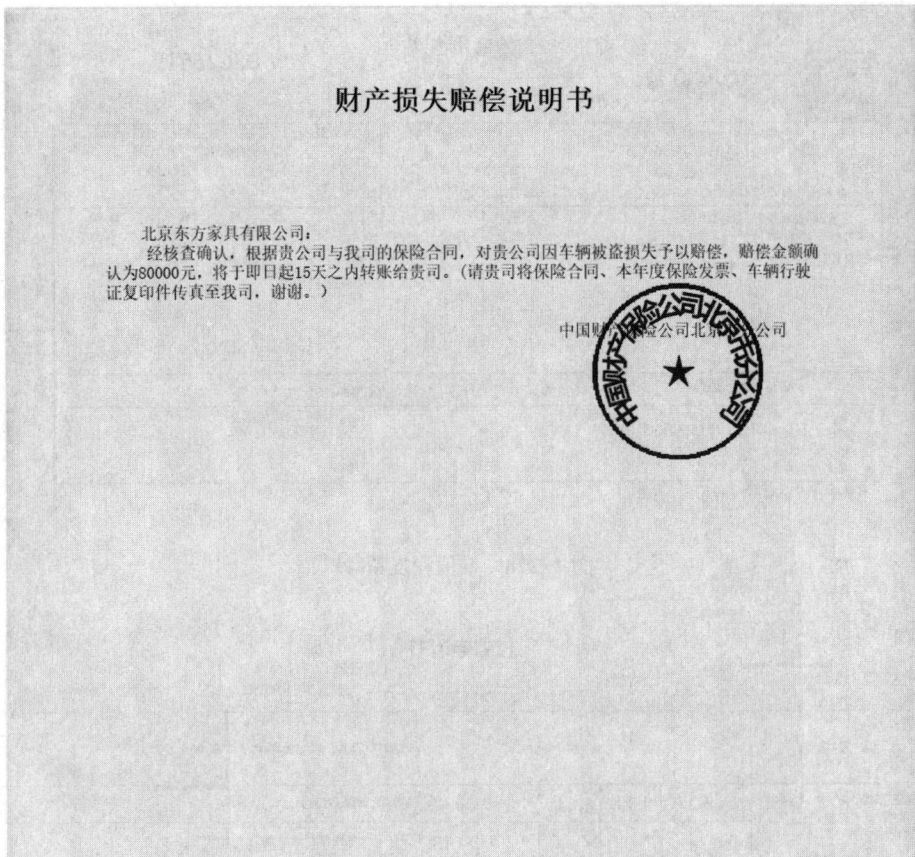

图 4-226　财产损失赔偿说明书

102. 业务 83　销售退货——账务处理

2022 年 12 月 26 日，北京东方家具有限公司支付北京永裕电子有限公司退货款并冲销收入，根据背景单据（图 4-227～图 4-231）编制记账凭证（提示：本企业涉及的采购退货、销售退货及银行存款利息收入业务均做反向分录，以正数填入）。

编码	材料名称	规格	单位	单价	数量	金额	备注
140503	棕色会议桌		张	8497.60	1	8497.60	含税价
140505	高档办公椅		张	858.80	10	8588.00	含税价
合计	(人民币) 大写：壹万柒仟零捌拾伍元陆角整					￥17085.60	
退货原因							

图 4-227　退货单

137

图 4-228 增值税发票 49

图 4-229 付款申请书 21

图 4-230 转账支票存根 18

图 4-231　进账单 23

103. 业务 84　收员工罚款收入——账务处理

2022 年 12 月 26 日，北京东方家具有限公司收到质检员刘杰罚款，根据背景单据（图 4-232）编制记账凭证。

图 4-232　收款收据 2

104. 业务 85　应收账款收回——现金折扣

2022 年 12 月 27 日，北京东方家具有限公司收到江苏湖辉家具城有限公司前欠货款，对方享受现金折扣。根据背景单据（图 4-233 和图 4-234）编制记账凭证。

图 4-233　银行业务回单 3

购销合同

购方：	江苏湖辉家具城有限公司		合同编号：	DF01005	
销方：	北京东方家具有限公司		签订时间：	2022年12月19日	

供需双方本着互利互惠、长期合作的原则，根据《中华人民共和国合同法》及双方的实际情况，就需方向供方采购事宜，订立本合同，以使双方在合同履行中共同遵守。

一、产品名称、数量、单价、金额：

产品名称	规格型号	计量单位	数量	单价	金额	备注
140501	白色办公桌	张	600	598.90	359340.00	含税价
140504	精品办公椅	张	600	226.00	135600.00	
合计					¥494940.00	

合计人民币（大写）： 肆拾玖万肆仟玖佰肆拾元整

二、质量要求技术标准：供方对质量负责的条件和期限：按合同企业标准。

三、交（提）货地点、方式：**需方仓库，运杂费由供方承担.**

四、付款时间与付款方式：
2020年12月29日前，现金折扣条件:2/10，1/20，n/30(折扣金额不含增值税)。

五、运输方式及到站、港和费用负担：

六、合理损耗及计算方法：以实际数量验收。

七、包装标准、包装物的供应与回收：普通包装，不回收包装物。

八、验收标准、方法及提出异议期限：货到需方七天内提出质量异议，不包括运输过程中造成的质量问题。

九、违约责任：按《合同法》。

十、解决合同纠纷的方式：双方协商解决。

十一、其他约定事项：本合同一式两份，需、供双方各一份，经双方盖章后即生效。

购方（盖章）： 江苏湖辉家具城有限公司	销方（盖章）： 北京东方家具有限公司
单位地址： 江苏省南京市江宁区湖南路8号	单位地址： 北京市大兴区西红门镇新建工业区91号
电　话： 025-66630023	电　话： 010-61267058
签订日期： 2022年12月19日	签订日期： 2022年12月19日
开户银行： 交通银行南京江宁支行	开户银行： 交通银行北京大兴支行
账　号： 4032430212356821135801	账　号： 6222600100888125324501

图4-234　购销合同6

105. 业务86　购入无形资产——账务处理

2022年12月27日，北京东方家具有限公司购入非专利技术，根据背景单据（图4-235～图4-237）编制记账凭证。

011011800884　　北京增值税普通发票　　011011800884

№ 05004548　　05004548

校验码 63871 29581 09731 47252　　开票日期：2022年12月27日

购买方	名　　称：北京东方家具有限公司 纳税人识别号：911101152352632382 地址、电话：北京市大兴区西红门镇新建工业区91号 010-61207058 开户行及账号：交通银行北京大兴支行　6222600100888125325 01	密码区	03*3187<4/+8490<+95-59+7<243 4987<0-->>-6>525<693719->7*7 87*3187<4/+8490<+95708681380 9<712/<1+9016>6906++>84>93/-

货物或应税劳务、服务名称	规格型号	单位	数量	单价	金额	税率	税额
*无形资产*非专利技术					10000.00	0%	0.00
合　　计					￥10000.00		￥0.00
价税合计（大写）	⊗ 壹万元整				（小写）￥10000.00		

销售方	名　　称：北京方正软件有限公司 纳税人识别号：911101059280025839 地址、电话：北京市大兴区新华路961号　010-51008690 开户行及账号：交通银行北京建国门支行　6222600102255887771 01	备注	

收款人：　　复核：　　开票人：刘伟国　　销售方：（章）

第二联：发票联　购买方记账凭证

图 4-235　增值税发票 50

采购合同

合同编号：HT002562154

购货单位：北京东方家具有限公司

纳税人识别号：911101152352632382

开户行、账号：交通银行北京大兴支行　6222600100888125325 01

地址、电话：北京市大兴区西红门镇新建工业区91号 010-61207058

供货单位：北京方正软件有限公司

纳税人识别号：911101059280025839

开户行、账号：交通银行北京建国门支行　6222600102255887771 01

地址、电话：北京市大兴区新华路961号　010-51008690

为了增强甲乙双方的责任感，加强经济核算，提高经济效益，确保双方实现各自的经济目的，经甲乙双方充分协商，特订立本合同，以便共同遵守。

第一条：甲方向乙方购买非专利技术，甲方需支付货款金额￥10000.00元。

第二条：1. 产品的交货日期：2022年12月27日

2. .....

第三条：对产品提出异议的时间和办法。甲方在验收中，如果发现产品不同规定，应一面妥为保管，一面在2天内向乙方提出书面异议；如甲方未按规定期限提出书面异议的，视为所交产品符合合同规定。

第四条：本协议一式二份，甲方一份，乙方一份，自签订日期生效。

甲方：（公章）　　乙方：（公章）

法定代表人：李佳　　法定代表人：王素

签订日期：2022年12月27日　　签订日期：2022年12月27日

图 4-236　采购合同

交通银行电子回单凭证

回单编号：828309926040	回单类型：支付结算	业务名称：购无形资产款
凭证种类：	凭证号码：	借贷标志：借	回单格式码：
账号：62226001008812532501	开户行名称：交通银行北京大兴支行	
户名：北京东方家具有限公司		
对方账号：622260010225588777101	开户行名称：交通银行北京建国门支行	
对方户名：北京方正软件有限公司		
币种：人民币	金额：10000.00	金额大写：壹万元整
兑换信息：	币种： 金额：	牌价： 币种： 金额：
摘要：购无形资产款		
附加信息：购无形资产款		
打印次数：1次	记账日期：2022-12-27	会计流水号：EEZ0000023519357
记账机构：01352003999	经办柜员：EEZ0000	记账柜员：EEZ0000	复核柜员：	授权柜员：
打印机构：01352010999	打印柜员：ABZD101	批次号：

图 4-237　银行电子回单

106.　业务87　采购酒精并支付运费

2022年12月27日，北京东方家具有限公司向北京南方化工有限公司采购酒精，货未到，以现金支付运费。根据背景单据（图4-238～图4-240）编制记账凭证。

图 4-238　增值税发票51

报 销 单

填报日期：2022年 12 月 27 日　　　　单据及附件共 1 张

姓名	郭力	所属部门	采购部	报销形式	现金	
				支票号码		
报销项目		摘要		金额		备注：
运费		采购酒精		150.00		
		现金付讫				
合计				¥150.00		
金额大写：零 拾 零 万 零 仟 壹 佰 伍 拾 零 元 零 角 零 分				原借款：¥0.00元		应退(补)款：¥150.00元

总经理：李佳惠　财务经理：王志　部门经理：王薇　会计：王平　出纳：孙朋　报销人：郭力

图 4-239　报销单 4

110012205642　　**北京增值税普通发票**　　№ 00513608　110012205642　00513608

校验码 98340 24447 12122 55698　　开票日期：2022年12月27日

购买方	名　　称：北京东方家具有限公司 纳税人识别号：911101152352632382 地 址、电 话：北京市大兴区西红门镇新建工业区91号 010-61207058 开户行及账号：交通银行北京大兴支行 622260010088812532501	密码区	03*3187<4/+8490<+95-59+7<243 4987<0-->>-6>525<693719->7*7 87*3187<4/+8490<+95708681380 9<712/<1+9016>6906++>84>93/-

货物或应税劳务、服务名称	规格型号	单位	数量	单价	金额	税率	税额
*运输服务*运杂费					137.61	9%	12.39
合计					¥137.61		¥12.39
价税合计（大写）	⊗ 壹佰伍拾元整				（小写）¥150.00		

销售方	名　　称：北京白鹭运输有限公司 纳税人识别号：911101153369852363 地 址、电 话：北京市大兴区西红门南站皇家苑路5号 010-60112365 开户行及账号：中国建设银行北京大兴支行 43674250472337599320	备注	起运地：北京 车种车号：京QXL998 运输货物：酒精

收款人：　　复核：　　开票人：董路　　销售方：（章）

第二联：发票联　购买方记账凭证

图 4-240　增值税发票 52

107. 业务 88　报销办公费用——账务处理

2022 年 12 月 27 日，北京东方家具有限公司向北京东方办公用品有限公司采购办公用品一批，根据背景单据（图 4-241 和图 4-242）编制记账凭证。

图 4-241　报销单 5

图 4-242　增值税发票 53

108. 业务 89　赊销产品——账务处理

2022 年 12 月 27 日，北京东方家具有限公司向北京飞腾展览服务有限公司赊销一批办公桌椅，根据背景单据（图 4-243～图 4-245）编制记账凭证。

图 4-243　销售单 8

1100224130　　北京增值税专用发票　　№ 03626520　　1100224130 03626520

此联不作报销、扣税凭证使用　　开票日期：2022年12月27日

购买方	名　　称：北京飞腾展览服务有限公司 纳税人识别号：911101005022685696 地 址、电 话：北京市朝阳区建国路18号　010-65560028 开户行及账号：中国工商银行北京建国门支行　6222801235235682365				密码区	03*3187<4/+8490<+95-59+7<243 4987<0-->>-6>525<693719->7*7 87*3187<4/+8490<+95708681380 9<712/<1+9016>6906++>84>93/-	
货物或应税劳务、服务名称	规格型号	单位	数量	单价	金额	税率	税额
*家具*棕色会议桌		张	10	7520.00	75200.00	13%	9776.00
合　　计					¥75200.00		¥9776.00
价税合计（大写）	⊗ 捌万肆仟玖佰柒拾陆元整				（小写）¥84976.00		
销售方	名　　称：北京东方家具有限公司 纳税人识别号：911101152352632382 地 址、电 话：北京市大兴区西红门镇新建工业区91号　010-61207058 开户行及账号：交通银行北京大兴支行　622260010088812532501				备注		

收款人：　　复核：　　开票人：王平　　销售方：（章）

第一联：记账联　销售方记账凭证

图 4–244　增值税发票 54

赊销合同

甲（北京东方家具有限公司）、乙（北京飞腾展览服务有限公司 ）双方奔着互相促进、互惠互利、共同发展的原则，积极开拓甲方所产系列产品的销售市场，经诚挚协商并达成以下协议，以便共同遵守、执行。

一、甲方赊销给乙方棕色会议桌产品价值总额为人民币（大写）：捌万肆仟玖佰柒拾陆元整。

二、乙方从甲方仓库取货时，期间产生的费用由乙方承担。

三、本协议未尽事宜由双方协商签订补充协议（补充协议具有同等法律效力），本协议经双方代表签字后生效。协议期满前三十天，若双方同意可续签。

四、因履行本协议发生争议，双方先协商解决。

五、合同终止乙方给甲方退货需保证产品外包装及产品本身无破损。本协议壹式贰份，双方各执壹份，经双方代表签字并加盖公章后生效。

甲方：北京东方家具有限公司　　乙方：北京飞腾展览服务有限公司
电话：010-61207058　　电话：010-65560028
签订时间：2022年12月27日　　签订时间：2022年12月27日

图 4–245　赊销合同 7

109. 业务 90　收到代销清单——账务处理

2022 年 12 月 28 日，北京东方家具有限公司收到北京华美家具城有限公司发来的代销清单，货款未收，根据背景单据（图 4–246～图 4–250）编制记账凭证。

销售单

购货单位：	北京华美家具城有限公司		地址和电话：	北京市朝阳区大羊坊路70号 010-67306062			单据编号： 01010	
纳税识别号：	911101052301235267		开户行及账号：	中国工商银行北京十里河支行 6222801235682135687			制单日期： 2022年12月28日	

编码	产品名称	规格	单位	单价	数量	金额	备注
140502	黑色办公桌		张	550.00	480	264000.00	含税价
140504	精品办公椅		张	210.00	480	100800.00	含税价
合 计	人民币（大写）：叁拾陆万肆仟捌佰元整				—	¥364800.00	

销售经理：许飞　　经手人：游奇伟　　会计：王平　　签收人：田海蓉

图 4-246　销售单 9

图 4-247　增值税发票 55

图 4-248　增值税发票 56

图 4-249 增值税发票 57

图 4-250 代销清单

110. 业务 91 收到银行汇票结余款——账务处理

2022 年 12 月 28 日，收到天津富闽机械有限公司退回来的银行汇票结余款，根据背景单据（图 4-251）编制记账凭证。

图 4-251 银行汇票 3

111. 业务 92　支付审计费——账务处理

2022 年 12 月 28 日，北京东方家具有限公司聘请北京信诺会计师事务所有限公司对公司的会计报表进行审计，根据背景单据（图 4-252～图 4-255）编制记账凭证。

付款申请书

2022 年 12 月 28 日

用途及情况	金额											收款单位(人)：北京信诺会计师事务所有限公司
支付审计费	亿	千	百	十	万	千	百	十	元	角	分	账号：6222600100062540012101
					¥	5	3	0	0	0	0	开户行：交通银行北京丰台支行
金额（大写）合计：	人民币 伍仟叁佰元整									结算方式：转账		
总经理　李佳惠	财务部门	经理　王志				业务部门		经理　许飞				
		会计　王平						经办人　游奇伟				

图 4-252　付款申请书 22

交通银行
转账支票存根

30109810

00023348

附加信息
_____

出票日期 *2022*年 *12* 月 *28* 日
收款人：北京信诺会计师
事务所有限公司
金　额：¥5300.00
用　途：支付审计费

单位主管　　　会计

图 4-253　转账支票存根 19

交通银行 进账单（回　单）　**1**

2022　年 *12* 月 *28* 日

出票人	全　称	北京东方家具有限公司	收款人	全　称	北京信诺会计师事务所有限公司									
	账　号	6222600100888125325 01		账　号	6222600100625400 12101									
	开户银行	交通银行北京大兴支行		开户银行	交通银行北京丰台支行									
金额	人民币（大写）伍仟叁佰元整					亿	千	百	十	万	千	百	十	元 角 分
										¥	5	3	0	0 0 0
票据种类	转账支票	票据张数	1		交通银行 北京大兴支行 2022.12.28 转讫 (01)									
票据号码	30109810-00023348													
复核		记账			开户银行签章									

此联是开户银行交给持票人的回单

图 4-254　进账单 24

图 4-255　增值税发票 58

112. 业务 93　支付广告费——账务处理

2022 年 12 月 28 日，北京东方家具有限公司向北京飞鹏广告有限公司支付广告费，根据背景单据（图 4-256～图 4-259）编制记账凭证。

图 4-256　进账单 25

图 4-257　转账支票存根 20

图 4-258　付款申请书 23

150

110012200816　　北京增值税普通发票　　№ 00289345

110012200816
00289345

校验码 85240 24447 12122 00201　　开票日期：2022年12月28日

购买方	名　　称：北京东方家具有限公司 纳税人识别号：911101152352632382 地 址、电 话：北京市大兴区西红门镇新建工业区91号 010-61207058 开户行及账号：交通银行北京大兴支行 622260010088812532501				密码区	03*3187<4/+8490<+95-59+7<243 4987<0—>>-6>525<693719->7*7 87*3187<4/+8490<+95706681380 9<712/<1+9016>6906+>84>93/-		
货物或应税劳务、服务名称	规格型号	单位	数量	单价	金额	税率	税额	
*广告服务*广告费					9433.96	6%	566.04	
合　计					¥9433.96		¥566.04	
价税合计（大写）	⊗ 壹万元整				（小写）¥10000.00			
销售方	名　　称：北京飞鹏广告有限公司 纳税人识别号：911101059287501733 地 址、电 话：北京市朝阳区白沙大道103号 010-85301023 开户行及账号：中国建设银行北京朝阳支行 43674281027017563630				备注	北京飞鹏广告有限公司 911101059287501733 发票专用章		

收款人：　　复核：　　开票人：陈乔　　销售方：（章）

第二联：发票联　购买方记账凭证

图 4-259　增值税发票 59

113. 业务 94　处置无形资产——账务处理

2022 年 12 月 28 日，北京东方家具有限公司处置使用 2 年的商标权，根据背景单据及期初导入有关会计科目、数据单据（图 4-260 和图 4-261）编制记账凭证。（提示：无形资产减值准备于 2022 年 11 月发生的计提。）

交通银行业务回单

2022 年 12 月 28 日　　凭证编号：0254879

付款人	全　称	广州超越家具有限公司	收款人	全　称	北京东方家具有限公司
	账　号	6226803258617420203		账　号	622260010088812532501
	开户行	中国工商银行广州天河支行		开户行	交通银行北京大兴支行
大写金额	人民币（大写）陆万叁仟陆佰元整			小写	¥63600.00
用途	购买商标权				交通银行 北京大兴支行 开户行盖章 2022.12.28 转讫 (01) 2022 年 12 月 28 日
备注	业务种类				
	原凭证种类				
	原凭证号码				
	原凭证金额				

图 4-260　银行业务回单 4

图 4-261　增值税发票 60

114. 业务 95　采购黑色油漆——账务处理

2022 年 12 月 28 日，北京东方家具有限公司向北京昌盛油漆有限公司采购黑色油漆一批，货款未付，货未到，根据背景单据（图 4-262）填制记账凭证。

图 4-262　增值税发票 61

115. 业务 96-1　预付货款——填制付款申请书

2022 年 12 月 29 日，北京东方家具有限公司电汇预付深圳龙兴贸易有限公司货款，根据背景单据（图 4-263）填写付款申请书。

购销合同

购方：**北京东方家具有限公司**　　　　合同编号：**CA00109**

销方：**深圳龙兴贸易有限公司**　　　　签订时间：**2022年12月29日**

供需双方本着互利互惠、长期合作的原则，根据《中华人民共和国合同法》及双方的实际情况，就需方向供方采购事宜，订立本合同，以使双方在合同履行中共同遵守。

一、产品名称、数量、单价、金额：

产品名称	规格型号	计量单位	数量	单价	金额	备注
140301	特种胶合板	片	1000	850.00	850000.00	含税价
合计					￥850000.00	

合计人民币（大写）：**捌拾伍万元整**

二、质量要求技术标准：供方对质量负责的条件和期限：按合同企业标准。

三、交（提）货地点、方式：**需方仓库，运杂费由供方承担。**

四、付款时间与付款方式：
2022年12月29日前，于合同签订当天预付400000元货款，余款在货物运达验收入库当天付清。

五、运输方式及到站、港和费用负担：

六、合理损耗及计算方法：以实际数量验收。

七、包装标准、包装物的供应与回收：普通包装，不回收包装物。

八、验收标准、方法及提出异议期限：货到需方七天内提出质量异议，不包括运输过程中造成的质量问题。

九、违约责任：按《合同法》。

十、解决合同纠纷的方式：双方协商解决。

十一、其他约定事项：本合同一式两份，需、供双方各一份，经双方盖章后即生效。

购方（盖章）：北京东方家具有限公司　　　销方（盖章）：深圳龙兴贸易有限公司

单位地址：北京市大兴区西红门镇新建工业区91号　单位地址：广东省深圳市福田区群星广场D-25

电　话：010-61207058　　　　　　　电　话：075-583763225

签订日期：2022年12月29日　　　　　签订日期：2022年12月29日

开户银行：交通银行北京大兴支行　　　开户银行：中国银行深圳福田支行

账　号：6222000100898812532501　账　号：6013822000580810 98

图 4-263　购销合同 8

116. 业务 96-2　预付货款——账务处理

2022 年 12 月 29 日，北京东方家具有限公司电汇预付深圳龙兴贸易有限公司货款，根据业务 96-1 的付款申请书及本实训内容背景单据（图 4-264～图 4-265）编制记账凭证。

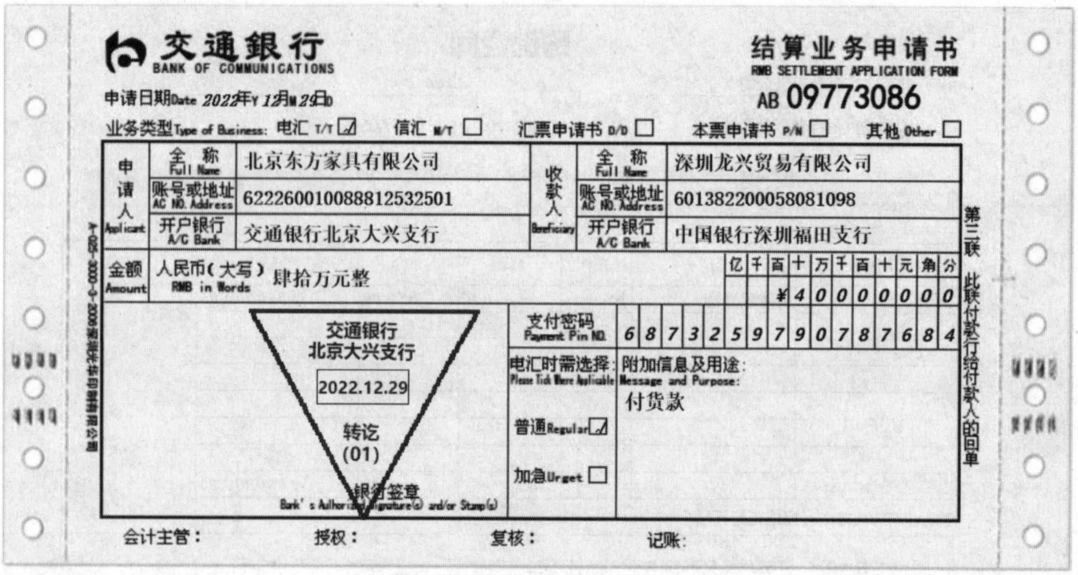

交通银行 BANK OF COMMUNICATIONS

结算业务申请书 RMB SETTLEMENT APPLICATION FORM

AB 09773086

申请日期 Date 2022 年 Y 12 月 M 29 日 D

业务类型 Type of Business: 电汇 T/T ☑ 信汇 M/T ☐ 汇票申请书 D/D ☐ 本票申请书 P/N ☐ 其他 Other ☐

申请人 Applicant	全称 Full Name	北京东方家具有限公司	收款人 Beneficiary	全称 Full Name	深圳龙兴贸易有限公司
	账号或地址 AC NO. Address	6222600100888125325O1		账号或地址 AC NO. Address	601382200058081098
	开户银行 A/C Bank	交通银行北京大兴支行		开户银行 A/C Bank	中国银行深圳福田支行
金额 Amount	人民币（大写）RMB in Words	肆拾万元整	亿千百十万千百十元角分		¥40000000

支付密码 Payment Pin NO. 6873259790787684

电汇时需选择 Please Tick Where Applicable：普通 Regular ☑ 加急 Urget ☐

附加信息及用途 Message and Purpose：付货款

交通银行北京大兴支行 2022.12.29 转讫 (01)

银行签章 Bank's Authorized Signature(s) and/or Stamp(s)

会计主管： 授权： 复核： 记账：

第三联 此联付款行给付款人的回单

图 4-264 结算业务申请书

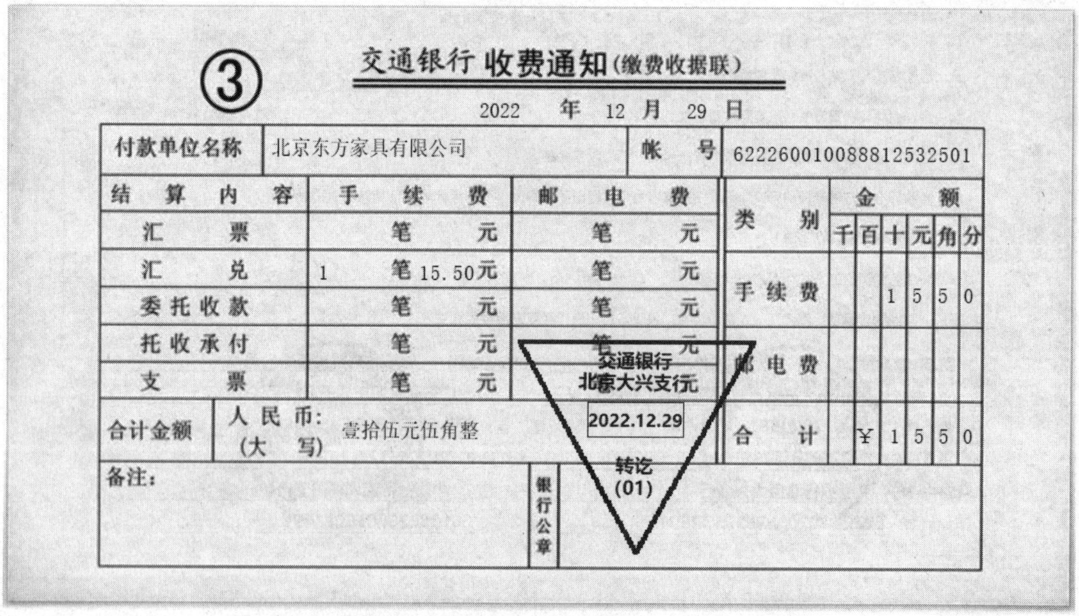

③ 交通银行 收费通知（缴费收据联）

2022 年 12 月 29 日

付款单位名称	北京东方家具有限公司		帐号	6222600100888125325O1						
结算内容	手续费	邮电费	类别	金额						
				千	百	十	元	角	分
汇票	笔 元	笔 元							
汇兑	1 笔 15.50 元	笔 元	手续费			1	5	5	0
委托收款	笔 元	笔 元							
托收承付	笔 元	笔 元	邮电费						
支票	笔 元	笔 元							
合计金额	人民币（大写） 壹拾伍元伍角整		合计		¥	1	5	5	0

备注：

银行公章 交通银行北京大兴支行 2022.12.29 转讫 (01)

图 4-265 收费通知 2

117. 业务 97 购买福利用品——账务处理

2022 年 12 月 29 日，北京东方家具有限公司购买福利用品，分配给管理部门员工，根据背景单据（图 4-266～图 4-269）编制记账凭证（提示：同时结转“非货币性福利费”）。

付款申请书

2022 年 12 月 29 日

用途及情况	金额										收款单位(人): 北京万事发工贸有限公司
购买福利用品	亿	千	百	十	万	千	百	十	元	角	分	账　号: 62225323454508336101
					¥	4	6	5	0	0	0	开户行: 交通银行北京东城支行
金额 (大写) 合计:	人民币 肆仟陆佰伍拾元整											结算方式: 转账
总经理　李佳惠	财务部门	经理	王志				业务部门	经　理	张跃		
		会计	王平					经办人	孙瑶		

图 4-266　付款申请书 24

交通银行
转账支票存根

30109810

00023350

附加信息

出票日期 2022 年 12 月 29 日

收款人: 北京万事发工贸
有限公司

金　额: ¥4650.00

用　途: 购买福利用品

单位主管　　会计

图 4-267　转账支票存根 21

交通银行　进账单 (回　单)　1

2022 年 12 月 29 日

出票人	全　称	北京东方家具有限公司	收款人	全　称	北京万事发工贸有限公司									
	账　号	6222600100888125325 01		账　号	62225323454508336101									
	开户银行	交通银行北京大兴支行		开户银行	交通银行北京东城支行									
金额	人民币(大写) 肆仟陆佰伍拾元整				交通银行 北京大兴支行	亿	千	百	十	万	千	百	十 元 角 分 ¥ 4 6 5 0 0 0
票据种类	转账支票	票据张数	1		2022.12.29									
票据号码	30109810-00023350				转讫 (01)									
复核　　记账									开户银行签章				

图 4-268　进账单 26

图 4-269　增值税发票 62

118. 业务 98　存货盘亏：盘亏周转材料——账务处理

2022 年 12 月 30 日，北京东方家具有限公司对材料进行盘点，发现盘亏工具一把，根据背景单据（图 4-270）编制记账凭证。

存货盘点表

盘点日期：2022-12-30　　　　　　　　　　　　　　　　　　　　　　盘点人：王世杰

序号	存货名称	型号	账面		盘盈	盘亏	实盘	
			数量	金额	数量	数量	数量	金额
1	塑料包装纸		50	750.00			50	750.00
2	工作服		69	4140.00			69	4140.00
3	工具		20	3000.00		1	19	2850.00
4	口罩		1100	3300.00			1100	3300.00
---	---						---	
	合计							

以上"金额"均为原值

图 4-270　存货盘点表

119. 业务 99　确认债务重组损失——账务处理

2022 年 12 月 30 日，北京东方家具有限公司与江苏湖辉家具城有限公司签订债务重组协议，根据背景单据（图 4-271 ～图 4-273）编制记账凭证（该笔应收账款已计提坏账准备 20 000.00 元）。

交通银行业务回单

2022 年 12 月 30 日　　凭证编号：0256308

付款人	全　称	江苏湖辉家具城有限公司	收款人	全　称	北京东方家具有限公司
	账　号	403243031235682115801		账　号	622260010088812532501
	开户行	交通银行南京江宁支行		开户行	交通银行北京大兴支行
大写金额	人民币（大写）贰拾万零肆仟元整			十亿千百十万千百十元角分	¥ 2 0 4 0 0 0 0 0
用途	货款				
备注	业务种类			开户行盖章	
	原凭证种类				
	原凭证号码				
	原凭证金额			2022 年 12 月 30 日	

交通银行 北京大兴支行 2022.12.30 转讫 (01)

图 4-271　银行业务回单 5

债务重组协议

甲方（债权人）:北京东方家具有限公司
乙方（债务人）:江苏湖辉家具城有限公司
鉴于:
1. 北京东方家具有限公司系依据中国法律在中国境内设立并合法存续的独立法人，具有履行本协议的权利能力和行为能力，有权独立作出处置自有资产决定，包括处分自有债权债务的决定；
2. 江苏湖辉家具城有限公司系依据中国法律在中国境内设立并合法存续的独立法人，具有履行本协议的权利能力和行为能力，有权独立作出处置自有资产决定，包括处分自有债权债务的决定；
3. 协议各方有意就其之间债权债务关系进行相应的转受让、抵销以实现债务重组的目的；
有鉴于此，协议各方就其之间债权债务转让、受让事宜签署本协议，以兹共同信守。
一、协议各方之间债权债务情况
截至本协议签署之时，江苏湖辉家具城有限公司从北京东方家具有限公司购入产品共计234000.00元（含税），因其财务困难，至今尚未付款；
二、协议各方之间债权债务的转让
本协议各方同意并确认，经双方协商，进行债务重组，东方家具公司同意按约定减免湖辉家具城有限公司30000.00元债务，余款于协议生效日用银行存款立即清偿。
三、协议各方的承诺及保证
3.1 协议各方承诺及保证，签署和履行本协议已履行了各自全部必要的审核和批准程序，获得了所有必要的授权；
3.2 协议各方承诺及保证，本协议项下所涉及的债权债务均已到期，不存在法律法规或协议约定不得相关抵销之情形；
四、 争议的解决:
本协议各方因本协议的解释、履行产生的或与本协议有关的任何争议，均

图 4-272　债务重组协议第一页

应通过友好协商解决，协商不成的，任何一方均有权向甲方所在地有管辖权的人民法院起诉。

五、协议生效及其他

5.1 本协议自各方授权代表签字并加盖公章之日起生效。

5.2 本协议如有未尽事宜，由协议各方协商后另行签署相关补充协议。

5.3 本协议正本一式二份，协议各方均持一份，均有同等法律效力。

甲方：北京东方家具有限公司　　　　　　乙方：江苏湖辉家具城有限公司

授权代表：　　　　　　　　　　　　　　授权代表：

签署日期：2022年12月30日　　　　　　签署日期：2022年12月30日

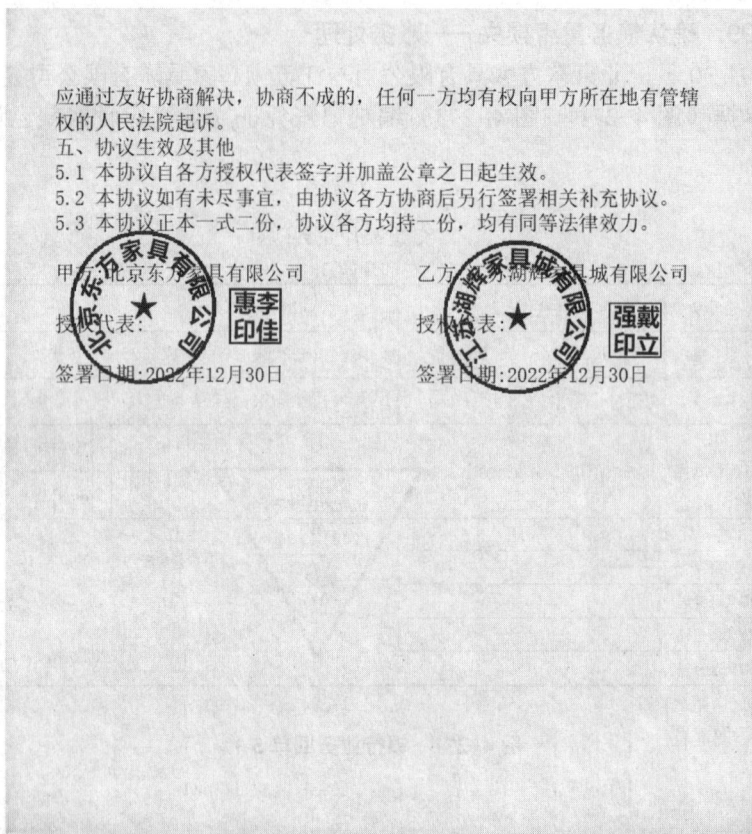

图 4-273　债务重组协议第二页

120. 业务 100　职工困难补助——账务处理

2022 年 12 月 30 日，北京东方家具有限公司经工会决议给予办公室孙瑶困难补助，根据背景单据（图 4-274）填制记账凭证（提示：同时结转福利"临时性补助"科目）。

图 4-274　职工生活困难补助申请单

121. 业务 101　报销业务招待费——账务处理

2022 年 12 月 30 日，北京东方家具有限公司办公室孙瑶代销售部报销业务招待费，根据背景单据（图 4–275 和图 4–276）编制记账凭证。

报销单

填报日期：2022年 12 月 30 日　　　单据及附件共 1 张

姓名	孙瑶	所属部门	办公室	报销形式	现金	
				支票号码		
报销项目		摘要		金额		备注：
招待费		代销售部报销招待客户费用		1000.00		
		现金付讫				
合计				¥1000.00		
金额大写：零 拾 零 万 壹 仟 零 佰 零 拾 零 元 零 角 零 分				原借款：¥0.00元	应退(补)款：¥1000.00元	

总经理：李佳惠　财务经理：王志　部门经理：许飞　会计：王平　出纳：孙朋　报销人：孙瑶

图 4–275　报销单 6

110012208121　　北京增值税普通发票　　№ 00162896　　110012208121　00162896

校验码 98340 24447 44445 55895　　开票日期：2022年12月30日

购买方	名　　称：北京东方家具有限公司 纳税人识别号：911101152352632382 地 址、电 话：北京市大兴区西红门镇新建工业区91号 010-61207058 开户行及账号：交通银行北京大兴支行　6222600100888125325O1	密码区	03*3187<4/+8490<+95-59+7<243 4987<0-->>-6>525<693719->7*7 87*3187<4/+8490<+95708681380 9<712/<1+9016>6906++>84>93/-

货物或应税劳务、服务名称	规格型号	单位	数量	单价	金额	税率	税额
*餐饮服务*餐饮费					943.40	6%	56.60
合　计					¥943.40		¥56.60
价税合计（大写）	⊗ 壹仟元整				（小写）¥1000.00		

销售方	名　　称：北京国富园大酒店有限公司 纳税人识别号：911101153412676681 地 址、电 话：北京市朝阳区适中路231号　010-63374259 开户行及账号：中国建设银行北京朝阳支行　4367423900000221336O	备注	北京国富园大酒店有限公司 911101153412676681 发票专用章

收款人：　　复核：　　开票人：叶文慧　　销售方：（章）

第二联：发票联　购买方记账凭证

图 4–276　增值税发票 63

122. 业务 102　销售产品给予销售折让——账务处理

2022 年 12 月 27 日销售给北京飞腾展览服务有限公司的办公桌存在问题，30 日经双方协商，北京东方家具有限公司给北京飞腾展览服务有限公司以 5%的折让，根据背景单据（图 4–277 和图 4–278）编制记账凭证（提示：本企业涉及的采购退货、销售退货及银行存款利息收入业务均做反向分录，以正数填入）。

图 4-277 增值税发票 64

图 4-278 销售单 10

123. 业务 103 接受捐赠——账务处理

2022 年 12 月 30 日，北京东方家具有限公司收到北京天诚设备有限公司捐赠的全新 10 台电脑，根据背景单据（图 4-279 和图 4-280）编制记账凭证。

图 4-279 增值税发票 65

图 4-280　捐赠资产交接单

124. 业务 104-1　计提折旧——填制折旧费用分配表

2022 年 12 月 31 日，北京东方家具有限公司根据背景单据（图 4-281 和图 4-282），填制折旧费用分配表（总账会计担任财务主管身份审核单据），并保留两位小数。（注：因货车有出租给北京华联商厦股份有限公司使用，因此，其折旧由销售部和出租对半分摊，即一半进其他业务成本，一半进"销售费用——折旧"）（提示：仓管部费用记管理费用）

图 4-281　固定资产折旧计提明细表 1

图 4-282　固定资产折旧计提明细表 2

125. 业务 104-2　计提折旧——账务处理

承业务 104-1，2022 年 12 月 31 日，北京东方家具有限公司根据业务 104-1 的折旧分配表及本实训内容背景单据编制记账凭证。

126. 业务 105　木工设备资产组资产减值损失——账务处理

2022 年 12 月 31 日，北京东方家具有限公司木工设备资产组计提资产减值损失，依据资产减值损失表（图 4-283），编制相关记账凭证（本月先计提折旧，后进行资产组减值损失，下个月再按减值后进行计提折旧）。

资产组减值计算表

编制单位：北京东方家具有限公司　　　　2022 年 12 月　　　　单位：元

项目	木工设备 C1	木工设备 D2	木工设备 F3	整条线资产组
账面价值	616 874.95	705 000.05	572 812.55	1 894 687.55
可收回金额				1 236 473.10
减值损失				658 214.45
减值损失分担比例	32.56%	37.21%	30.23%	—
分担减值损失	185 062.48	244 917.02	198 995.08	628 974.58
分摊后账面价值	431 812.47	460 083.03	373 817.47	
尚未分摊的减值损失	—	—	—	29 239.87
二次分摊比例		55.17%	44.83%	
二次分摊减值损失		16 131.64	13 108.23	
二次分摊后应确认减值损失总额		261 048.66	212 103.31	
二次分摊后账面价值	—	443 951.39	360 709.24	

审核：王志　　　　　　　　　　　　　　制单：王平

图 4-283　资产组减值计算表

127. 业务 106-1　计提短期借款利息——填制利息计算表

2022 年 12 月 31 日，北京东方家具有限公司根据"第 04 号凭证"，计提本月借款利息，并填制利息计算表（一年按 360 天计算，金额保留两位小数），如图 4-284 所示。

编制单位：北京东方家具有限公司　　　　2022年12月　　　　单位：元

起迄期	借款种类	借款本金	年利率	日利率	累计积数	应付利息	借方科目
2022.12.11-2022.12.31	短期借款		5.85%				财务费用
合计		￥0.00				￥0.00	

图 4-284　借款应付利息计算表

128. 业务 106-2　计提短期借款利息——账务处理

承业务 106-1，2022 年 12 月 31 日，北京东方家具有限公司根据实训内容 127 利息计算表，编制计提短期借款利息的记账凭证。

129. 业务 107　摊销无形资产——账务处理

2022 年 12 月 31 日，北京东方家具有限公司根据背景资料（图 4-285）编制摊销无形资产的记账凭证（提示：所购非专利技术使用部门为办公室）。

项目	使用部门	原值	购入日期	应摊销月数	已摊销额	本月摊销数	累计摊销额	未摊销额
非专利技术	管理部门	10000.00	2022年12月27日	120	——	83.33	83.33	9916.67
合计	——	10000.00	——	——	——	83.33	83.33	9916.67

编制单位：北京东方家具有限公司　　　2022年12月31日　　　单位：元

审核：陆梅　　　制表：王平

图4-285　无形资产摊销表

130. 业务 108　分摊本月房租——账务处理

2022 年 12 月 31 日，北京东方家具有限公司根据背景单据（图 4-286）编制分摊房屋租赁的记账凭证（提示：结合业务 41 分录，短期租赁账务采用简化处理）。

房租费分摊明细表

出租方：北京兴山物业有限公司　　　2022年12月31日　　　单位：元

租房使用部门	分摊依据		应分摊房租
	使用面积	单位租金	
管理部门	1 875 m²	10.00	18 750.00
销售部门	125 m²	10.00	1 250.00
木工车间	750 m²	10.00	7 500.00
油漆车间	500 m²	10.00	5 000.00
装配车间	500 m²	10.00	5 000.00
合计	3 750 m²	——	37 500.00

审核：王志　　　制单：王平

图4-286　房租费分摊明细表

131. 业务 109-1　购买福利用品并发放——填制福利费分配表

2022 年 12 月 31 日，北京东方家具有限公司购买福利用品并发放，根据背景资料（图 4-287~图 4-292）填制福利费用分配表（注：金额保留两位小数，分配率保留 4 位小数，尾数差异统一在"高档办公椅"调整）。

付款申请书

2022 年 12 月 31 日

用途及情况	金额										收款单位(人)：北京易安百货用品有限公司
购买福利用品	亿	千	百	十	万	千	百	十	元	角	分	账　号：6222532355548752422501
					¥	1	3	6	6	0	0	开户行：交通银行北京东城支行
金额（大写）合计：	人民币　壹万叁仟叁佰陆拾陆元整										结算方式：转账

总经理	李佳惠	财务部门	经理	王志	业务部门	经理	张跃
			会计	王平		经办人	孙瑶

图4-287　付款申请书 25

图 4-288　转账支票存根 22

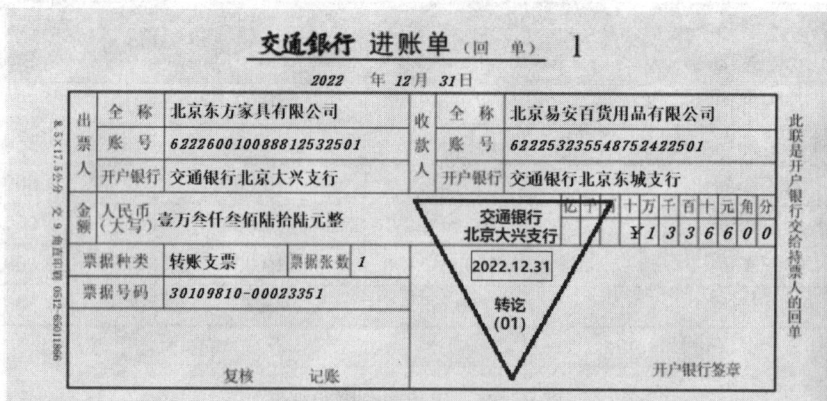

图 4-289　进账单 27

福利费总额汇总表

2022 年 12 月 31 日　　　　　　　　　　　单位：元

部门	车间管理	辅助生产	基本生产	企业管理	销售	总计
办公室				1 630.00		1 630.00
财务部				1 304.00		1 304.00
采购部				652.00		652.00
销售部					1 304.00	1 304.00
企划部				1 630.00		1 630.00
仓管部				978.00		978.00
木工车间	326.00		1 630.00			1 956.00
油漆车间	326.00		652.00			978.00
装配车间	326.00		1 630.00			1 956.00
机修车间		978.00				978.00
总计	978.00	978.00	3 912.00	6 194.00	1 304.00	13 366.00

图 4-290　福利费总额汇总表

各车间生产工时统计表

2022 年 12 月　　单位：小时

车间名称	白色办公桌	黑色办公桌	棕色会议桌	精品办公椅	高档办公椅	合计
木工车间	350	320	460	280	190	1 600
油漆车间	150	120	400	100	80	850
装配车间	270	250	500	280	150	1 450
合计	770	690	1 360	660	420	3 900

图 4–291　各车间生产工时统计表

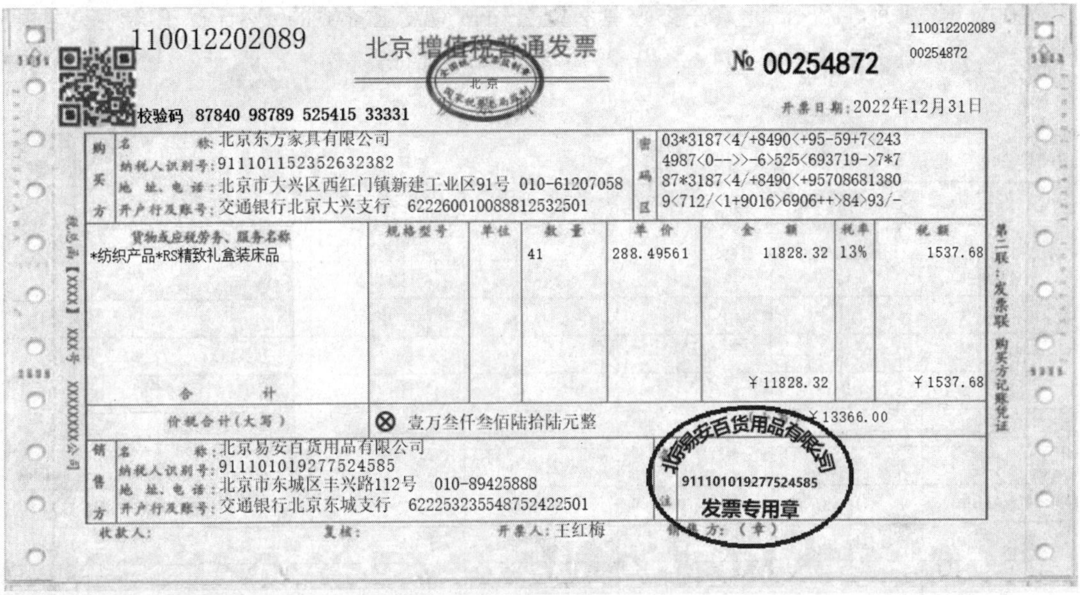

110012202089　北京增值税普通发票　№ 00254872

110012202089
00254872

校验码 87840 98789 525415 33331　　开票日期：2022年12月31日

购买方　名称：北京东方家具有限公司
纳税人识别号：911101152352632382
地址、电话：北京市大兴区西红门镇新建工业区91号 010-61207058
开户行及账号：交通银行北京大兴支行 622260010088812532501

密码区：03*3187<4/+8490<+95-59+7<243
4987<0-->>-6>525<693719->7*7
87*3187<4/+8490<+95708681380
9<712/<1+9016>6906++>84>93/-

货物或应税劳务、服务名称	规格型号	单位	数量	单价	金额	税率	税额
*纺织产品*RS精致礼盒装床品			41	288.49561	11828.32	13%	1537.68
合计					¥11828.32		¥1537.68
价税合计（大写）	⊗壹万叁仟叁佰陆拾陆元整				（小写）¥13366.00		

销售方　名称：北京易安百货用品有限公司
纳税人识别号：911101019277524585
地址、电话：北京市东城区丰兴路112号 010-89425888
开户行及账号：交通银行北京东城支行 622253235548752422501

备注：（北京易安百货用品有限公司 911101019277524585 发票专用章）

收款人：　复核：　开票人：王红梅　销售方：（章）

第二联：发票联　购买方记账凭证

表 4–292　增值税发票 66

132. 业务 109-2　购买福利用品并发放——账务处理

承实训内容 131，2022 年 12 月 31 日，北京东方家具有限公司购买福利用品并发放，根据实训内容 131 及本实训内容背景单据，编制福利费记账凭证（先计入“应付职工薪酬——短期薪酬——非货币性福利”科目，再结转“应付职工薪酬——短期薪酬——非货币性福利”科目）。

133. 业务 110-1　计提本月工资——编制工资总额汇总表

2022 年 12 月 31 日，北京东方家具有限公司根据背景单据（见图 4–293）填制工资总额汇总表（提示：本实训内容工资总额指应发工资）。

图 4–293　12 月员工工资明细表的二维码

134. 业务 110-2　计提本月工资——编制工资分配表

2022 年 12 月 31 日，北京东方家具有限公司根据工资计算表及工资汇总表中基本生产工资及各生产车间工时（见图 4-291），计算工资费用分配表（注：金额保留两位小数，分配率保留 4 位小数，尾数差异统一在"高档办公椅"调整）。

135. 业务 110-3　计提本月工资——账务处理

承业务 110-1、业务 110-2，2022 年 12 月 31 日，北京东方家具有限公司计算本月工资，根据业务 110-1 的工资总额汇总表、业务 110-2 的工资分配表及实训内容背景单据，编制计提工资后再代扣个人所得税及社会保险费。

136. 业务 111　计提工会经费——账务处理

2022 年 12 月 31 日，北京东方家具有限公司按应发工资数的 2% 计提工会经费，根据图 4-291 和背景资料（图 4-294、图 4-295）编制记账凭证。

工会经费总额汇总表

编制单位：北京东方家具有限公司　　　　　2022 年 12 月　　　　　　　　单位：元

部门	车间管理	辅助生产	基本生产	企业管理	销售	总计
办公室				564.00		564.00
财务部				351.20		351.20
采购部				198.50		198.50
销售部					390.00	390.00
企策部				433.50		433.50
仓管部				218.00		218.00
木工车间	102.00		320.10			422.10
油漆车间	108.00		160.00			268.00
装配车间	106.00		343.10			449.10
机修车间		251.00				251.00
总计	316.00	251.00	823.20	1 765.20	390.00	3 545.40

审核：王志　　　　　　　　　　　　　　　　　　　　制单：王平

图 4-294　工会经费总额汇总表

工会经费分配表

编制单位：北京东方家具有限公司　　　　　2022 年 12 月　　　　　　　　单位：元

产品名称	木工车间			油漆车间			装配车间			分配工资额合计
	工时	分配率	分配工资额	工时	分配率	分配工资额	工时	分配率	分配工资额	
白色办公桌	350	0.200 1	70.04	150	0.188 2	28.23	270	0.236 6	63.88	162.15
黑色办公桌	320	0.200 1	64.03	120	0.188 2	22.58	250	0.236 6	59.15	145.76
棕色会议桌	460	0.200 1	92.05	400	0.188 2	75.28	500	0.236 6	118.30	285.63
精品办公椅	280	0.200 1	56.03	100	0.188 2	18.82	28	0.236 6	66.25	141.10
高档办公椅	190	0.200 1	37.95	80	0.188 2	15.09	150	0.236 6	35.52	88.56
合计	1 600		320.10	850		160.00	1 450		343.10	823.20

审核：王志　　　　　　　　　　　　　　　　　　　　制单：王平

图 4-295　工会经费分配表

137. 业务 112　计提社会保险费——账务处理

2022 年 12 月 31 日，北京东方家具有限公司按工资总额汇总表应发工资为基数计提公司应承担的社保费（其中基本养老保险公司承担 16%，医疗保险公司承担 10%，失业保险公司承担 1%，工伤保险公司承担 0.5%，生育保险公司承担 0.8%），根据图 4-291 及背景资料图 4-296、图 4-297 编制记账凭证。

社保总额汇总表

编制单位：北京东方家具有限公司　　　　　　　2022 年 12 月　　　　　　　　　　单位：元

部门	车间管理	辅助生产	基本生产	企业管理	销售	总计
办公室				7 980.60		7 980.60
财务部				4 969.49		4 969.49
采购部				2 808.78		2 808.78
销售部					5 518.50	5 518.50
企策部				6 134.03		6 134.03
仓管部				3 084.70		3 084.70
木工车间	1 443.30		4 529.42	√		5 972.72
油漆车间	1 528.20		2 264.00			3 792.20
装配车间	1 499.90		4 854.88			6 354.78
机修车间		3 551.65				3 551.65
总计	4 471.40	3 551.65	11 648.30	24 977.60	5 518.50	50 167.45

审核：王志　　　　　　　　　　　　　　　　　　　　　　制单：王平

图 4-296　社保总额汇总表

社会保险费分配表

编制单位：北京东方家具有限公司　　　　　　　2022 年 12 月　　　　　　　　　　单位：元

产品名称	木工车间			油漆车间			装配车间			分配工资额合计
	工时	分配率	分配工资额	工时	分配率	分配工资额	工时	分配率	分配工资额	
白色办公桌	350	2.830 9	990.82	150	2.663 5	399.53	270	3.348 2	904.01	2 294.36
黑色办公桌	320	2.830 9	905.89	120	2.663 5	319.62	250	3.348 2	837.05	2 062.56
棕色会议桌	460	2.830 9	1 302.21	400	2.663 5	1 065.40	500	3.348 2	1 674.10	4 041.71
精品办公椅	280	2.830 9	792.65	100	2.663 5	266.35	280	3.348 2	937.50	1 996.50
高档办公椅	190	2.830 9	537.85	80	2.663 5	213.10	150	3.348 2	502.22	1 253.17
合计	1 600		4 529.42	850		2 264.00	1 450		4 854.88	11 648.30

审核：王志　　　　　　　　　　　　　　　　　　　　　　制单：王平

图 4-297　社会保险费分配表

138. 业务 113-1　分摊材料成本差异——填制材料成本差异分配表

2022 年 12 月 31 日，北京东方家具有限公司根据图 4-298、图 4-299 填制材料成本差异分配表（见 4.4 实训任务 138-1）。其中：分配率保留 4 位小数，分摊金额保留 2 位小数。

库存材料分类月报表

编制单位：北京东方家具有限公司　　　　　　2022 年 12 月　　　　　　　　单位：元

材料名称	计划单价	期初结存		本期购入		合计		综合差异率
		数量	金额	数量	金额	数量	金额	
普通胶合板	200.00	1 000	200 000.00	3 700	740 000.00	4 700	940 000.00	
特种胶合板	500.00	200	100 000.00	1 118	559 000.00	1 318	659 000.00	
白色油漆	28.00	600	16 800.00	1 100	30 800.00	1 700	47 600.00	
黑色油漆	32.00	700	22 400.00	800	256 00	1 500	48 000.00	
棕色油漆	35.00	500	17 500.00	700	24 500.00	1 200	42 000.00	
酒精	5.00	300	1 500.00	1 000	5 000.00	1 300	6 500.00	
塑料包装纸	15.00	400	6 000.00			400	6 000.00	
合计			364 200.00		1 384 900.00		1 749 100.00	
材料成本差异			5 463.00		86 408.90		91 871.90	0.052 5

图 4-298　库存材料分类月报表

发票汇总表

2022 年 12 月　　　　　　　　　　　　　　　　　　　单位：元

类别		白色办公桌	黑色办公桌	棕色会议桌	精品办公椅	高档办公椅	在建工程	辅助生产成本——机修车间	制造费用——装配车间	销售费用——销售部门	合计
原材料	普通胶合板	300 000	300 000		200 000		2 000				802 000
	特种胶合板			375 000		230 000					605 000
	白色油漆	39 200									39 200
	黑色油漆		32 000		9 600	3 200					44 800
	棕色油漆			21 000							21 000
周转材料	酒精							250	500		750
	塑料包装物									5 250	5 250
合计		339 200	332 000	39 600	209 600	233 200	2 000	250	500	5 250	1 518 000

图 4-299　发票汇总表

139. 业务 113-2　分摊材料成本差异——账务处理

承业务 113-1，2022 年 12 月 31 日，北京东方家具有限公司根据业务 113-1 的材料成本差异分配表，编制分摊材料成本差异的记账凭证。

140. 业务 114-1　分配辅助生产成本——填制辅助生产成本分配表

2022 年 12 月 31 日，北京东方家具有限公司根据本月经济业务汇总的辅助生产成本及机修车间生产工时（图 4-300～图 4-303），填制辅助生产成本分配表（见 4.4 实训任务 140-1）。其中：分配率保留 4 位小数，分配额保留两位小数；同时分配金额尾数差异调整至最后一个"其他管理部门"。

辅助生产成本归集表

编制单位：北京东方家具有限公司　　　　2022 年 12 月　　　　　　　单位：元

归集项目	成本费用明细	金额
直接材料	领用酒精（计划成本）	250.00
	分摊材料成本差异	13.13
直接人工	机修车间人员工资	12 550.00
	职工福利费	978.00
	工会经费	251.00
	社会保险费	3 551.65
制造费用	折旧	1 187.50
	领用工作服及口罩	180.00
	水费	5 200.00
	电费	13 500.00
合计	—	37 661.28

审核：王志　　　　　　　　　　　　　　　　　制单：王平

图 4-300　辅助生产成本归集表

机修车间劳务工时统计表

2022 年 12 月 31 日　　　　　　　　　　单位：小时

耗用部门	耗用工时
木工车间	600
油漆车间	100
装配车间	200
其他管理部门	100
合计	1 000

图 4-301　机修车间劳务工时统计表

维修工作记录表

工作人员：秦伟、王松　单位名称：北京东方家具有限公司　　2022 年 12 月 1-3 日

										出勤时数	加班时数	工时差异
工作制度	预定											
	实际									600	265	

代号	机械设备编号	工作内容	故障停车时间起	止	时数	故障代号	故障原因代号	维护情况代号	工时	修换材料名称	规格	数量	金额	品质	签认人员
1	D1	木工设备D1机芯维修	01	31		HJ-1	HJ-1	HJ	580					A+	廖汉文
2	W-1	喷涂设备保养及维修	01	31		W	W	W	95					A+	王茂才
3	AA-1	生产线A保养及维修	01	31		W	W	W	150					A	董如
4	CC-2	维修办公室电动门	01	31		S-5	S-5	S	40					A	张跃
合计									865						

图 4-302　维修工作记录表（设备）

维修工作记录表

工作人员：何永、王松　单位名称：北京东方家具有限公司　2022 年 12 月 1—31日

工作制度	预定		故障停车时间			故障代号	故障原因代号	维护情况代号	工时	修换材料				品质	签认人员				
	实际														

代号	机械设备编号	工作内容	起	止	时数	故障代号	故障原因代号	维护情况代号	工时	名称	规格	数量	金额	品质	签认人员
															出勤时数 102　加班时数 33　工时差异
1		木工车间水电维护	01	31					20					A+	廖汉文
2		油漆车间水电维护	01	31					5					A+	王茂才
3		装配车间水电维护	01	31					50					A	董如
4		管理部门水电维护	01	31					60					A	张跃
合计									135						

图 4-303　维修工作记录表（水电）

141. 业务 114-2　分配辅助生产成本——账务处理

承业务 114-1，2022 年 12 月 31 日，北京东方家具有限公司根据辅助生产成本分配表（图 4-300）及背景单据（图 4-300）编制记账凭证（其他管理部门科目通过"管理费用——其他"进行核算）。

142. 业务 115-1　分配制造费用——填制木工车间制造费用分配表

2022 年 12 月 31 日，北京东方家具有限公司根据本月业务归集的制造费用（见图 4-304）及木工车间生产工时（见图 4-291）填制木工车间制造费用分配表（见 4.4 实训任务 142-1）。
注：金额保留两位小数，分配率保留 4 位小数，尾数差异统一在"高档办公椅"调整。

生产车间制造费用归集表

编制单位：北京东方家具有限公司　　　　2022 年 12 月 31 日　　　　　单位：元

归集项目	木工车间	油漆车间	装配车间	合计
房租费	7 500.00	5 000.00	5 000.00	17 500.00
水电费	27 700.00	14 900.00	14 200.00	56 800.00
工资	5 100.00	5 400.00	5 300.00	15 800.00
职工福利费	326.00	326.00	326.00	978.00
工会经费	102.00	108.00	106.00	316.00
社会保险费	1 443.30	1 528.20	1 499.90	4 471.40
折旧	17 020.83	1 583.33	5 937.50	24 541.66
其他	660.00	480.00	360.00	1 500.00
分配辅助生产成本	22 596.78	3 766.13	7 532.26	33 895.17
机物料消耗	0.00	0.00	526.25	526.25
合计	82 448.91	33 091.66	40 787.91	156 328.48

审核：王志　　　　　　　　　　　　　　制单：王平

图 4-304　生产车间制造费用归集表

143. 业务 115-2　分配木工车间制造费用——账务处理

承业务 115-1，2022 年 12 月 31 日，北京东方家具有限公司根据实训内容 142 的木工车间制造费用分配表及图 4-291，编制记账凭证。

144．业务 116-1　分配制造费用——填制油漆车间制造费用分配表

2022 年 12 月 31 日，北京东方家具有限公司根据本月业务归集的制造费用（见图 4-304）及油漆车间的生产工时（见图 4-291）填制油漆车间制造费用分配表（见 4.4 实训任务 142-1）。注：金额保留两位小数，分配率保留 4 位小数，尾数差异统一在"高档办公椅"调整。

145．业务 116-2　分配油漆车间制造费用——账务处理

承业务 116-1，2022 年 12 月 31 日，北京东方家具有限公司根据实训内容 144 的油漆车间制造费用分配表及图 4-304，编制记账凭证。

146．业务 117-1　分配制造费用——填制装配车间制造费用分配表

2022 年 12 月 31 日，北京东方家具有限公司根据本月业务归集的制造费用（见图 4-304）及装配车间的生产工时（见图 4-291）填制装配车间制造费用分配表（见 4.4 实训任务 142-1）注：金额保留两位小数，分配率保留 4 位小数，尾数差异统一在"高档办公椅"调整。

147．业务 117-2　分配装配车间制造费用——账务处理

承业务 117-1，2022 年 12 月 31 日，北京东方家具有限公司根据实训内容 146 的装配车间制造费用分配表及图 4-291，编制记账凭证。

148．业务 118-1　填制产品成本分配表——白色办公桌

2022 年 12 月 31 日，北京东方家具有限公司对产品成本进行汇总结转，请结合实训内容 58 的实训 43-1 的产品入库单及本实训内容背景单据（图 4-305～图 4-312），填制产品成本分配表——白色办公桌（见 4.4 实训任务 148-1，按约当产量法计算本月生产成本，单位成本保留 4 位小数，单位成本合计保留 2 位小数，尾差计入完工产品成本）。

图 4-305　入库单 9

图 4-306　入库单 10

入 库 单

2022 年 12 月 22 日

单号：C01004

交来单位及部门	装配车间		发票号码或生产单号码			验收仓库	成品库	入库日期	20221222	
编 号	名 称 规 格	单 位	数 量		实 际 价 格		计 划 价 格		价格差异	
			交库	实收	单 价	金 额	单 价	金 额		
140504	精品办公椅	张	800	800						
140505	高格办公椅	张	530	530						
	合 计	--			--		--			

部门经理：赵敏　　　　会计：王平　　　　仓库：叶芹　　　　经办人：柳如风

图 4-307　入库单 11

入 库 单

2022 年 12 月 29 日

单号：C01005

交来单位及部门	装配车间		发票号码或生产单号码			验收仓库	成品库	入库日期	20221229	
编 号	名 称 规 格	单 位	数 量		实 际 价 格		计 划 价 格		价格差异	
			交库	实收	单 价	金 额	单 价	金 额		
140501	白色办公桌	张	500	500						
140502	黑色办公桌	张	400	400						
140503	棕色会议桌	张	30	30						
	合 计	--			--		--			

部门经理：赵敏　　　　会计：王平　　　　仓库：叶芹　　　　经办人：柳如风

图 4-308　入库单 12

入 库 单

2022 年 12 月 29 日

单号：C01006

交来单位及部门	装配车间		发票号码或生产单号码			验收仓库	成品库	入库日期	20221229	
编 号	名 称 规 格	单 位	数 量		实 际 价 格		计 划 价 格		价格差异	
			交库	实收	单 价	金 额	单 价	金 额		
140504	精品办公椅	张	700	700						
140505	高格办公椅	张	40	40						
	合 计	--			--		--			

部门经理：赵敏　　　　会计：王平　　　　仓库：叶芹　　　　经办人：柳如风

图 4-309　入库单 13

12 月生产成本统计表

编制单位：北京东方家具有限公司　　　　2022 年 12 月 31 日　　　　单位：元

成本项目	白色办公桌	黑色办公桌	棕色会议桌	精品办公椅	高档办公椅	合计
直接材料	357 008.00	349 430.00	416 790.00	220 604.00	245 443.00	1 589 275.00
直接人工	11 338.90	10 195.58	19 946.53	9 869.05	6 193.44	57 543.50
制造费用	31 470.41	28 193.96	53 341.44	26 198.00	17 124.67	156 328.48
合计	399 817.31	387 819.54	490 077.97	256 671.05	268 761.11	1 803 146.98

审核：王志　　　　　　　　　　　　　　　制单：王平

图 4-310　12 月生产成本统计表 1

12 月生产成本统计表

编制单位：北京东方家具有限公司　　　　2022 年 12 月 31 日　　　　　　　　单位：元

产品名称	单位	月初在产品数量	本月完工入库产品数量	月末在产品数量	在产品加工程度	在产品投料程度
白色办公桌	张	300	1 248	500	50%	50%
黑色办公桌	张	240	1 090	400	50%	50%
棕色会议桌	张	50	125	35	50%	50%
精品办公椅	张	500	2 260	300	50%	50%
高档办公椅	张	250	690	100	50%	50%

审核：王志　　　　　　　　　　　　　　　　　　　制单：王平

图 4-311　12 月生产成本统计表 2

生产成本期初余额表

科目名称	年初余额		1-11 月累计发生额		期初余额	
	借方	贷方	借方	贷方	借方	贷方
生产成本	565 760.00	0.00	29 348 796.30	29 348 796.30	565 760.00	0.00
基本生产成本	565 760.00	0.00	28 929 000.00	28 929 000.00	565 760.00	0.00
白色办公桌	98 700.00	0.00	8 624 000.00	8 624 000.00	98 700.00	0.00
直接材料	74 400.00	0.00	7 700 000.00	7 700 000.00	74 400.00	0.00
直接人工	10 800.00	0.00	242 000.00	242 000.00	10 800.00	0.00
制造费用	13 500.00	0.00	682 000.00	682 000.00	13 500.00	0.00
黑色办公桌	82 560.00	0.00	1 260 000.00	1 260 000.00	82 560.00	0.00
直接材料	60 960.00	0.00	680 000.00	680 000.00	60 960.00	0.00
直接人工	9 600.00	0.00	20 000.00	20 000.00	9 600.00	0.00
制造费用	12 000.00	0.00	560 000.00	560 000.00	12 000.00	0.00
棕色会议桌	225 000.00	0.00	9 660 000.00	9 660 000.00	225 000.00	0.00
直接材料	190 000.00	0.00	8 200 000.00	8 200 000.00	190 000.00	0.00
直接人工	5 000.00	0.00	400 000.00	400 000.00	15 000.00	0.00
制造费用	20 000.00	0.00	1 060 000.00	1 060 000.00	20 000.00	0.00
精品办公椅	54 500.00	0.00	2 560 000.00	2 560 000.00	54 500.00	0.00
直接材料	35 000.00	0.00	2 200 000.00	2 200 000.00	35 000.00	0.00
直接人工	7 500.00	0.00	100 000.00	100 000.00	7 500.00	0.00
制造费用	12 000.00	0.00	260 000.00	260 000.00	12 000.00	0.00
高档办公椅	105 000.00	0.00	6 825 000.00	6 825 000.00	105 000.00	0.00
直接材料	94 000.00	0.00	5 145 000.00	5 145 000.00	94 000.00	0.00
直接人工	5 000.00	0.00	1 323 000.00	1 323 000.00	5 000.00	0.00
制造费用	6 000.00	0.00	357 000.00	357 000.00	6 000.00	0.00
辅助生产成本	0.00	0.00	419 796.30	419 796.30	0.00	0.00
机修车间	0.00	0.00	419 796.30	419 796.30	0.00	0.00
直接材料	0.00	0.00	2 894.65	2 894.65	0.00	0.00
直接人工	0.00	0.00	196 159.15	196 159.15	0.00	0.00
制造费用	0.00	0.00	220 742.50	220 742.50	0.00	0.00

图 4-312　生产成本期初余额表

149．业务 118-2　结转完工白色办公桌成本——账务处理

承业务 118-1 及业务 43-1 的入库单，2022 年 12 月 31 日，北京东方家具有限公司根据实训内容 148 的产品成本分配表——白色办公桌及背景单据，编制记账凭证。

150．业务 119-1　填制产品成本分配表——黑色办公桌

2022 年 12 月 31 日，北京东方家具有限公司对产品成本进行汇总结转，填制产品成本分配表——黑色办公桌（见 4.4 实训任务 148-1，按约当产量法计算本月生产成本，单位成本保留 4 位小数，单位成本合计保留 2 位小数，尾差计入完工产品成本）。相关单据如图 4-310～图 4-312 所示。

151．业务 119-2　结转完工黑色办公桌成本——账务处理

承业务 119-1，2022 年 12 月 31 日，北京东方家具有限公司根据实训内容 150 的产品成本分配表——黑色办公桌及背景单据，编制记账凭证。

152．业务 120-1　填制产品成本分配表——棕色会议桌（见实训内容 148 相关表格）

2022 年 12 月 31 日，北京东方家具有限公司对产品成本进行汇总结转，填制产品成本分配表——棕色会议桌（见 4.4 实训任务 148-1，按约当产量法计算本月生产成本，单位成本保留 4 位小数，单位成本合计保留 2 位小数，尾差计入完工产品成本）。

153．业务 120-2　结转完工棕色会议桌成本——账务处理

承业务 120-1，2022 年 12 月 31 日，北京东方家具有限公司根据实训内容 152 的产品成本分配表——棕色会议桌及背景单据，编制记账凭证。

154．业务 121-1　填制产品成本分配表——精品办公椅（见实训内容 148 相关表格）

2022 年 12 月 31 日，北京东方家具有限公司对产品成本进行汇总结转，填制产品成本分配表——精品办公椅（见 4.4 实训任务 148-1，按约当产量法计算本月生产成本，单位成本保留 4 位小数，单位成本合计保留 2 位小数，尾差计入完工产品成本）。

155．业务 121-2　结转完工精品办公椅成本——账务处理

承业务 121-1，2022 年 12 月 31 日，北京东方家具有限公司根据实训内容 154 的产品成本分配表——精品办公椅及背景单据，编制记账凭证。

156．业务 122-1　填制产品成本分配表——高档办公椅（见实训内容 148 相关表格）

2022 年 12 月 31 日，北京东方家具有限公司对产品成本进行汇总结转，填制产品成本分配表——高档办公椅（见 4.4 实训任务 148-1，按约当产量法计算本月生产成本，单位成本保留 4 位小数，单位成本合计保留 2 位小数，尾差计入完工产品成本）。

157．业务 122-2　结转完工高档办公椅成本——账务处理

承业务 122-1，2022 年 12 月 31 日，北京东方家具有限公司根据实训内容 156 的产品成本分配表——高档办公椅及背景单据，编制记账凭证。

158．业务 123　填制发出产品成本计算表

北京东方家具有限公司 2022 年 12 月 31 日，请结合业务 5-2 的出库单及背景单据（图 4-313～图 4-323），填制本月库存商品发出成本计算表（见 4.4 实训任务 158-1，金额、单价均保留 2 位小数；其中单价采用加权平均法计算，期末结存单价采用期末金额除以期末数量）。

出 库 单

出货单位：北京东方家具有限公司　　　　　　　　　2022 年 12 月 03 日　　　　　单号：CK-01002

提货单位或领货部门	北京天诚设备有限公司	销售单号	01002	发出仓库	成品库	出库日期	2022-12-03	
编　号	名 称 及 规 格		单 位	数　量		单 价	金 额	会计联
				应 发	实 发			
140505	高档办公椅		张	20	20			
合　　计				--	--	--	--	

部门经理：赵敏　　　　　会计：王平　　　　　仓库：叶芹　　　　　经办人：游奇伟

图 4-313　出库单 1

出 库 单

出货单位：北京东方家具有限公司　　　　　　　　　2022 年 12 月 04 日　　　　　单号：CK-01003

提货单位或领货部门	北京宝依国际会展有限公司	销售单号	01003	发出仓库	成品库	出库日期	2022-12-04	
编　号	名 称 及 规 格		单 位	数　量		单 价	金 额	会计联
				应 发	实 发			
140504	棕色会议桌		张	50	50			
140505	高档办公椅		张	400	400			
合　　计				--	--	--	--	

部门经理：赵敏　　　　　会计：王平　　　　　仓库：叶芹　　　　　经办人：游奇伟

图 4-314　出库单 2

出 库 单

出货单位：北京东方家具有限公司　　　　　　　　　2022 年 12 月 14 日　　　　　单号：CK-01004

提货单位或领货部门	广州超越家具有限公司	销售单号	01004	发出仓库	成品库	出库日期	2022-12-14	
编　号	名 称 及 规 格		单 位	数　量		单 价	金 额	会计联
				应 发	实 发			
140501	白色办公桌		张	1200	1200			
140504	精品办公椅		张	1200	1200			
合　　计				--	--	--	--	

部门经理：赵敏　　　　　会计：王平　　　　　仓库：叶芹　　　　　经办人：游奇伟

图 4-315　出库单 3

出 库 单

出货单位：北京东方家具有限公司　　　　　　　2022 年 12 月 14 日　　　　单号：CK-01005

提货单位或领货部门	北京华美家具城有限公司		销售单号	代销	发出仓库	成品库	出库日期	2022-12-14
编号	名 称 及 规 格	单 位	数 量 应 发	数 量 实 发	单 价		金 额	
140502	黑色办公桌	张	1500	1500				
140504	精品办公椅	张	1500	1500				
合　计			--	--	--		--	
部门经理：赵敏　　　会计：王平　　　　仓库：叶芹　　　　经办人：游奇伟								

图 4-316　出库单 4

出 库 单

出货单位：北京东方家具有限公司　　　　　　　2022 年 12 月 19 日　　　　单号：CK-01006

提货单位或领货部门	江苏湖辉家具城有限公司		销售单号	01005	发出仓库	成品库	出库日期	2022-12-19
编号	名 称 及 规 格	单 位	数 量 应 发	数 量 实 发	单 价		金 额	
140501	白色办公桌	张	600	600				
140504	精品办公椅	张	600	600				
合　计			--	--	--		--	
部门经理：赵敏　　　会计：王平　　　　仓库：叶芹　　　　经办人：游奇伟								

图 4-317　出库单 5

出 库 单

出货单位：北京东方家具有限公司　　　　　　　2022 年 12 月 21 日　　　　单号：CK-01007

提货单位或领货部门	北京宏基有限公司		销售单号	01006	发出仓库	成品库	出库日期	2022-12-21
编号	名 称 及 规 格	单 位	数 量 应 发	数 量 实 发	单 价		金 额	
140503	棕色会议桌	张	10	10				
合　计			--	--	--		--	
部门经理：赵敏　　　会计：王平　　　　仓库：叶芹　　　　经办人：游奇伟								

图 4-318　出库单 6

出 库 单

出货单位：北京东方家具有限公司　　　　　　2022 年 12 月 23 日　　　　单号：CK-01008

提货单位或领货部门	北京永裕电子有限公司		销售单号	01007	发出仓库	成品库	出库日期	2022-12-23	
编　号	名 称 及 规 格	单 位	数　量		单 价	金 额			会计联
			应 发	实 发					
140503	棕色会议桌	张	2	2					
140505	高档办公椅	张	20	20					
合　　计			--	--		--			

部门经理：**赵敏**　　　会计：**王平**　　　　仓库：**叶芹**　　　　经办人：**游奇伟**

图 4-319　出库单 7

出 库 单

出货单位：北京东方家具有限公司　　　　　　2022 年 12 月 24 日　　　　单号：CK-01009

提货单位或领货部门	北京张氏家私有限公司		销售单号	01008	发出仓库	成品库	出库日期	2022-12-24	
编　号	名 称 及 规 格	单 位	数　量		单 价	金 额			会计联
			应 发	实 发					
140503	棕色会议桌	张	100	100					
140505	高档办公椅	张	800	800					
合　　计			--	--	--	--			

部门经理：**赵敏**　　　会计：**王平**　　　　仓库：**叶芹**　　　　经办人：**游奇伟**

图 4-320　出库单 8

出 库 单

出货单位：北京东方家具有限公司　　　　　　2022 年 12 月 26 日　　　　单号：CK-01010

提货单位或领货部门	北京永裕电子有限公司		销售单号	退01001	发出仓库	成品库	出库日期	2022-12-26	
编　号	名 称 及 规 格	单 位	数　量		单 价	金 额			会计联
			应 发	实 发					
140503	棕色会议桌	张	-1	-1					
140505	高档办公椅	张	-10	-10					
合　　计			--	--		--			

部门经理：**赵敏**　　　会计：**王平**　　　　仓库：**叶芹**　　　　经办人：**游奇伟**

图 4-321　出库单 9

出 库 单

出货单位：北京东方家具有限公司　　　　　2022 年 12 月 27 日　　　　单号：CK-01011

提货单位或领货部门	北京飞腾展览服务有限公司	销售单号	01009	发出仓库	成品库	出库日期	2022-12-27

编号	名称及规格	单位	数量 应发	数量 实发	单价	金额
140503	棕色会议桌	张	10	10		
合　计			--	--	--	--

部门经理：赵敏　　　　会计：王平　　　　仓库：叶芹　　　　经办人：游奇伟

图 4-322　出库单 10

库存商品发出统计表

编制单位：北京东方家具有限公司　　　　　2022 年 12 月

产品名称	位	普通销售	委托代销	资产置换	合计
白色办公桌	张	2 300			2 300
黑色办公桌	张		1 500		1 500
棕色会议桌	张	171			171
精品办公椅	张	2 300	1 500		3 800
高档办公椅	张	1 210		20	1 230

审核：王志　　　　　　　　　　　　　　　制单：王平

图 4-323　库存商品发出统计表

159. 业务 124-1　结转委托代销商品发出成本——账务处理

承业务 123，填制发出产品成本计算表，2022 年 12 月 31 日，北京东方家具有限公司根据实训内容 158 的发出产品成本计算表及图 4-316 和图 4-323，编制结转委托代销商品发出成本记账凭证。

160. 业务 124-2　结转普通销售商品发出成本——账务处理

承业务 123，填制发出产品成本计算表，2022 年 12 月 31 日，北京东方家具有限公司根据发出产品成本计算表和业务 5-2 的出库单，以及图 4-323、图 4-314、图 4-315，编制结转普通销售产品的销售成本记账凭证。

161. 业务 125　结转非货币资产置换换出商品成本——账务处理

承业务 123，填制发出产品成本计算表，2022 年 12 月 31 日，北京东方家具有限公司根据发出产品成本计算表及图 4-313、图 4-323，编制非货币资产置换出商品成本记账凭证。

162. 业务 126-1　填制委托代销商品销售成本计算表

承业务 123，填制发出产品成本计算表，2022 年 12 月 31 日，北京东方家具有限公司根据发出产品成本计算表及背景单据（图 4-323 和图 4-324），填写委托代销商品销售成本计算表

（见 4.4 实训任务 162-1，单位成本保留 2 位小数，金额保留两位小数）。

代销清单

编制单位：华美家具城有限公司　　　　　2022年12月　　　　　　　　　单位：元

序号	品名	数量（张）	含税单价	含税金额	委托单位
★	黑色办公桌	480.00	550.00	264,000.00	北京东方家具有限公司
2	精品办公椅	480.00	210.00	100,800.00	北京东方家具有限公司
合计				￥364,800.00	

审核：李达　　　　　　制单：王起

图 4-324　代销清单

163. 业务 126-2　结转委托代销商品的销售成本——账务处理

承业务 126-1，2022 年 12 月 31 日，北京东方家具有限公司根据业务 126-1 委托代销商品销售成本计算表，编制记账凭证。

164. 业务 127　收到盘亏工具赔偿款——账务处理

2022 年 12 月 31 日，北京东方家具有限公司经确认，丢失的工具为木工车间陈棋保管不善造成，由陈棋个人全额赔偿，现金收讫。根据背景单据（图 4-325 和图 4-326），编制记账凭证。

收　款　收　据　NO.00360863

2022 年 12 月 31 日

今收到 陈棋　　　　现金收讫

交来：个人赔偿

金额（大写）　零佰　零拾　零万　零仟　壹佰　陆拾　玖元　伍角　零分

￥ 169.50　　☑现金　□转账支票　□其他　　　收款单位(盖章)

核准 王志　会计　　记账　　出纳 孙朋　经手人

图 4-325　收款收据 3

存货盘盈/亏处理报告表

2022 年 12 月 31 日

企业名称：北京东方家具有限公司   单位：元

存货名称	计量单位	单价	数量		盘盈		盘亏		差异原因
			账存	实存	数量	金额	数量	金额	
工具	批	150.00	20	19			1	150.00	管理不善造成.

财务部门建议处理意见：	由木工车间陈琪赔偿损失（含税金额169.50）。
单位主管部门批复处理意见：	同意财务部门处理意见。

批准人：**李佳惠**   审批人：**王志**   部门负责人：**赵敏**   制单：**王世杰**

图 4-326 存货盘盈/亏处理报告表

165. 业务 128　在建工程——木工设备完工验收——账务处理

2022 年 12 月 31 日，北京东方家具有限公司木工设备 CQ 已完工验收，根据背景单据（图 4-327）编制记账凭证。

固定资产验收单

编号：ZCG-100010   2022 年 12 月 31 日

合同编号	**2022XY-012**	合同金额	**￥699306.57**
项目名称	**木工设备CQ**		
规格型号	**MG-8990410K**	出厂号	**FM0124508**
生产厂家	**天津富闯机械有限公司**		

验收项目			
设备清单： **木工设备一台**	是否有与合同不符的情况		否
	设备使用性能是否达到要求		是
	设备技术指标是否与合同相符		是
	设备配件是否与采购要求相符		是
	设备是否全新完好		是
	技术文档是否齐全		是
设备在安装调试、试用过程中的情况	设备运行情况正常。		
备注	支付设备安装费27522.94 元;试产领用材料2105.00元（不含增值税）。		
验收结果	合格	验收日期	**2022年12月31日**

使用单位签章	负责人签名：**廖汉文** 使用部门（盖章）： 2022 年 12 月 31 日	验收人员签名	使用单位验收人员	纪检、资产、财产处验收人员
			廖汉文	**王平**
			许青	**刘杰**
			王志	

注:1、资产名称、型号、规格、生产厂家等相关内容，请按设备上的名牌详细填写。

2、单价2万元或5万元以上，验收至少要有5人参加。

3、此表一式三份，一份资产处存档，一份交使用部门存档，一份交财务处入账存档。

图 4-327 固定资产验收单 4

166. 业务 129　支付前欠货款——账务处理

2022 年 12 月 31 日，北京东方家具有限公司收到中国财产保险公司北京市分公司因车辆被盗保险赔款，根据背景单据（图 4–328～图 4–330）编制记账凭证。

付款申请书

2022 年 12 月 31 日

用途及情况	金额										收款单位(人)：天津宏发板材有限公司
支付前欠货款	亿	千	百	十	万	千	百	十	元	角	分	账 号：6229094435184953173
			¥	5	0	0	0	0	0	0	开户行：中国工商银行天津和平支行
金额（大写）合计：	人民币 伍拾万元整										结算方式：电汇

总经理	李佳惠	财务部门	经理	王志	业务部门	经理	王薇
			会计	王平		经办人	郭力

图 4–328　付款申请书 26

交通银行 BANK OF COMMUNICATIONS　结算业务申请书 RMB SETTLEMENT APPLICATION FORM

申请日期 Date 2022 年 Y 12 月 M 31 日 D　　AB 09773087

业务类型 Type of Business：电汇 T/T ☑　信汇 M/T ☐　汇票申请书 D/D ☐　本票申请书 P/N ☐　其他 Other ☐

申请人 Applicant	全称 Full Name	北京东方家具有限公司	收款人 Beneficiary	全称 Full Name	天津宏发板材有限公司
	账号或地址 A/C NO. Address	622260010088812532501		账号或地址 A/C NO. Address	6229094435184953173
	开户银行 A/C Bank	交通银行北京大兴支行		开户银行 A/C Bank	中国工商银行天津和平支行
金额 Amount	人民币（大写）RMB in Words	伍拾万元整		亿千百十万千百十元角分	¥50000000
				支付密码 Payment Pin NO.	6873242510687684
				电汇时需选择 Please Tick Where Applicable：普通 Regular ☐　加急 Urgent ☑	附加信息及用途 Message and Purpose：付货款

（银行签章 Bank's Authorized Signature(s) and/or Stamp(s)：交通银行北京大兴支行 2022.12.31 转讫(01)）

会计主管：　　授权：　　复核：　　记账：

第三联　此联付款行给付款人的回单

图 4–329　交通银行结算业务申请书

③ 交通银行 收费通知（缴费收据联）

2022 年 12 月 31 日

付款单位名称	北京东方家具有限公司		帐号	622260010088812532501						
结算内容	手续费	邮电费	类别	金额 千	百	十	元	角	分
汇票	笔 元	笔 元							
汇兑	1 笔 20.50 元	笔 元	手续费			2	0	5	0
委托收款	笔 元	笔 元							
托收承付	笔 元	笔 元	邮电费						
支票	笔 元	笔 元							
合计金额	人民币：（大写）贰拾元零伍角整		合计		¥	2	0	5	0
备注：		银行公章：交通银行北京大兴支行 2022.12.31 转讫(01)							

图 4–330　收费通知 3

167. 业务 130　收到被盗小轿车保险赔款——账务处理

2022 年 12 月 31 日，北京东方家具有限公司收到中国财产保险公司北京市分公司因车辆被盗保险赔款，根据背景单据（图 4-331 和图 4-332）编制记账凭证。

图 4-331　补充记账凭证

图 4-332　收款收据 4

168. 业务 131　结转被盗小轿车固定资产清理——账务处理

2022 年 12 月 31 日，北京东方家具有限公司根据本月"记 67 号凭证""记 82 号凭证""记 130 号凭证"的相关信息，编制结转被盗小轿车固定资产清理的账务处理。（进项税额转出金额 14 320.32 元）

169. 业务 132　固定资产报废：结转报废传真机账面价值——账务处理

2022 年 12 月 31 日，北京东方家具有限公司根据背景单据（图 4-333），编制记账凭证。

固定资产报废单

2022 年 12 月 31 日　　　　凭证编号：01002

固定资产名称及编号	规格型号	单位	数量	购买日期	已计提折旧月数	原始价值	已提折旧	备注
传真机		台	1	2019年11月	37	5000.00	2906.37	
固定资产状况及报废原因	传真机已报废，不能使用。已计提减值准备549.88元。							
处理意见	使用部门		技术鉴定小组		固定资产管理部门		主管部门审批	
	不能使用，申请报废		报废情况属实		同意报废		同意	

审核：王志　　　　制单：王平

图 4-333　固定资产报废单 2

170. 业务 133　固定资产报废：支付报废传真机清理费用——账务处理

2022 年 12 月 31 日，北京东方家具有限公司支付报废传真机清理费用，根据背景单据（图 4-334 和图 4-335）编制记账凭证。

北京增值税普通发票

110012208121　　№ 00620946　　110012208121　00620946

校验码 45544 23597 43878 35623　　开票日期：2022年12月31日

购买方	
名　　称	北京东方家具有限公司
纳税人识别号	911101152352632382
地址、电话	北京市大兴区西红门镇新建工业区91号 010-61207058
开户行及账号	交通银行北京大兴支行　6222600100888125325 01
密码区	03*3187<4/+8490<+95-59+7<243 4987<0-->>-6>525<693719->7*7 87*3187<4/+8490<+95708681380 9<712/<1+9016>6906++>84>93/-

货物或应税劳务、服务名称	规格型号	单位	数量	单价	金额	税率	税额
*生活服务*清理费用					9.43	6%	0.57
合　　计					￥9.43		￥0.57
价税合计（大写）	⊗壹拾元整				（小写）￥10.00		

销售方	
名　　称	北京长益信息技术有限公司
纳税人识别号	911101063326801192
地址、电话	北京市东城区华兴路28号　010-32325822
开户行及账号	交通银行北京东城支行　6222662355490524332 01
备注	

收款人：　　复核：　　开票人：王梅　　销售方：（章）

（印章：北京长益信息技术有限公司 911101063326801192 发票专用章）

第二联：发票联　购买方记账凭证

图 4-334　增值税发票 67

报 销 单

填报日期：**2022** 年 **12** 月 **31** 日　　　　　　单据及附件共 **1** 张

姓名	孙瑶	所属部门	办公室	报销形式	现金
				支票号码	

报 销 项 目	摘　　要	金　额	备注：
清理费用	支付报废传真机清理费用（调试传真机）	10.00	
	现金付讫		
合　　　　计		¥10.00	

金额大写：零 拾零 万零 仟零 佰壹 拾零 元零 角零 分　　原借款：　¥0.00元　　应退(补)款：¥10.00元

总经理：**李佳惠**　　财务经理：**王志**　　部门经理：**张跃**　　会计：**王平**　　出纳：**孙朋**　　报销人：**孙瑶**

图 4-335　报销单 7

171. 业务 134　固定资产报废：收到报废传真机残料变价收入——账务处理

2022 年 12 月 31 日，北京东方家具有限公司收到报废传真机残料变价收入，根据背景单据（图 4-336～图 4-337）编制记账凭证。

图 4-336　增值税发票 68

图 4-337　收款收据 5

172. 业务 135　固定资产报废：结转报废传真机固定资产清理——账务处理

2022 年 12 月 31 日，北京东方家具有限公司根据实训内容 169～171 编制结转报废传真机固定资产清理记账凭证。

173. 业务 136-1　现金盘点——填制库存现金盘点表

2022 年 12 月 31 日，北京东方家具有限公司对库存现金进行盘点，并填制库存现金盘点表。

174. 业务 136-2　现金盘点盘亏——账务处理

承业务 136-1，2022 年 12 月 31 日，北京东方家具有限公司根据实训内容 173 的库存现金盘点表编制记账凭证。

175. 业务 137　现金盘点盘亏结果——账务处理

承业务 136-1、136-2，2022 年 12 月 31 日，北京东方家具有限公司现金盘亏，经查明属于正常收付尾差造成，根据库存现金盘点表（图 4-338）编制记账凭证。

库存现金盘点表

2022 年 12 月 31 日　　　　　　单位：元

票面额	张数	金额	票面额	张数	金额
壹佰元	46	4600	伍　角		
伍拾元	1	50	贰　角	2	0.4
贰拾元	1	20	壹　角		
拾　元			伍　分		
伍　元			贰　分		
贰　元			壹　分		
壹　元	4	4	合　计		¥4674.4
库存现金日记账账面余额：					¥4677.3
差额：					¥-2.9
经查明原因，属于正常收付尾差造成。					
处理意见：					
审批人（签章）：**王志**		监盘人（签章）：**陆梅**		盘点人（签章）：**孙朋**	

图 4-338　库存现金盘点表

176. 业务 138　计提本月金融商品转让征收的增值税——账务处理

2022 年 12 月 31 日，北京东方家具有限公司计提本月金融商品转让征收的增值税，编制记账凭证。

177. 业务 139　结转未交增值税——账务处理

2022 年 12 月 31 日，北京东方家具有限公司结转本月未交增值税，根据背景单据（图 4-339）编制记账凭证。

<table>
<tr><td colspan="4" align="center">应交增值税明细</td></tr>
<tr><td>北京东方家具有限公司</td><td colspan="2" align="center">2022 年 12 月 31 日</td><td align="right">单位：元</td></tr>
<tr><td>序号</td><td>明细科目</td><td>借方余额</td><td>贷方余额</td></tr>
<tr><td>1</td><td>进项税额</td><td>357 986.07</td><td></td></tr>
<tr><td>2</td><td>销项税额</td><td></td><td>548 101.34</td></tr>
<tr><td>3</td><td>进项税额转出</td><td></td><td>14 862.42</td></tr>
<tr><td colspan="2">审核：王志</td><td colspan="2">制单：王平</td></tr>
</table>

图 4-339　应交增值税明细

178. 业务 140-1　计提税金及附加——编制税金及附加计算表

2022 年 12 月 31 日，北京东方家具有限公司根据背景单据（图 4-340）编制税金及附加计算表。（城市维护建设税税率：7%，教育费附加：3%，地方教育附加：2%）

<table>
<tr><td colspan="6" align="center">税金及附加计算表</td></tr>
<tr><td colspan="2">编制单位：北京东方家具有限公司</td><td colspan="2" align="center">2022 年 12 月 31 日</td><td colspan="2" align="right">单位：元</td></tr>
<tr><td>应交税费明细项目</td><td>计税依据</td><td>金额</td><td>税率</td><td>应纳税额</td><td>应借科目</td></tr>
<tr><td>城市维护建设税</td><td>增值税</td><td></td><td></td><td></td><td>税金及附加</td></tr>
<tr><td>教育费附加</td><td>增值税</td><td></td><td></td><td></td><td>税金及附加</td></tr>
<tr><td>地方教育附加</td><td>增值税</td><td></td><td></td><td></td><td>税金及附加</td></tr>
<tr><td>合计</td><td>—</td><td>—</td><td>—</td><td>—</td><td>—</td></tr>
</table>

图 4-340　税金及附加计算表

179. 业务 140-2　计提税金及附加——账务处理

承业务 140-1，2022 年 12 月 31 日，北京东方家具有限公司根据实训内容 178 的税金及附加计算表，编制记账凭证。（本企业税金及附加不要求明细核算）

180. 业务 141　计提本月企业所得税——账务处理

2022 年 12 月 31 日，北京东方家具有限公司根据背景单据（图 4-341）编制记账凭证（本实训内容分录解答完毕之后，需要进行电算化结转损益操作，方可进入结转本年利润及后续操作）。

企业所得税计算表

编制单位：北京东方家具有限公司　　　2022 年 12 月 31 日　　　　　　金额单位：元

项目	账面价值	计税基础	可抵扣暂时性差异		应纳税暂时性差异	期末调增调减额
捐赠支出	100 000.00					100 000.00
罚款支出	3 000.00					3 000.00
业务招待费	54 000.00	32 400.00				21 600.00
交易性金融资产	74 500.00	74 912.50		412.50		412.50
应收账款	962 532.20	967 482.20	24 950.00	4 950.00		−20 000.00
固定资产	3 401 717.69	4 059 932.14		658 214.45		658 214.45
合计				663 576.95		763 226.95
12 月利润总额	应纳税所得额	应交所得税	递延所得税资产		递延所得税负债	所得税费用
			期初数	期末数	期初数	期末数	所得税费用
189 846.79	953 073.74	238 268.44	6 237.5	165 894.24	0.00	0.00	78 611.70

图 4-341　企业所得税计算表

181. 业务 142　结转本年利润——账务处理

2022 年 12 月 31 日，北京东方家具有限公司编制结转本年利润的记账凭证。

182. 业务 143　提取盈余公积金

2022 年 12 月 31 日，按税后利润的 10%提取法定盈余公积，按税后利润的 5%提取任意盈余公积。

183. 业务 144　结转利润分配

2022 年 12 月 31 日，结转利润分配。

4.4　实训任务

根据上述业务资料完成下列实训操作内容：

（1）按岗位职责分岗位审核北京东方家具有限公司 12 月经济业务活动的原始凭证，对经济业务进行确认、计量、编制记账凭证。

（2）财务经理审核会计凭证并签章，据以进行登记账簿或办理收付款业务。

（3）根据以上实训内容填写如图 4-342～图 4-369 所示的类型表格。

操作说明：

（1）4.3 实训内容中标明"账务处理"的，全部填写通用的"记账凭证"（见图 4-342）。

（2）4.3 实训内容中除"账务处理"外的其他业务需要填写的凭证，按照前面实训内容的题号对应 4.4 实训任务中单据左上角的编号。例如：4.3 实训内容 2 要求"填制报销单"，报销单在 4.4 实训任务的"2-1"中。

（3）如果一道题只有一张单据需要填写，任务序号为"*-1"，如实训任务"2-1""5-1"；如果一道题有多个单据需要填写，则一级编号对应 4.3 实训任务的题号，二级编号从小到大顺序排列，例如：4.3 实训内容 14 要求填写多个单据，相应单据在 4.4 实训任务的单据左上角的编号"14-1""14-2""14-3"。

记账凭证

记字第 [　] 号　　日期：[　　　]　　　　　附单据：[　] 张

摘要	会计科目	借方金额	贷方金额
合计：			

审核：　　　　过账：　　　　出纳：　　　　制单：

图 4-342　记账凭证

2-1

报 销 单

填报日期：　年　月　日　　　　单据及附件共　张

姓名		所属部门		报销形式		
				支票号码		

报 销 项 目	摘　要	金　额	备注
合　计			

金额大写：　拾　万　仟　佰　拾　元　角　分　　原借款：　元　应退（补）款：　元

总经理：　　财务经理：　　部门经理：　　会计：　　出纳：　　报销人：

图 4-343　报销单 8

5−1

贴 现 凭 证（代申请书）①

填写日期　　年　　月　　日　　第 010246 号

贴现汇票	种　类		号码		申请人	名　称	
	出票日	年　月　日				账　号	
	到期日	年　月　日				开户银行	
汇票承兑人(或银行)	名称		账号		开户银行		
汇票金额(即贴现金额)	人民币(大写)						千 百 十 万 千 百 十 元 角 分
贴现率每月	‰	贴现利息	千 百 十 万 千 百 十 元 角 分		实付贴现金额		千 百 十 万 千 百 十 元 角 分
兹根据《银行结算办法》的规定，附送承兑汇票申请贴现，请审核。 此致 ______(贴现银行) 申请人盖章		银行审批	负责人　信贷员		科目(借)______ 对方科目(贷)______ 复核　记账		

此联银行作贴现借方凭证

图 4−344　报销单 9

8−1

销 售 单

购货单位：　　地址和电话：　　单据编号：*01001*

纳税识别号：　　开户行及账号：　　制单日期：

编 码	产品名称	规 格	单 位	单 价	数 量	金 额	备 注
合 计	人民币（大写）：				—		

销售经理：　　经手人：　　会计：　　签收人：

业务联

图 4−345　销售单 11

9−1

出 库 单

出货单位：　　年　月　日　　单号：*CK-01001*

提货单位或领货部门		销售单号		发出仓库		出库日期	

编 号	名称及规格	单 位	数量		单 价	金 额
			应发	实发		
合　计		--	--	--	--	

部门经理：　　会计：　　仓库：　　经办人：

业务联

图 4−346　出库单 11

11-1

入 库 单												

年 月 日　　　　　　　　　　　　　　　单号：RC-01001

交来单位及部门			发票号码或生产单号码				验收仓库		入库日期			
编号	名称规格	单位	数 量		实际价格		计划价格		价格差异	
			交库	实收	单价	金 额	单价	金 额		业务联
合 计		--	--	--		--				

部门经理：　　　会计：　　　仓库：　　　经办人：

图 4-347　入库单 14

14-1

图 4-348　转账支票

14-2

图 4-349　转账支票背面

14-3

付款申请书

2022 年 12 月 02 日

用途及情况	金　额										收款单位(人): 北京东方家具有限公司
存出投资款	亿	千	百	十	万	千	百	十	元	角	分	账　号: 110120164655
			￥	3	0	0	0	0	0	0	0	0	开户行: 北京华翔证券有限公司大兴区营业部

金额（大写）合计:	人民币 叁拾万元整			结算方式: 转账	
总经理	李佳惠	财务部门	经理	王志	业务部门	经理	王志
			会计	王平		经办人	孙朋

图 4-350　付款申请书 27

17-1

领 料 单

领料部门:

用　途:　　　　　　　　　　年　月　日　　　　　第L01001　号

材料			单位	数量		成本		业务联
编号	名称	规格		请领	实发	单价	总价	
合计	--	--	--	--	--			

部门经理:　　　　　会计:　　　　　仓库:　　　　　经办人:

图 4-351　领料单 25

22-1

交通银行 进账单 (回 单)　1

年　月　日

出票人	全称		收款人	全称												此联是开户银行交给持票人的回单
	账号			账号												
	开户银行			开户银行												
金额	人民币(大写)				亿	千	百	十	万	千	百	十	元	角	分	
票据种类		票据张数														
票据号码																
	复核　　记账			开户银行签章												

8.5×17.5公分　又 9 排围印刷　0512-63011866

图 4-352　进账单 28

191

26-1

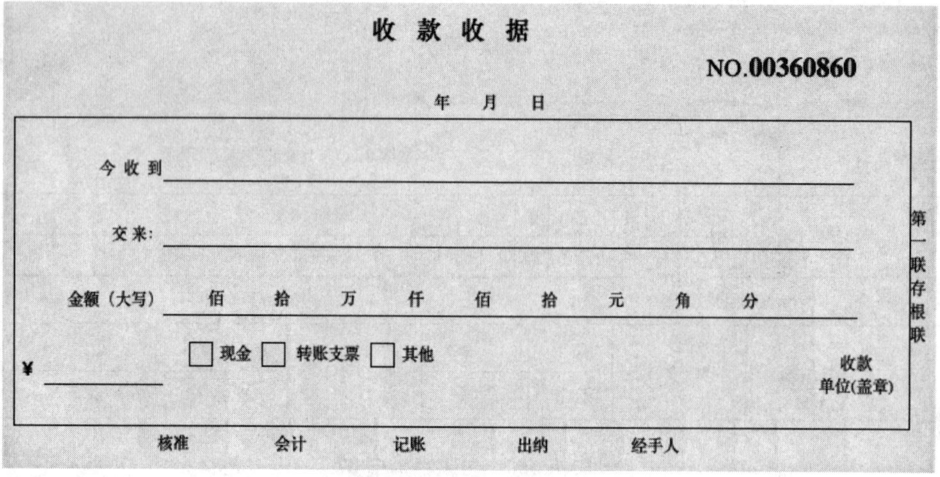

收 款 收 据

NO.00360860

年 月 日

今收到

交来:

金额（大写） 佰 拾 万 仟 佰 拾 元 角 分

¥

☐ 现金 ☐ 转账支票 ☐ 其他

收款单位(盖章)

第一联存根联

核准 会计 记账 出纳 经手人

图 4-353 收款收据 6

32-1

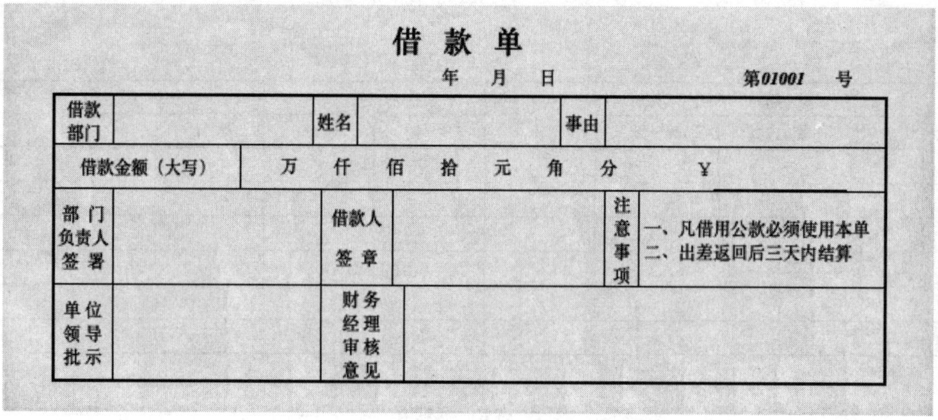

借 款 单

年 月 日 第01001 号

借款部门		姓名		事由	
借款金额（大写）	万 仟 佰 拾 元 角 分 ¥				
部门负责人签署		借款人签章		注意事项	一、凡借用公款必须使用本单 二、出差返回后三天内结算
单位领导批示		财务经理审核意见			

图 4-354 借款单

37-1

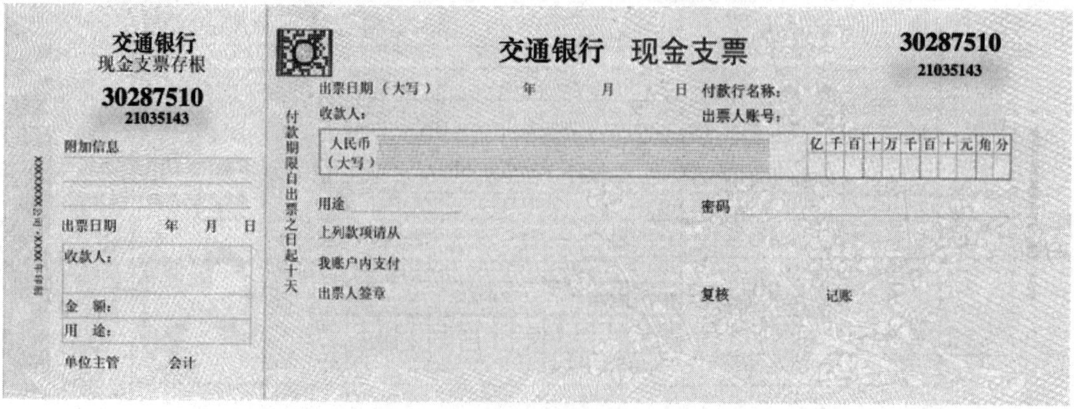

交通银行
现金支票存根
30287510
21035143

附加信息

出票日期 年 月 日

收款人:

金 额:

用 途:

单位主管 会计

交通银行 现金支票

30287510
21035143

出票日期（大写） 年 月 日 付款行名称:

收款人: 出票人账号:

付款期限自出票之日起十天

人民币（大写）	亿	千	百	十	万	千	百	十	元	角	分

用途 密码

上列款项请从

我账户内支付

出票人签章 复核 记账

图 4-355 现金支票

37-2

图 4-356　现金支票背面

96-1

各部门用水分配表

编制单位：北京东方家具有限公司　　　　2022 年 12 月 25 日

使用单位	分配率	耗用量（吨）	金额（元）
木工车间			
油漆车间			
装配车间			
机修车间			
管理部门			
合计	—		

图 4-357　各部门用水分配表

98-1

各部门用电分配表

编制单位：北京东方家具有限公司　　　　2022 年 12 月 25 日

使用单位	分配率	耗用量（度）	金额（元）
木工车间			
油漆车间			
装配车间			
机修车间			
管理部门			
合计	—		

图 4-358　各部门用电分配表

124-1

固定资产折旧费用分配表

编制单位：北京东方家具有限公司　　　　　2022 年 12 月 31 日　　　　　单位：元

使用单位	其他业务成本	销售费用	管理费用	制造费用	辅助生产费用	合计
办公室						
财务部						
采购部						
企划部						
仓管部						
销售部						
基本生产——木工车间						
基本生产——油漆车间						
基本生产——装配车间						
基本生产——机修车间						
总计						

图 4-359　固定资产折旧费用分配表

131-1

福利费用分配表

编制单位：北京东方家具有限公司　　　　　　　2022年12月　　　　　　　单位：元

产品名称	木工车间			油漆车间			装配车间			合计
	生产工时	分配率	分配福利额	生产工时	分配率	分配福利额	生产工时	分配率	分配福利额	
白色办公桌										
黑色办公桌										
棕色会议桌										
精品办公椅										
高档办公椅										
合计		—			—			—		

图 4-360　福利费用分配表

133-1

工资总额汇总表

编制单位：北京东方家具有限公司　　　　2022 年 12 月 31 日　　　　　　单位：元

部门	车间管理	辅助生产	基本生产	企业管理	销售	总计
办公室						
财务部						
采购部						
销售部						
企划部						
仓管部						
木工车间						
油漆车间						
装配车间						
机修车间						
总计						

图 4-361　工资总额汇总表

134-1

生产工时统计表

编制单位：北京东方家具有限公司　　　　2022 年 12 月　　　　　　单位：元

产品名称	木工车间			油漆车间			装配车间			分配工资额合计
	工时	分配率	分配工资额	工时	分配率	分配工资额	工时	分配率	分配工资额	
白色办公桌										
黑色办公桌										
棕色会议桌										
精品办公椅										
高档办公椅										
合计	—			—			—			

图 4-362　生产工时统计表

138-1

材料成本差异分配表

编制单位：北京东方家具有限公司　　　　2022 年 12 月　　　　单位：元

项目	领料额	分配率	分摊材料成本差异额
白色办公桌			
黑色办公桌			
棕色会议桌			
精品办公椅			
高档办公椅			
在建工程			
制造费用——装配车间			
辅助生产成本——机修车间			
销售费用			
合计			

图 4-363　材料成本差异分配表

140-1

辅助生产成本分配表

编制单位：北京东方家具有限公司　　　　2022 年 12 月 31 日　　　　单位：元

部门	耗用工时	分配率	分配金额
木工车间			
油漆车间			
装配车间			
其他管理部门			
合计			

图 4-364　辅助生产成本分配表

142-1

材料成本差异分配表

车间：XX 车间　　　　2022 年 12 月 31 日　　　　单位：元

项目	分配标准（生产工时）	分配率（元/小时）	分配金额
白色办公桌			
黑色办公桌			
棕色会议桌			
精品办公椅			
高档办公椅			
合计			

图 4-365　材料成本差异分配表

148-1

完工产品与月末在产品成本分配表

产品：××产品　　　　　　　　　　2022 年 12 月 31 日

成本项目	月初在产品成本	本月生产费用	合计	完工产品产量	月末在产品数量	月末在产品约当产量	单位成本	月末在产品成本	完工产品成本
直接材料									
直接人工									
制造费用									
合计									

图 4-366　完工产品与月末在产品成本分配表

158-1

发出产品成本计算表

编制单位：北京东方家具有限公司　　　　2022 年 12 月 31 日　　　　　　　单位：元

产品名称	期初结存产品成本		本月完工入库产品成本		加权单价	本月发出产品成本			本月结存产品成本		
	数量	总成本	数量	总成本		数量	单位成本	总成本	数量	单位成本	总成本
白色办公桌											
黑色办公桌											
棕色会议桌											
精品办公椅											
高档办公椅											
合计											

图 4-367　发出产品成本计算表

162-1

委托代销商品成本计算表

编制单位：北京东方家具有限公司　　　　2022 年 12 月 31 日　　　　　　　单位：元

产品名称	期初结存代销商品成本			本月增加代销商品成本			本月减少代销商品成本			月末结存代销商品成本		
	数量	单位成本	总成本	数量	单位成本	总成本	数量	单位成本	总成本	数量	单位成本	总成本
黑色办公桌												
精品办公椅												
合计												

图 4-368　委托代销商品成本计算表

172-1

库存现金盘点表

2022 年 12 月 31 日   单位：**元**

票面额	张数	金额	票面额	张数	金额
壹佰元	46		伍　角		
伍拾元	1		贰　角	2	
贰拾元	1		壹　角		
拾　元			伍　分		
伍　元			贰　分		
贰　元			壹　分		
壹　元	4		合　计		
库存现金日记账账面余额：					
差额：					
处理意见：					

审批人（签章）：   监盘人（签章）：   盘点人（签章）：

图 4-369　库存现金盘点表

实训5
账簿登记、会计报表编制实训

同学们，经过实训 4 对日常会计业务的处理，我们得到了记账凭证。实训 5，我们将根据记账凭证将信息登记在不同的账簿中，包括日记账、明细账、总账等，这些账簿提供了对企业财务活动的详细、系统化记录。在办理对账和结账后，我们将根据账簿来编制财务报表，包括资产负债表、利润表、现金流量表等，这些财务报表为企业的管理者、投资者和其他利益相关者提供了企业的财务状况和经营成果的快照。

5.1 实训目的

（1）掌握各种账簿登记的方法。通过实训，学生可以亲自登记会计账簿，从而深入理解和掌握会计账簿的编制原理和方法。

（2）掌握会计报表的编制原理和方法。通过实训，学生可以亲自操作编制会计报表，从而深入理解和掌握会计报表的编制原理和方法。

（3）提高综合素质和团队协作能力。通过分组实训，不仅可以锻炼学生的团队协作能力，还可以培养其沟通能力、分析能力和解决问题的能力等综合素质。

5.2 实训组织

本实训可以选择分组完成，也可以选择个人轮岗完成。以下提供三种实训组织方式及各岗位的职责分工。

1. 5 人一组

财务经理（王志）——登记总分类账、审核报表。

财务会计（王平）——登记明细账、编制科目余额汇总表、编制报表。

成本会计（陆梅）——登记明细账、辅助财务会计编制报表。

税务会计（张峰）——登记应交税费明细账、辅助财务会计编制报表。

出纳（孙朋）——登记现金日记账、银行存款日记账，辅助财务会计编制报表。

2. 3 人一组

财务经理（王志）——登记总分类账、审核会计报表。

财务会计（王平）——登记明细账、编制报表。

出纳（孙朋）：登记现金日记账、银行存款日记账，辅助财务会计编制报表。

3. 个人轮岗

由一个人担任多个岗位，在轮岗的过程中学习不同岗位之间的差异。

账簿登记会计组织如图 5-1 所示。

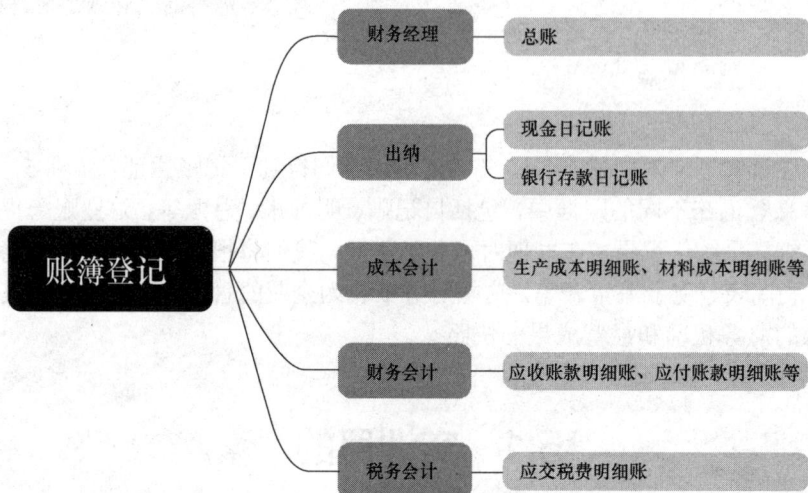

图 5-1　账簿登记会计组织

5.3　实训内容

5.3.1　账簿登记

1. 手工账

根据实训 4 发生的经济业务，在实训 3 建立的账簿的基础上，进行账簿登记的实训。

1）登记日记账

日记账通常分为现金日记账和银行存款日记账，账页我们在实训 3 已经有所了解，将记账凭证中涉及库存现金和银行存款的业务按照日期顺序登记到日记账中，需要填写的内容包括日期、摘要、借方金额、贷方金额和余额。

2）登记明细账

明细账分为数量金额式明细账、多栏式明细账和三栏式明细账三种。数量金额式明细账通常用于记录存货和成本类科目，如原材料、库存商品、生产成本、制造费用等；多栏式明细账通常用于记录收入和费用类科目，如主营业务收入、其他业务收入、销售费用、管理费用、财务费用等；而三栏式明细账则适用于记录资产、负债和所有者权益类科目，如应收账款、应付账款、实收资本（或股本）、资本公积等。

首先，根据日记账中的每笔交易，选择相应的明细账账簿。例如：如果交易涉及销售商品收入，应选择"主营业务收入"明细账；如果交易是支付工资，则应选择"应付职工薪酬"明细账。接着，按照日记账上的日期顺序，将每笔交易的详细信息转录到相应的明细账中。在明细账中，需要填写的内容包括日期、摘要、借方金额、贷方金额、页次和凭证号。

3）编制科目汇总表

科目汇总表（图 5-2）又称记账凭证汇总表，是企业通常定期对全部记账凭证进行汇总后，按照不同的会计科目分别列示各账户借方发生额和贷方发生额的一种汇总凭证。

科目汇总表的编制是一个将一定时期内所有会计分录按科目进行分类和汇总的过程。首先，会计人员会将涉及的各项经济业务对应的会计科目填入"会计科目"栏中，确保科目的排列顺序与总分类账上的顺序一致，这有助于后续的总账登记工作。然后，根据记账凭证的内容，会计人员会分别按科目类型汇总借方和贷方的发生额，并将这些汇总的金额填入相应会计科目行的"借方金额"和"贷方金额"栏。最后，会计人员会将所有科目的借方和贷方发生额进行汇总，并进行试算平衡，以确保借贷双方的总额相等，从而验证会计分录的准确性和完整性。这一过程不仅为总分类账的登记提供了依据，也是确保会计信息准确性的重要环节。

科目名称	借方	贷方
1001——库存现金	21 800.00	15 800.00
1002——银行存款	118 650.00	354 228.69
1121——应收票据	144 075.00	
1122——应收账款	158 200.00	
1221——其他应收款	35 807.48	35 807.48
1403——原材料	20 000.00	87 000.00
1405——库存商品	258 507.03	216 405.00
1602——累计折旧		4 671.43
2211——应付职工薪酬	247 034.32	255 806.32
2221——应交税费	106 287.10	103 535.06
4103——本年利润	335 393.05	372 500.00
5001——生产成本	258 507.03	258 507.03
5101——制造费用	47 284.95	47 284.95
6001——主营业务收入	372 500.00	372 500.00
6401——主营业务成本	216 405.00	216 405.00
6403——税金及附加	5 400.16	5 400.16
6601——销售费用	54 587.13	54 587.13
6602——管理费用	54 047.76	54 047.76
6603——财务费用	3 000.00	3 000.00
6801——所得税费用	1 953.00	1 953.00
合计：	2 459 439.01	2 459 439.01

图 5-2　科目汇总表

4）登记总账

总账登记有两种方法。一种是采用记账凭证核算的形式登记总账，直接根据记账凭证定期（3 天、5 天或 10 天）登记，在这种核算形式下，应当尽可能地根据原始凭证编制原始凭证汇总表，根据原始凭证汇总表和原始凭证填制记账凭证，根据记账凭证登记总账。

还有一种方法是采用科目汇总表的形式登记总账，可以根据定期汇总编制的科目汇总表登记总账。科目汇总表是根据每月发生的全部记账凭证，按科目作为归类标志进行编制的。在本实训案例中，我们采用的是科目汇总表形式来登记总账的方法。

在总账中，需要填写的内容包括会计科目、日期、摘要、借方金额、贷方金额、余额、凭证号和页码等。

2. 电子账

在先进的电算化会计信息系统中，传统的手工账簿登记工作量被大大减少。一旦录入了记账凭证，系统便会自动执行一系列精准的计算和分类，生成详尽的日记账、明细账和总账。这一过程不仅提高了会计工作的效率，确保了数据的准确性，还极大地减轻了会计人员的工作负担，使他们能够将更多的精力投入财务分析和管理决策中。

实训 5 将带领同学们学习在会计电算化系统中如何登记和查看账簿（以"网中网理实互动实训教学平台"为例）。

第一步：审核记账凭证（图 5-3）。切换到财务经理角色，勾选要进行审核的记账凭证，单击审核按钮。

摘要	会计科目	借方金额	贷方金额	出纳	审核	过账	操作	☑
办公费用	管理费用 - 办公费	1769.91						☑
办公费用	应交税费 - 应交增值税 - 进项税额	230.09		✓			修改 / 预览	☑
办公费用	库存现金		2000.00					
普通胶合板	材料采购 - 普通胶合板	171440.00						☑
普通胶合板	应交税费 - 应交增值税 - 进项税额	21989.60		✓			修改 / 预览	☑
普通胶合板	其他货币资金 - 银行汇票存款		193429.60					

图 5-3　审核记账凭证

第二步：过账（图 5-4）。单击账务处理中的过账，切换到财务经理角色，进行过账处理（图 5-5 和图 5-6）。

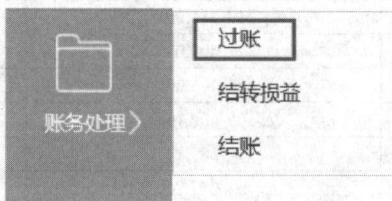

图 5-4　过账 1

序号	年份	月份	过账
1	2022	12	过账

图 5-5　过账 2

第三步：结转损益（图 5-6）。单击账务处理中的结转损益，选择会计角色，进行结转损益操作（图 5-7）。

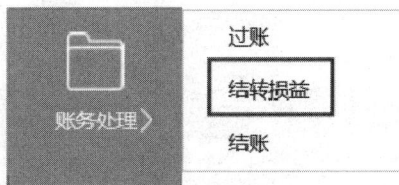

图 5-6　结转损益 1

北京东方家具有限公司 📅 2022年12月 请选择角色：会计 ▾ 企业信息

| 首页 | 结转损益 × |

序号	年	月	过账状态	操作
1	2022	12	已过账	结转损益

图 5-7　结转损益 2

第四步：再次审核与过账。该步骤与第一步和第二步相同。

第五步：结账（图 5-8）。单击账务处理中的结账，选择财务经理角色，进行结账操作（图 5-9）。

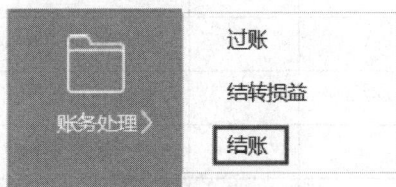

图 5-8　期末结账 1

北京东方家具有限公司 📅 2022年12月 请选择角色：财务经理 ▾ 企业信息

| 首页 | 录凭证 × | 结账 × |

序号	年	月	过账状态	结转损益状态	操作
1	2022	12	已过账	已结转损益	期末结账

图 5-9　期末结账 2

第六步：查看账簿（图 5-10）。单击账簿，可以选择要查看的不同类型的账簿。

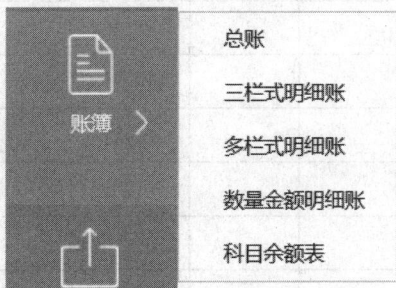

图 5-10　查看账簿

203

5.3.2 会计报表编制

1. 手工账

1）资产负债表的编制（表 5-1）

表 5-1 资产负债表

编制单位：　　　　　　　　　　　　　　　　年　月　日　　　　　　　　　　　　　单位：元

资产	期末余额	年初余额	负债和所有者权益（或股东权益）	期末余额	年初余额
流动资产：			流动负债：		
货币资金			短期借款		
交易性金融资产			交易性金融负债		
衍生金融资产			衍生金融负债		
应收票据			应付票据		
应收账款			应付账款		
应收账款融资			预收款项		
预付款项			合同负债		
其他应收款			应付职工薪酬		
存货			应交税费		
合同资产			其他应付款		
持有待售资产			持有待售负债		
一年内到期的非流动资产			一年内到期的非流动负债		
其他流动资产			其他流动负债		
流动资产合计			**流动负债合计**		
非流动资产：			非流动负债：		
债权投资			长期借款		
其他债权投资			应付债券		
长期应收款			其中：优先股		
长期股权投资			永续债		
其他权益工具投资			长期应付款		
其他非流动金融资产			预计负债		
投资性房地产			递延收益		

续表

资产	期末余额	年初余额	负债和所有者权益（或股东权益）	期末余额	年初余额
固定资产			递延所得税负债		
在建工程			其他非流动负债		
生产性生物资产			**非流动负债合计**		
使用权资产			**负债合计**		
油气资产			所有者权益（或股东权益）：		
无形资产			实收资本（或股本）		
开发支出			其他权益工具		
商誉			其中：优先股		
长期待摊费用			永续债		
递延所得税资产			资本公积		
其他非流动资产			减：库存股		
非流动资产合计			其他综合收益		
			专项储备		
			盈余公积		
			未分配利润		
			所有者权益（或股东权益）合计		
资产合计			**负债和所有者权益（或股东权益）合计**		

单位负责人：　　　　　　　　财务负责人：　　　　　　　　制表人：

2）资产负债表编制方法

（1）编制说明。

资产负债表有以下几种编制方法。

① 根据一个或几个总账科目的余额填列。例如："货币资金"项目=库存现金+银行存款+其他货币资金

② 根据明细账科目的余额计算填列。例如："应付账款"项目=应付账款（贷方余额）+预付账款（贷方余额）

③ 根据总账科目和明细账科目的余额分析计算填列。例如："长期借款"="长期借款"总账账户余额−明细账户中一年内到期的长期借款

④ 根据有关科目余额减去其备抵科目余额后的净额填列。例如："固定资产"项目=固定

资产–累计折旧–固定资产减值准备+固定资产清理

⑤ 综合运用上述方法分析填列。例如："应收账款"项目=应收账款（借方余额）+预收账款（借方余额）–坏账准备

（2）具体填制方法（见表5-2～表5-4）。

表5-2　资产的填制方法

报表项目	具体填制方法
货币资金	"库存现金"+"银行存款"+"其他货币资金"科目余额填列
交易性金融资产	"交易性金融资产"
衍生金融资产	"衍生工具"
应收票据	"应收票据"–"坏账准备"
应收账款	"应收账款"+"预收账款"（借方余额）–"坏账准备"
应收款项融资	资产负债表日以公允价值计量且变动计入其他综合收益的应收票据和应收账款
预付款项	"应付账款"（借方余额）+"预付账款"–"坏账准备"
其他应收款	"其他应收款"+"应收利息"+"应付股利"–"坏账准备"
存货	"原材料"+"材料采购"+"周转材料"+"在途物资"+"库存商品"+"发出商品"+"生产成本"+"委托加工物资"+"委托代销商品"–"委托代销商品款"–"存货跌价准备"±材料成本差异+"合同履约成本"（摊销期限不超过一年或一个正常营业周期）–"合同履约成本减值准备"
合同资产	"合同资产"–"合同资产减值准备"
持有待售资产	"持有待售资产"–"持有待售资产减值准备"
一年内到期的非流动资产	反映企业预计自资产负债表日起一年内变现的非流动资产 下一年要到期的"长期应收款"–"未实现融资收益"+下一年到期的"债券投资"–"债权投资减值准备"+下一年到期的"其他债权投资"
债权投资	"债权投资"–"债权投资减值准备"
其他债权投资	"其他债权投资"
长期应收款	"长期应收款"–"未实现融资收益"–"坏账准备"–一年内到期的部分
长期股权投资	"长期股权投资"–"长期股权投资减值准备"
其他权益工具投资	"其他权益工具投资"
投资性房地产	"投资性房地产"–"累计折旧"–"减值准备"
固定资产	"固定资产"–"累计折旧"–"固定资产减值准备"+"固定资产清理"
在建工程	"在建工程"–"在建工程减值准备"+"工程物资"–"工程物资减值准备"
无形资产	"无形资产"–"累计摊销"–"资产减值准备"
开发支出	"研发支出–资本化支出"
商誉	"商誉"–"商誉减值准备"
长期待摊费用	"长期待摊费用"
递延所得税资产	"递延所得税资产"

表 5-3　负债的填制方法

报表项目	具体填制方法
短期借款	"短期借款"
交易性金融负债	"交易性金融负债"
衍生金融负债	根据"衍生工具"科目余额填列
应付票据	"应付票据"
应付账款	"应付账款"＋"预付账款"
预收款项	"预收账款"＋"应收账款"
合同负债	"合同负债"
应付职工薪酬	"应付职工薪酬"
应交税费	"应交税费"
其他应付款	"其他应付款"
持有待售负债	"持有待售负债"
一年内到期的非流动负债	"一年内到期的非流动负债"
长期借款	"长期借款"–一年内到期的部分
应付债券	"应付债券"–一年内到期的部分
长期应付款	"长期应付款"＋"专项应付款"–"未确认融资费用"–一年内到期的部分
预计负债	"预计负债"
递延收益	"递延收益"
递延所得税负债	"递延所得税负债"

表 5-4　所有者权益的填制方法

报表项目	具体填制方法
实收资本（或股本）	"实收资本（或股本）"
其他权益工具	"其他权益工具"
资本公积	"资本公积"
其他综合收益	"其他综合收益"
专项储备	"专项储备"
盈余公积	"盈余公积"
未分配利润	"利润分配"＋"本年利润"

3）利润表的编制（表5-5）

表5-5 利润表

编制单位：　　　　　　　　　　　2022年12月　　　　　　　　　　单位：元

项　　目	本期金额	上期金额
一、营业收入		
减：营业成本		
税金及附加		
销售费用		
管理费用		
研发费用		
财务费用		
其中：利息费用		
利息收入		
加：其他收益		
投资收益（损失以"－"填列）		
其中：对联营企业和合营企业的投资收益		
以摊余成本计量的金融资产终止确认收益（损失以"－"号填列）		
净敞口套期收益（损失以"－"号填列）		
公允价值变动收益（损失以"－"号填列）		
信用减值损失（损失以"－"填列）		
资产减值损失（损失以"－"填列）		
资产处置收益（损失以"－"填列）		
二、营业利润（亏损以"－"号填列）		
加：营业外收入		
减：营业外支出		
三、利润总额（亏损总额以"－"号填列）		
减：所得税费用		
四、净利润（净亏损以"－"号填列）		
（一）持续经营净利润（净亏损以"－"号填列）		
（二）终止经营净利润（净亏损以"－"号填列）		
五、其他综合收益的税后净额		
六、综合收益总额		
七、每股收益：		
（一）基本每股收益		
（二）稀释每股权益		

单位负责人：　　　　　　　　　财务负责人：　　　　　　　　　　制表人：

4）利润表编制方法

（1）基本计算公式。

营业利润=营业收入−营业成本−税金及附加−销售费用−管理费用−财务费用−研发费用+
投资收益+其他收益−信用减值损失−资产减值损失+公允价值变动收益+资产处
置收益

利润总额=营业利润+营业外收入−营业外支出

净利润=利润总额−所得税费用

（2）具体填制方法（表5-6）。

① 上期金额栏的填制方法。

应当根据上年同期利润表"本期金额"栏所列数字填列本年度利润表的"上期金额"。

② "本期金额"的填制方法。

应当根据损益类科目和所有者权益类科目的发生额填列"本期金额"。

表5-6　利润表填制方法

报表项目	具体填制方法
营业收入	"主营业务收入"+"其他业务收入"
营业成本	"主营业务成本"+"其他业务成本"
税金及附加	根据"税金及附加"科目的发生额分析填列
销售费用	根据"销售费用"科目的发生额分析填列
管理费用	根据"管理费用"科目的发生额，减去"管理费用"科目下的"研究费用"、自行研发无形资产"无形资产摊销"明细科目的发生额分析填列
财务费用	根据"财务费用"科目相关明细科目发生额分析填列
研发费用	根据"管理费用"科目下的"研究费用""无形资产摊销"明细科目的发生额分析填列
其他收益	根据"其他收益"科目的发生额分析填列
投资收益	根据"投资收益"科目的发生额分析填列，如为投资损失，以"−"号填列
净敞口套期收益	根据"净敞口套期损益"科目的发生额分析填列。如为套期损失，以"−"号填列
公允价值变动收益	根据"公允价值变动损益"科目的发生额分析填列。如为净损失，以"−"号填列
信用减值损失	根据"信用减值损失"科目的发生额分析填列
资产减值损失	根据"资产减值损失"科目的发生额分析填列
资产处置收益	本项目应根据"资产处置损益"科目的发生额分析填列。如为处置损失，以"−"号填列
营业利润	反映企业实现的营业利润。如为亏损，以"−"号填列

续表

报表项目	具体填制方法
营业外收入	根据"营业外收入"科目的发生额分析填列
营业外支出	根据"营业外支出"科目的发生额分析填列
利润总额	反映企业实现的利润。如为亏损，以"-"号填列
所得税费用	根据"所得税费用"科目的发生额分析填列
净利润	反映企业实现的净利润。如为亏损，以"-"号填列
其他综合收益的税后净额	反映企业根据企业会计准则规定未在损益中确认的各项利得和损失扣除所得税影响后的净额
综合收益总额	反映企业净利润与其他综合收益的税后净额的合计金额
每股收益	包括两项指标，分别为基本每股收益与稀释每股收益，反映普通股或潜在普通股已公开交易的企业，以及正处在公开发行普通股或潜在普通股过程中的企业的每股收益信息

5）现金流量表的编制（表5-7）

表5-7 现金流量表

编制单位：   2022年12月31日   单位：元

项　　目	行次	本月数	本年累计数
一、经营活动产生的现金流量：			
1. 销售商品、提供劳务收到的现金			
2. 收到税费返还			
3. 收到的其他与经营活动有关的现金			
现金流入小计			
1. 购买商品、接受劳务支付的现金			
2. 支付给职工以及为职工支付的现金			
3. 支付的各项税费			
4. 支付的其他与经营活动有关的现金			
现金流出小计			

项　　目	行次	本月数	本年累计数
经营活动产生的现金流量净额			
二、投资活动产生的现金流量：			
1. 收回投资所收到的现金			
2. 取得投资收益所收到的现金			
3. 处理固定资产、无形资产和其他长期资产而收到的现金净额			
4. 收到的其他与投资活动有关的现金			
现金流入小计			
1. 购建固定资产、无形资产和其他长期资产所支付的现金			
2. 投资所支付的现金			
3. 支付的其他与投资活动有关的现金			
现金流出小计			
投资活动产生的现金流量净额			
三、筹资活动产生的现金流量：			
1. 吸收投资所收到的现金			
2. 借款所收到的现金			
3. 收到的其他与筹资活动有关的现金			
现金流入小计			
1. 偿还债务所支付的现金			
2. 分配股利或利润或偿付利息所支付的现金			
3. 支付的其他与筹资活动有关的现金			
现金流出小计			
筹资活动产生的现金净流量净额			
四、汇率变动对现金的影响额			
五、现金及现金等价物净增加额			

单位负责人：　　　　　　　　　　财务负责人：　　　　　　　　　　　　　　制表人：

211

6）现金流量表编制方法

（1）编制说明。

记账凭证法是直接从记账凭证中提取现金流量信息的方法，这种方法要求对所有的会计凭证进行逐项分析，以确定它们对现金流量的影响。

记账凭证法直观性、可理解性强，可不依赖账簿和资产负债表、利润表。在编制现金流量表时，电算化会计信息系统一般会运用记账凭证法为编制基础。在业务量不大的情况下，手工方式下这种方法也很实用。

（2）具体填制方法。

在填制记账凭证时，如果记账凭证的会计科目涉及货币资金，如库存现金、银行存款和其他货币资金，则需要对现金流量项目进行设置，具体操作如下。

第一步：单击图 5-11 右上角现金流量项目。

图 5-11　单击现金流量项目

第二步：单击图 5-12 中"添加一项"。

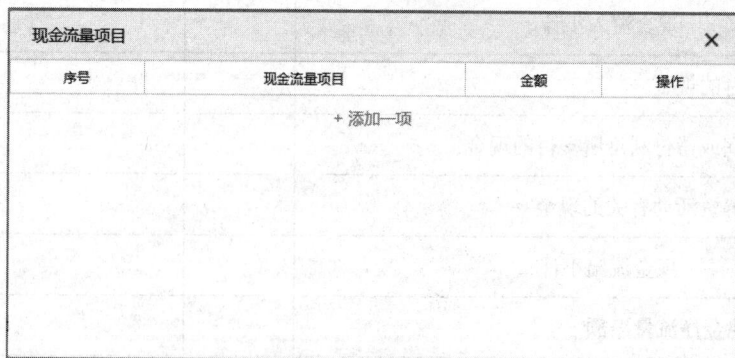

图 5-12　"添加一项"

第三步：根据记账凭证反映经济业务选择对应的现金流量项目，并填写金额，如图 5-13 和图 5-14 所示。

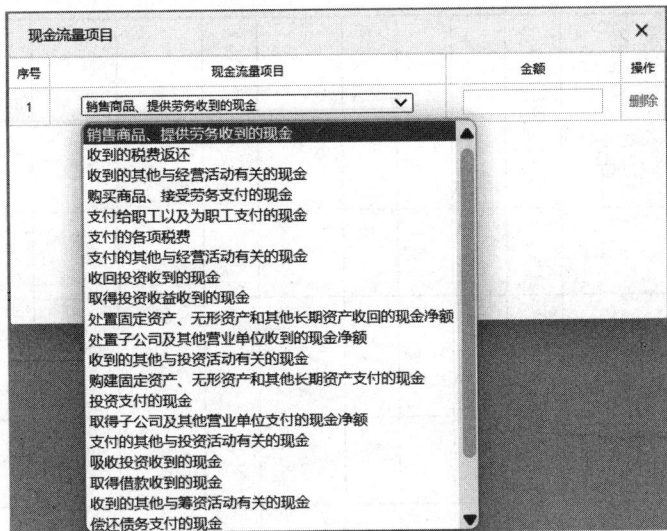

图 5-13　选择对应的现金流量项目

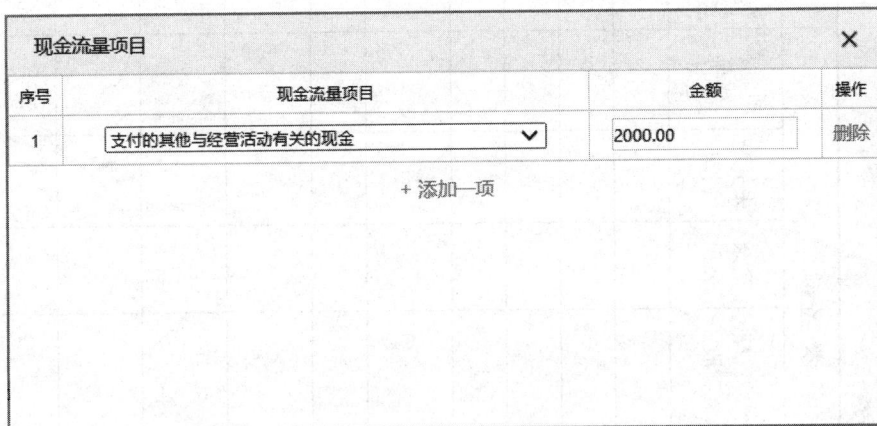

图 5-14　填写金额

第四步：单击图 5-15 中右上角的"保存"按钮。

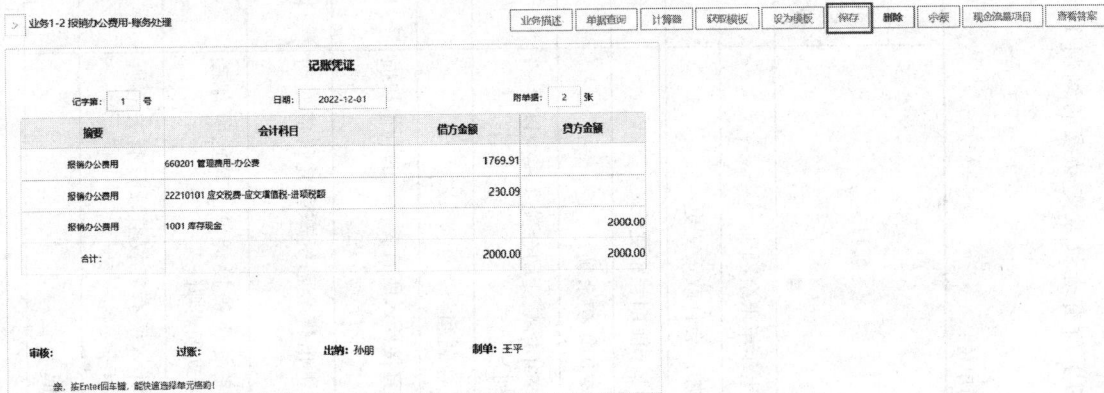

图 5-15　"保存"

7）所有者权益变动表的编制（图 5-8）

编制单位：

2022 年度

所有者权益变动表

单位：元

项目	本年金额						上年金额					
	实收资本（或股本）	资本公积	减：库存股	盈余公积	未分配利润	所有者权益合计	实收资本（或股本）	资本公积	减：库存股	盈余公积	未分配利润	所有者权益合计
一、上年末余额												
加：会计政策变更												
前期差错更正												
二、本年初余额												
三、本年增减变动金额（减少以"-"号填列）												
（一）净利润												
（二）直接计入所有者权益的利得和损失												
1. 可供出售金融资产公允价值变动净额												
2. 权益法下被投资单位其他所有者权益变动的影响												
3. 与计入所有者权益项目有关的所得税影响												
4. 其他												

续表

项目	本年金额						上年金额					
	实收资本（或股本）	资本公积	减：库存股	盈余公积	未分配利润	所有者权益合计	实收资本（或股本）	资本公积	减：库存股	盈余公积	未分配利润	所有者权益合计
上述（一）和（二）小计												
（三）所有者投入和减少资本												
1. 所有者投入资本												
2. 股份支付计入所有者权益的金额												
3. 其他												
（四）利润分配												
1. 提取盈余公积												
2. 对所有者（或股东）的分配												
3. 其他												
（五）所有者权益内部结转												
1. 资本公积转增资本（或股本）												
2. 盈余公积转增资本（或股本）												
3. 盈余公积弥补亏损												
4. 其他												
四、本年末余额												

图 5-8　所有者权益变动表

215

8）所有者权益变动表编制方法

（1）所有者权益变动表"上年金额"栏的填制方法

所有者权益变动表"上年金额"栏内各项数字，应根据上年度所有者企业变动表"本年金额"栏内所列数字填列。如果上年度所有者权益变动表规定的各个项目的名称和内容与本年度不相一致，应对上年度所有者权益变动表各项目的名称和数字按照本年度的规定进行调整，填入所有者权益变动表"上年金额"栏内。

（2）所有者权益变动表"本年金额"栏的填制方法

所有者权益变动表"本年金额"栏内各项数字一般应根据"实收资本（或股本）""资本公积""盈余公积""其他综合收益""利润分配""库存股""以前年度损益调整"等科目及其明细科目的发生额分析填列。

2. 电子账

在会计电算化系统的先进环境中，传统的会计报表编制方式已得到根本性的变革。一旦完成结账与对账操作，系统便会自动从账簿数据中提取相关信息，并运用内置的计算逻辑和模板，智能生成一套完整、准确的会计报表。这一流程不仅极大地提升了报表编制的速度，确保了数据的精确性，还释放了会计人员从事更高价值财务分析和决策支持工作的空间。

实训 5 将带领同学们学习在会计电算化系统中如何编制会计报表（以"网中网理实互动实训教学平台"为例）。

第一步：在结账操作后，单击报表选择要生成的报表（图 5-16）。

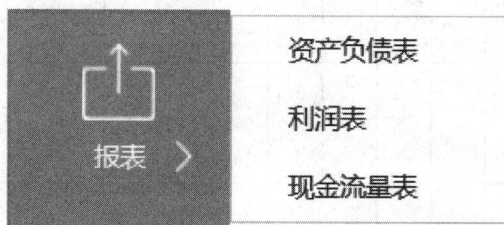

图 5-16　选择要生成的报表

第二步：切换到财务经理角色，单击生成报表，提示操作成功（图 5-17）。

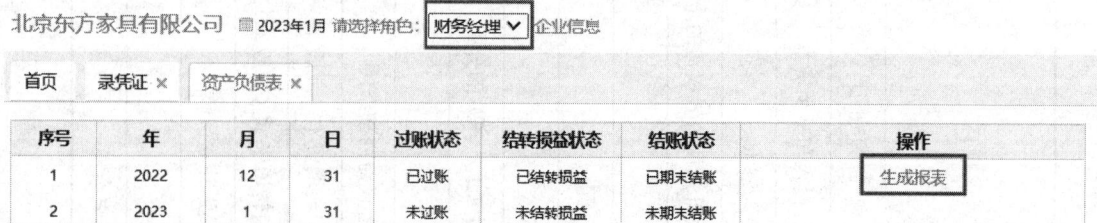

北京东方家具有限公司　2023年1月 请选择角色：[财务经理 ∨] 企业信息

首页　录凭证 ×　资产负债表 ×

序号	年	月	日	过账状态	结转损益状态	结账状态	操作
1	2022	12	31	已过账	已结转损益	已期末结账	生成报表
2	2023	1	31	未过账	未结转损益	未期末结账	

图 5-17　生成报表

第三步：查看生成的报表（图 5-18）。

北京东方家具有限公司　📅 2023年1月 请选择角色： 财务经理 ∨ 企业信息

首页	录凭证 ×	资产负债表 ×

序号	年	月	日	过账状态	结转损益状态	结账状态	操作
1	2022	12	31	已过账	已结转损益	已期末结账	生成报表 查看报表 查看答案
2	2023	1	31	未过账	未结转损益	未期末结账	

图 5-18　查看报表

5.4　实训任务

（1）出纳根据审核无误的记账凭证登记现金、银行存款日记账。

（2）财务会计、成本会计和税务会计按岗位职责分岗位登记各明细分类账。

（3）财务会计编制科目汇总表。

（4）财务经理根据科目汇总表登记总分类账。

（5）根据账簿记录编制会计报表。

（6）讨论手工账与电子账的区别。

5.5　实训准备

（1）各类账页：现金、银行存款日记账；三栏式总账；三栏式明细账约 50 张；数量金额式明细账约 40 张；多栏式明细账约 20 张（含基本生产成本明细账 4 张、应交增值税明细账 2 张）；材料采购明细账 2 张；材料成本差异明细账 1 张。

（2）各类报表：资产负债表、利润表、现金流量表、所有者权益变动表各 1 张。

实训 6
纳税申报实训

在实训 6 开始前，我们已大致了解了实训企业，并对会计业务进行了会计核算处理、账簿的登记与会计报表的编制。接下来，我们将对纳税申报各表单进行具体填报学习，了解手工填报与电子填报的区别与联系。在对纳税申报有一定基础了解后，我们将结合已有实训结果和提供的纳税申报所需资料，完成案例企业纳税申报，包括增值税及附加税费与企业所得税的纳税申报。通过实训平台案例分析、填制纳税申报表以及上机模拟申报操作练习，将理论应用于实践，提升学生的综合能力。

6.1　实训目的

（1）培养学生初步形成解决税收实际问题的能力，全面提高税收知识综合应用能力，为增强适应职业变化的能力和继续学习的能力奠定基础。

（2）通过案例分析，学生巩固、强化税收基础理论和基本知识。

（3）通过填制纳税申报表，学生掌握主要税种的征收规定、计税方法和纳税申报方法。

（4）通过上机模拟申报操作练习，学生熟悉纳税申报的具体操作程序，理解手工填报与电子填报的区别，增强实际动手能力。

6.2　实训组织

（1）逐个进入实训任务，阅读背景资料，熟悉相关知识。

（2）学生分工。

① 若由一人完成，可采取一人轮岗制，依次完成企业所得税纳税申报与增值税及附加税费的纳税申报工作。

② 若由小组共同完成，可参考以下分工。

● 一人负责增值税申报工作：管理增值税专用发票，处理增值税及附加税费日常涉税工作，包括税款计算、纳税申报、重点税源等分析报表填报等。

● 一人负责所得税申报工作：负责企业所得税税金统计，及时准确申报缴纳税金并进行税收分析。

（3）开始"实训任务"，操作完成相应任务案例题目。

6.3 实训内容

6.3.1 增值税纳税及附加税费填报

1.《增值税及附加税费申报表附列资料（一）》（本期销售情况明细）填写指导

按税率、提供服务或货物的不同情况，将实训 4 中发生的相关业务进行分类，并根据开具发票的类型，填制增值税及附加税费申报表附列资料（一），如图 6-1 所示。在手工填报中，需根据销售额按税率计算所对应的应纳税额金额。区别于手工填报，在电子填报系统中，销售额填入后将自动生成应纳销项税额金额。其中，表格中深色色块为电子填报时自动计算部分。

税款所属时间： 年 月 日至 年 月 日

纳税人名称：（公章）　　　　　　　　　　　　　　　　　　　　　金额单位：元（列至角分）

项目及栏次			开具增值税专用发票		开具其他发票		未开具发票		纳税检查调整		合计			服务、不动产和无形资产扣除项目本期实际扣除金额	扣除后	
			销售额	销项(应纳)税额	销售额	销项(应纳)税额	销售额	销项(应纳)税额	销售额	销项(应纳)税额	销售额	销项(应纳)税额	价税合计		含税(免税)销售额	销售(应纳)税额
			1	2	3	4	5	6	7	8	9=1+3+5+7	10=2+4+6+8	11=9+10	12	13=11-12	14=13÷(100%+税率或征收率)×税率或征收率
一、一般计税方法计税	全部征税项目	13%税率的货物及加工修理修配劳务	1													
		13%税率的服务、不动产和无形资产	2													
		9%税率的货物及加工修理修配劳务	3													
		9%税率的服务、不动产和无形资产	4													
		6%税率	5													
	其中：即征即退项目	即征即退货物及加工修理修配劳务	6					——	——								
		即征即退服务、不动产和无形资产	7					——	——								
二、简易计税方法计税	全部征税项目	6%征收率	8													
		5%征收率的货物及加工修理修配劳务	9a													
		5%征收率的服务、不动产和无形资产	9b													
		4%征收率	10													
		3%征收率的货物及加工修理修配劳务	11													
		3%征收率的服务、不动产和无形资产	12													
		预征率　%	13a													
		预征率　%	13b													
		预征率　%	13c													
	其中：即征即退项目	即征即退货物及加工修理修配劳务	14					——	——								
		即征即退服务、不动产和无形资产	15					——	——								
三、免抵退税		货物及加工修理修配劳务	16													
		服务、不动产和无形资产	17													
四、免税		货物及加工修理修配劳务	18													
		服务、不动产和无形资产	19													

图6-1 增值税及附加税费申报表附列资料（一）（本期销售情况明细）

2.《增值税及附加税费申报表附列资料（二）》（本期进项税额明细）填写指导

根据发票汇总表中发票领用存情况，结合实训 4 中本期实际发生的业务，得到认证符合的增值税专用发票与其他扣税凭证的份数、金额及税额，填制增值税及附加税费申报表附列资料（二），如图 6-2 所示。在手工填报中，根据申报表中给出的数量关系进行计算，得到当期申报抵扣进项税额合计数。在电子填报中，输入相关项目的份数、金额及税额，系统将自动计算得出当期申报抵扣进项税额合计数。其中，表格中深色色块为电子填报时自动计算部分。

税款所属时间：　年　月　日至　年　月　日				
纳税人名称：（公章）				金额单位：元（列至角分）
一、申报抵扣的进项税额				
项目	栏次	份数	金额	税额
（一）认证相符的增值税专用发票	1=2+3			
其中：本期认证相符且本期申报抵扣	2			
前期认证相符且本期申报抵扣	3			
（二）其他扣税凭证	4=5+6+7+8a+8b			
其中：海关进口增值税专用缴款书	5			
农产品收购发票或者销售发票	6			
代扣代缴税收缴款凭证	7		——	
加计扣除农产品进项税额	8a	——	——	
其他	8b			
（三）本期用于购建不动产的扣税凭证	9			
（四）本期用于抵扣的旅客运输服务扣税凭证	10			
（五）外贸企业进项税额抵扣证明	11	——		
当期申报抵扣进项税额合计	12=1+4+11			
二、进项税额转出额				
项目	栏次	税额		
本期进项税额转出额	13=14至23之和			
其中：免税项目用	14			
集体福利、个人消费	15			
非正常损失	16			
简易计税方法征税项目用	17			
免抵退税办法不得抵扣的进项税额	18			
纳税检查调减进项税额	19			
红字专用发票信息表注明的进项税额	20			
上期留抵税额抵减欠税	21			
上期留抵税额退税	22			
异常凭证转出进项税额	23a			
其他应作进项税额转出的情形	23b			
三、待抵扣进项税额				
项目	栏次	份数	金额	税额
（一）认证相符的增值税专用发票	24	——		——
期初已认证相符但未申报抵扣	25			
本期认证相符且本期未申报抵扣	26			
期末已认证相符但未申报抵扣	27			
其中：按照税法规定不允许抵扣	28			
（二）其他扣税凭证	29=30至33之和			
其中：海关进口增值税专用缴款书	30			
农产品收购发票或者销售发票	31			
代扣代缴税收缴款凭证	32		——	
其他	33			
	34			
四、其他				
项目	栏次	份数	金额	税额
本期认证相符的增值税专用发票	35			
代扣代缴税额	36	——	——	

图6-2　增值税及附加税费申报表附列资料（二）

3.《增值税及附加税费申报表附列资料（三）》（服务、不动产和无形资产扣除项目明细）填写指导

根据实训 4 本期实际发生的业务活动，按表格要求填制增值税及附加税费申报表附列资料（三），如图 6-3 所示。手工填报需按数量关系自行计算；电子填报在输入金额后将自动计算得出纳税调增或调减总金额。其中，表格中深色色块为电子填报时自动计算部分。

		税款所属时间：　年　月　日至　年　月　日					

纳税人名称：(公章)　　　　　　　　　　　　　　　　　　　　　　　　　　　　金额单位：元（列至角分）

项目及栏次		本期服务、不动产和无形资产价税合计额（免税销售额）	服务、不动产和无形资产扣除项目				
			期初余额	本期发生额	本期应扣除金额	本期实际扣除金额	期末余额
		1	2	3	4=2+3	5(5≤1且5≤4)	6=4-5
13%税率的项目	1						
9%税率的项目	2						
6%税率的项目（不含金融商品转让）	3						
6%税率的金融商品转让项目	4						
5%征收率的项目	5						
3%征收率的项目	6						
免抵退税的项目	7						
免税的项目	8						

图 6-3　增值税及附加税费申报表附列资料（三）

4.《增值税及附加税费申报表附列资料（四）》（税额抵减情况表）填写指导

根据实训 4 中业务发生情况，填制增值税及附加税费申报表附列资料（四），如图 6-4 所示。手工填报需按数量关系自行计算；电子填报在输入金额后将自动计算得出纳税调增或调减总金额。其中，表格中深色色块为电子填报时自动计算部分。

		税款所属时间：　年 月 日至 年 月 日				

纳税人名称：(公章)　　　　　　　　　　　　　　　　　　　　　　　　　　　金额单位：元（列至角分）

		一、税额抵减情况				
序号	抵减项目	期初余额	本期发生额	本期应抵减税额	本期实际抵减税额	期末余额
		1	2	3=1+2	4≤3	5=3-4
1	增值税税控系统专用设备费及技术维护费					
2	分支机构预征缴纳税款					
3	建筑服务预征缴纳税款					
4	销售不动产预征缴纳税款					
5	出租不动产预征缴纳税款					
		二、加计抵减情况				
序号	加计抵减项目	期初余额	本期发生额	本期调减额	本期可抵减额	本期实际抵减额	期末余额
		1	2	3	4=1+2-3	5	6=4-5
6	一般项目加计抵减额计算						
7	即征即退项目加计抵减额计算						
8	合计						

图 6-4　增值税及附加税费申报表附列资料（四）

5.《增值税及附加税费申报表附列资料（五）》（附加税费情况表）填写指导

根据实训 4 中城市维护建设税、教育费附加及地方教育附加实际发生情况，填写增值税及附加税费申报表附列资料（五），如图 6-5 所示。在手工填报中需自行计算得出本期应补（退）税（费）额；电子填报在输入相关金额后会自动计算得出本期应补（退）税（费）额。其中，表格中深色色块为电子填报时自动计算部分。

税（费）种		计税（费）依据			税（费）率（%）	本期应纳税（费）额	本期减免税（费）额		试点建设培育产教融合型企业		本期已缴税（费）额	本期应补（退）税（费）额
		增值税税额	增值税免抵税额	留抵退税本期扣除额			减免性质代码	减免税（费）额	减免性质代码	本期抵免金额		
		1	2	3	4	5=（1+2-3）×4	6	7	8	9	10	11=5-7-9-10
城市维护建设税	1											
教育费附加	2											
地方教育附加	3											
合计	4	——	——	——								
本期是否适用试点建设培育产教融合型企业抵免政策		□是 □否			当期新增投资额			5				
					上期留抵可抵免金额			6				
					结转下期可抵免金额			7				
可用于扣除的增值税留抵退税额使用情况					当期新增可用于扣除的留抵退税额			8				
					上期结存可用于扣除的留抵退税额			9				
					结转下期可用于扣除的留抵退税额			10				

税（费）款所属时间： 年 月 日至 年 月 日
纳税人名称：（公章）　　金额单位：元（列至角分）

图 6-5 增值税及附加税费申报表附列资料（五）

6.《增值税减免税申报明细表》填写指导

本表由享受增值税减免税优惠政策的增值税一般纳税人和小规模纳税人填写。根据实训 4 中业务发生情况选择减（免）税项目，填制增值税减免税申报明细表，如图 6-6 所示。手工填报需根据数量关系自行计算；电子填报在输入金额后会自动计算得出本期实际应纳税额。其中，表格中深色色块为电子填报时自动计算部分。

税款所属时间：自 年 月 日至 年 月 日
纳税人名称：（公章）：　　金额单位：元（列至角分）

一、减税项目						
减税性质代码及名称	栏次	期初余额	本期发生额	本期应抵减税额	本期实际抵减税额	期末余额
		1	2	3=1+2	4≤3	5=3-4
合计	1					
	2					
	3					
	4					
	5					
	6					

二、免税项目					
免税性质代码及名称	栏次	免征增值税项目销售额	免税销售额扣除项目本期实际扣除金额	扣除后免税销售额	免税销售额对应的进项税额	免税额
		1	2	3=1-2	4	5
合 计	7					
出口免税	8		——		——	
其中：跨境服务	9		——		——	
	10					
	11					
	12					
	13					
	14					
	15					
	16					

图 6-6 增值税减免税申报明细表

7.《增值税及附加税费申报表（一般纳税人适用）》填写指导

根据上述附列资料与实训 4 中实际发生的业务情况，填制增值税及附加税费申报表（一般纳税人适用），如图 6-7 所示。手工填报需按照表格给出的数量关系自行计算；电子填报在输入金额后将自动计算得出本期合计应纳税额。其中，表格中深色色块为电子填报时自动计算部分。

根据国家税收法律法规及增值税相关规定制定本表。纳税人不论有无销售额，均应按税务机关核定的纳税期限填写本表，并向当地税务机关申报。

税款所属时间：自　年　月　日至　年　月　日　　　填表日期：　年　月　日　　　　　金额单位：元（列至角分）

纳税人识别号（统一社会信用代码）：□□□□□□□□□□□□□□□□□□　　　　所属行业：

纳税人名称：		法定代表人姓名		注册地址		生产经营地址	
开户银行及账号			登记注册类型			电话号码	

	项　目	栏次	一般项目		即征即退项目	
			本月数	本年累计	本月数	本年累计
销售额	（一）按适用税率计税销售额	1				
	其中：应税货物销售额	2				
	应税劳务销售额	3				
	纳税检查调整的销售额	4				
	（二）按简易办法计税销售额	5				
	其中：纳税检查调整的销售额	6				
	（三）免、抵、退办法出口销售额	7		—	—	
	（四）免税销售额	8		—	—	
	其中：免税货物销售额	9		—	—	
	免税劳务销售额	10		—	—	
税款计算	销项税额	11				
	进项税额	12				
	上期留抵税额	13				
	进项税额转出	14				
	免、抵、退应退税额	15				
	按适用税率计算的纳税检查应补缴税额	16				
	应抵扣税额合计	17=12+13-14-15+16		—		—
	实际抵扣税额	18（如17<11，则为17，否则为11）				
	应纳税额	19=11-18				
	期末留抵税额	20=17-18				—
	简易计税办法计算的应纳税额	21				
	按简易计税办法计算的纳税检查应补缴税额	22				
	应纳税额减征额	23				
	应纳税额合计	24=19+21-23				
税款缴纳	期初未缴税额（多缴为负数）	25				
	实收出口开具专用缴款书退税额	26				
	本期已缴税额	27=28+29+30+31				
	①分次预缴税额	28		—		—
	②出口开具专用缴款书预缴税额	29		—		—
	③本期缴纳上期应纳税额	30				
	④本期缴纳欠缴税额	31				
	期末未缴税额（多缴为负数）	32=24+25+26-27				
	其中：欠缴税额（≥0）	33=25+26-27		—		—
	本期应补（退）税额	34=24-28-29				
	即征即退实际退税额	35	—	—		
	期初未缴查补税额	36				—
	本期入库查补税额	37				—
	期末未缴查补税额	38=16+22+36-37				—
附加税费	城市维护建设税本期应补（退）税额	39		—	—	
	教育费附加本期应补（退）费额	40		—	—	
	地方教育附加本期应补（退）费额	41		—	—	

声明：此表是根据国家税收法律法规及相关规定填写的，本人（单位）对填报内容（及附带资料）的真实性、可靠性、完整性负责。

纳税人（签章）：　　　　　年　月　日

经办人： 经办人身份证号： 代理机构签章： 代理机构统一社会信用代码：	受理人： 受理税务机关（章）：　　受理日期：　年　月　日

图 6-7　《增值税及附加税费申报表（一般纳税人适用）》

6.3.2 企业所得税填报

1. 中华人民共和国企业所得税年度纳税申报表（封面）填写指导

根据实训案例企业基本信息，填制企业所得税年度纳税申报表（封面），如图6-8所示。

中华人民共和国企业所得税年度纳税申报表

(A类，2017年版)

税款所属期间：　　年　月　日至　　年　月　日

纳税人识别号：
(统一社会信用代码)

纳税人名称：

金额单位：人民币元 (列至角分)

谨声明：本纳税申报表是根据国家税收法律法规及相关规定填报的，是真实的、可靠的、完整的。

纳税人 (签章)：　　　　　年　月　日

经办人：	受理人：
经办人身份证号：	受理税务机关 (章)：
代理机构签章：	受理日期：　　年　月　日

国家税务总局监制

图6-8　中华人民共和国企业所得税年度纳税申报表（封面）

2. 企业所得税年度纳税申报表填报表单填写指导

根据实训案例企业所得税年度申报实际情况，在企业所得税年度纳税申报表填报表单进行勾选，如图6-9所示。

企业所得税年度纳税申报表填报表单

表单编号	表单名称	是否填报
A000000	企业所得税年度纳税申报基础信息表	√
A100000	中华人民共和国企业所得税年度纳税申报表（A类）	√
A101010	一般企业收入明细表	☐
A101020	金融企业收入明细表	☐
A102010	一般企业成本支出明细表	☐
A102020	金融企业支出明细表	☐
A103000	事业单位、民间非营利组织收入、支出明细表	☐
A104000	期间费用明细表	☐
A105000	纳税调整项目明细表	☐
A105010	视同销售和房地产开发企业特定业务纳税调整明细表	☐
A105020	未按权责发生制确认收入纳税调整明细表	☐
A105030	投资收益纳税调整明细表	☐
A105040	专项用途财政性资金纳税调整明细表	☐
A105050	职工薪酬支出及纳税调整明细表	☐
A105060	广告费和业务宣传费等跨年度纳税调整明细表	☐
A105070	捐赠支出及纳税调整明细表	☐
A105080	资产折旧、摊销及纳税调整明细表	☐
A105090	资产损失税前扣除及纳税调整明细表	☐
A105100	企业重组及递延纳税事项纳税调整明细表	☐
A105110	政策性搬迁纳税调整明细表	☐
A105120	贷款损失准备金及纳税调整明细表	☐
A106000	企业所得税弥补亏损明细表	☐
A107010	免税、减计收入及加计扣除优惠明细表	☐
A107011	符合条件的居民企业之间的股息、红利等权益性投资收益优惠明细表	☐
A107012	研发费用加计扣除优惠明细表	☐
A107020	所得减免优惠明细表	☐
A107030	抵扣应纳税所得额明细表	☐
A107040	减免所得税优惠明细表	☐
A107041	高新技术企业优惠情况及明细表	☐
A107042	软件、集成电路企业优惠情况及明细表	☐
A107050	税额抵免优惠明细表	☐
A108000	境外所得税收抵免明细表	☐
A108010	境外所得纳税调整后所得明细表	☐
A108020	境外分支机构弥补亏损明细表	☐
A108030	跨年度结转抵免境外所得明细表	☐
A109000	跨地区经营汇总纳税企业年度分摊企业所得税明细表	☐
A109010	企业所得税汇总纳税分支机构所得税分配表	☐

说明：企业应当根据实际情况选择需要填报的表单。

图 6-9　企业所得税年度纳税申报表填报表单

3. A000000 企业基础信息表填写指导

结合实训 4 发生的相关业务及企业基本信息，填制企业基础信息表，如图 6-10 所示。

基本经营情况（必填项目）					
101 纳税申报企业类型（填写代码）			102 分支机构就地纳税比例（%）		
103 资产总额（填写平均值，单位：万元）			104 从业人数（填写平均值，单位：人）		
105 所属国民经济行业（填写代码）			106 从事国家限制或禁止行业		□是□否
107 适用会计准则或会计制度（填写代码）			108 采用一般企业财务报表格式（2019 年版）		□是□否
109 小型微利企业	□是□否		110 上市公司	是（□境内□境外）□否	
有关涉税事项情况（存在或者发生下列事项时必填）					
201 从事股权投资业务		□是	202 存在境外关联交易		□是
203 境外所得信息	203-1 选择采用的境外所得抵免方式		□分国（地区）不分项 □不分国（地区）不分项		
	203-2 海南自由贸易港新增境外直接投资信息		□是（产业类别：□旅游业□现代服务业□高新技术产业）		
204 有限合伙制创业投资企业的法人合伙人		□是	205 创业投资企业		□是
206 技术先进型服务企业类型（填写代码）			207 非营利组织		□是
208 软件、集成电路企业类型（填写代码）			209 集成电路生产项目类型	□130 纳米□65 纳米□28 纳米	
210 科技型中小企业	210-1 __年（申报所属期年度）入库编号 1			210-2 入库时间 1	
	210-3 __年（所属期下一年度）入库编号 2			210-4 入库时间 2	
211 高新技术企业申报所属期年度有效的高新技术企业证书	211-1 证书编号 1			211-2 发证时间 1	
	211-3 证书编号 2			211-4 发证时间 2	
212 重组事项税务处理方式	□一般性□特殊性		213 重组交易类型（填写代码）		
214 重组当事方类型（填写代码）			215 政策性搬迁开始时间		__年_月
216 发生政策性搬迁且停止生产经营无所得年度		□是	217 政策性搬迁损失分期扣除年度		□是
218 发生非货币性资产对外投资递延纳税事项		□是	219 非货币性资产对外投资转让所得递延纳税年度		□是
220 发生技术成果投资入股递延纳税事项		□是	221 技术成果投资入股递延纳税年度		□是
222 发生资产（股权）划转特殊性税务处理事项		□是	223 债务重组所得递延纳税年度		□是
主要股东及分红情况（必填项目）					
股东名称	证件种类	证件号码	投资比例（%）	当年（决议日）分配的股息、红利等权益性投资收益金额	国籍（注册地址）
其余股东合计	——	——			——

图 6-10　A000000 企业基础信息表

4. A100000 中华人民共和国企业所得税年度纳税申报表填写指导

结合实训 4 中业务发生情况以及各附表信息，填制所得税年度纳税申报表，如图 6-11 所示。手工填报需根据数量关系自行计算；电子填报在输入金额后会自动计算得出本期实际应纳税额。其中，表格中深色色块为电子填报时自动计算部分。

行次	类别	项　目	金　额
1	利润总额计算	一、营业收入（填写 A101010\101020\103000）	
2		减：营业成本（填写 A102010\102020\103000）	
3		减：税金及附加	
4		减：销售费用（填写 A104000）	
5		减：管理费用（填写 A104000）	
6		减：财务费用（填写 A104000）	
7		减：资产减值损失	
8		加：公允价值变动收益	
9		加：投资收益	
10		二、营业利润（1-2-3-4-5-6-7+8+9）	
11		加：营业外收入（填写 A101010\101020\103000）	
12		减：营业外支出（填写 A102010\102020\103000）	
13		三、利润总额（10+11-12）	
14	应纳税所得额计算	减：境外所得（填写 A108010）	
15		加：纳税调整增加额（填写 A105000）	
16		减：纳税调整减少额（填写 A105000）	
17		减：免税、减计收入及加计扣除（填写 A107010）	
18		加：境外应税所得抵减境内亏损（填写 A108000）	
19		四、纳税调整后所得（13-14+15-16-17+18）	
20		减：所得减免（填写 A107020）	
21		减：弥补以前年度亏损（填写 A106000）	
22		减：抵扣应纳税所得额（填写 A107030）	
23		五、应纳税所得额（19-20-21-22）	
24	应纳税额计算	税率（25%）	
25		六、应纳所得税额（23×24）	
26		减：减免所得税额（填写 A107040）	
27		减：抵免所得税额（填写 A107050）	
28		七、应纳税额（25-26-27）	
29		加：境外所得应纳所得税额（填写 A108000）	
30		减：境外所得抵免所得税额（填写 A108000）	
31		八、实际应纳所得税额（28+29-30）	
32		减：本年累计实际已缴纳的所得税额	
33		九、本年应补（退）所得税额（31-32）	
34		其中：总机构分摊本年应补（退）所得税额（填写 A109000）	
35		财政集中分配本年应补（退）所得税额（填写 A109000）	
36		总机构主体生产经营部门分摊本年应补（退）所得税额（填写 A109000）	

图 6-11　A100000 中华人民共和国企业所得税年度纳税申报表

5. A101010 一般企业收入明细表填写指导

根据案例企业1—11月利润表及实训5中12月利润表数据，填制一般企业收入明细表，如图6-12所示。手工填报需按数量关系自行计算；电子填报在不同类型收入金额后将自动计算得出收入总额。其中，表格中深色色块为电子填报时自动计算部分。

行次	项　目	金　额
1	一、营业收入（2+9）	
2	（一）主营业务收入（3+5+6+7+8）	
3	1. 销售商品收入	
4	其中：非货币性资产交换收入	
5	2. 提供劳务收入	
6	3. 建造合同收入	
7	4. 让渡资产使用权收入	
8	5. 其他	
9	（二）其他业务收入（10+12+13+14+15）	
10	1. 销售材料收入	
11	其中：非货币性资产交换收入	
12	2. 出租固定资产收入	
13	3. 出租无形资产收入	
14	4. 出租包装物和商品收入	
15	5. 其他	
16	二、营业外收入（17+18+19+20+21+22+23+24+25+26）	
17	（一）非流动资产处置利得	
18	（二）非货币性资产交换利得	
19	（三）债务重组利得	
20	（四）政府补助利得	
21	（五）盘盈利得	
22	（六）捐赠利得	
23	（七）罚没利得	
24	（八）确实无法偿付的应付款项	
25	（九）汇兑收益	
26	（十）其他	

图6-12　A101010 一般企业收入明细表

6. A102010 一般企业成本支出明细表填写指导

根据案例企业 1—11 月利润表、实训 5 中 12 月利润表数据以及其他明细表，填制一般企业成本支出明细表，如图 6-13 所示。手工填报需按数量关系自行计算；电子填报在输入不同类型成本金额后将自动计算得出成本支出总额。其中，表格中深色色块为电子填报时自动计算部分。

行次	项　　目	金　　额
1	一、营业成本（2+9）	
2	（一）主营业务成本（3+5+6+7+8）	
3	1. 销售商品成本	
4	其中：非货币性资产交换成本	
5	2. 提供劳务成本	
6	3. 建造合同成本	
7	4. 让渡资产使用权成本	
8	5. 其他	
9	（二）其他业务成本（10+12+13+14+15）	
10	1. 销售材料成本	
11	其中：非货币性资产交换成本	
12	2. 出租固定资产成本	
13	3. 出租无形资产成本	
14	4. 包装物出租成本	
15	5. 其他	
16	二、营业外支出（17+18+19+20+21+22+23+24+25+26）	
17	（一）非流动资产处置损失	
18	（二）非货币性资产交换损失	
19	（三）债务重组损失	
20	（四）非常损失	
21	（五）捐赠支出	
22	（六）赞助支出	
23	（七）罚没支出	
24	（八）坏账损失	
25	（九）无法收回的债券股权投资损失	
26	（十）其他	

图 6-13　A102010 一般企业成本支出明细表

7. A104000 期间费用明细表填写指导

根据实训 4 业务发生情况及期间费用科目明细表，填制期间费用明细表，如图 6-14 所示。手工填报需按数量关系自行计算；电子填报在输入期间费用金额后将自动计算得出期间费用总额。其中，表格中深色色块为电子填报时自动计算部分。

行次	项　　目	销售费用	其中：境外支付	管理费用	其中：境外支付	财务费用	其中：境外支付
		1	2	3	4	5	6
1	一、职工薪酬		*		*	*	*
2	二、劳务费					*	*
3	三、咨询顾问费					*	*
4	四、业务招待费		*		*	*	*
5	五、广告费和业务宣传费		*		*	*	*
6	六、佣金和手续费					*	*
7	七、资产折旧摊销费		*		*	*	*
8	八、财产损耗、盘亏及毁损损失		*		*	*	*
9	九、办公费		*		*	*	*
10	十、董事会费		*		*	*	*
11	十一、租赁费					*	*
12	十二、诉讼费		*		*	*	*
13	十三、差旅费		*		*	*	*
14	十四、保险费		*		*	*	*
15	十五、运输、仓储费					*	*
16	十六、修理费					*	*
17	十七、包装费		*		*	*	*
18	十八、技术转让费					*	*
19	十九、研究费用					*	*
20	二十、各项税费		*		*	*	*
21	二十一、利息收支	*	*	*	*		
22	二十二、汇兑差额	*	*	*	*		
23	二十三、现金折扣	*	*	*	*		*
24	二十四、党组织工作经费	*	*		*	*	*
25	二十五、其他						
26	合计（1+2+3+…+25）						

图 6-14　A104000 期间费用明细表

8. A105000 纳税调整项目明细表填写指导

根据案例企业 1—11 月利润表、实训 5 中 12 月利润表数据、实训 4 业务发生情况以及其他明细表，填制纳税调整项目明细表，如图 6-15 所示。手工填报需按数量关系自行计算；电子填报在输入相应项目金额后，将自动计算得出纳税调增或调减总金额。其中，表格中深色色块为电子填报时自动计算部分。

行次	项目	账载金额	税收金额	调增金额	调减金额
		1	2	3	4
1	一、收入类调整项目（2+3+…+8+10+11）	*	*		
2	（一）视同销售收入（填写A105010）	*			*
3	（二）未按权责发生制原则确认的收入（填写A105020）				
4	（三）投资收益（填写A105030）				
5	（四）按权益法核算长期股权投资对初始投资成本调整确认收益	*	*	*	
6	（五）交易性金融资产初始投资调整	*	*		*
7	（六）公允价值变动净损益		*		
8	（七）不征税收入	*	*		
9	其中：专项用途财政性资金（填写A105040）	*	*		
10	（八）销售折扣、折让和退回				
11	（九）其他				
12	二、扣除类调整项目（13+14+…+24+26+27+28+29+30）	*	*		
13	（一）视同销售成本（填写A105010）	*		*	
14	（二）职工薪酬（填写A105050）				
15	（三）业务招待费支出				*
16	（四）广告费和业务宣传费支出（填写A105060）	*	*		
17	（五）捐赠支出（填写A105070）				
18	（六）利息支出				
19	（七）罚金、罚款和被没收财物的损失		*		*
20	（八）税收滞纳金、加收利息		*		*
21	（九）赞助支出		*		*
22	（十）与未实现融资收益相关在当期确认的财务费用				
23	（十一）佣金和手续费支出（保险企业填写A105060）				
24	（十二）不征税收入用于支出所形成的费用	*	*		*
25	其中：专项用途财政性资金用于支出所形成的费用（填写A105040）	*	*		*
26	（十三）跨期扣除项目				
27	（十四）与取得收入无关的支出		*		*
28	（十五）境外所得分摊的共同支出	*	*		
29	（十六）党组织工作经费				
30	（十七）其他				
31	三、资产类调整项目（32+33+34+35）	*	*		
32	（一）资产折旧、摊销（填写A105080）				
33	（二）资产减值准备金		*		
34	（三）资产损失（填写A105090）	*	*		
35	（四）其他				
36	四、特殊事项调整项目（37+38+…+43）	*	*		
37	（一）企业重组及递延纳税事项（填写A105100）				
38	（二）政策性搬迁（填写A105110）	*	*		
39	（三）特殊行业准备金（39.1+39.2+39.4+39.5+39.6+39.7）	*	*		
39.1	1. 保险公司保险保障基金				
39.2	2. 保险公司准备金				
39.3	其中：已发生未报案未决赔款准备金				
39.4	3. 证券行业准备金				
39.5	4. 期货行业准备金				
39.6	5. 中小企业融资（信用）担保机构准备金				
39.7	6. 金融企业、小额贷款公司准备金（填写A105120）	*	*		
40	（四）房地产开发企业特定业务计算的纳税调整额（填写A105010）	*			
41	（五）合伙企业法人合伙人应分得的应纳税所得额				
42	（六）发行永续债利息支出				
43	（七）其他	*	*		
44	五、特别纳税调整应税所得	*	*		
45	六、其他	*	*		
46	合计（1+12+31+36+44+45）	*	*		

图6-15　A105000 纳税调整项目明细表

231

9. A105030 投资收益纳税调整明细表填写指导

根据案例实训 4 业务发生情况、企业 1—11 月利润表、实训 5 中 12 月利润表数据以及其他明细表，填制投资收益纳税调整明细表，如图 6-16 所示。手工填报需按数量关系自行计算；电子填报在输入相应项目金额后，将自动计算得出投资收益纳税调整金额。其中，表格中深色色块为电子填报时自动计算部分。

行次	项 目	持有收益			会计确认的处置收入	税收计算的处置收入	持有收益		会计确认的处置所得或损失	税收计算的处置所得	纳税调整金额	纳税调整金额
		账载金额	税收金额	纳税调整金额			处置投资的账面价值	处置投资的计税基础				
		1	2	3(2-1)	4	5	6	7	8(4-6)	9(5-7)	10(9-8)	11(3+10)
1	一、交易性金融资产											
2	二、可供出售金融资产											
3	三、持有至到期投资											
4	四、衍生工具											
5	五、交易性金融负债											
6	六、长期股权投资											
7	七、短期投资											
8	八、长期债券投资											
9	九、其他											
10	合计(1+2+3+4+5+6+7+8+9)											

图 6-16 投资收益纳税调整明细表

10. A105050 职工薪酬纳税调整明细表

根据实训 4 中业务实际发生情况以及负债类部分科目余额表，填制职工薪酬纳税调整明细表，如图 6-17 所示。手工填报需按数量关系自行计算；电子填报在输入相应项目金额后，将自动计算得出职工薪酬纳税调整总金额。其中，表格中深色色块为电子填报时自动计算部分。

行次	项目	账载金额	实际发生额	税收规定扣除率	以前年度累计结转扣除额	税收金额	纳税调整金额	累计结转以后年度扣除额
		1	2	3	4	5	6 (1-5)	7 (2+4-5)
1	一、工资薪金支出			*	*			*
2	其中：股权激励			*	*			*
3	二、职工福利费支出				*			*
4	三、职工教育经费支出			*				
5	其中：按税收规定比例扣除的职工教育经费							
6	按税收规定全额扣除的职工培训费用				*			*
7	四、工会经费支出				*			*
8	五、各类基本社会保障性缴款			*	*			*
9	六、住房公积金			*	*			*
10	七、补充养老保险				*			*
11	八、补充医疗保险				*			*
12	九、其他			*	*			*
13	合计 (1+3+4+7+8+9+10+11+12)			*				

图 6-17 职工薪酬纳税调整明细表

11. A105060 广告费和业务宣传费跨年度纳税调整明细表填写指导

根据 1—11 月利润表以及实训 4 中本期实际发生的广告费和业务宣传费金额，填制广告费和业务宣传费跨年度纳税调整明细表，如图 6-18 所示。手工填报需按数量关系自行计算；电子填报在输入相应项目金额后将自动计算得出广告费和业务宣传费跨年度纳税调整总金额。其中，表格中深色色块为电子填报时自动计算部分。

行次	项目	广告费和业务宣传费	保险企业手续费及佣金支出
1	一、本年支出		
2	减：不允许扣除的支出		
3	二、本年符合条件的支出（1-2）		
4	三、本年计算扣除限额的基数		
5	乘：税收规定扣除率		
6	四、本企业计算的扣除限额（4×5）		
7	五、本年结转以后年度扣除额 （3＞6，本行=3-6；3≤6，本行=0）		
8	加：以前年度累计结转扣除额		
9	减：本年扣除的以前年度结转额 [3＞6，本行=0；3≤6，本行=8与（6-3）孰小值]		
10	六、按照分摊协议归集至其他关联方的金额（10≤3与6孰小值）		*
11	按照分摊协议从其他关联方归集至本企业的金额		*
12	七、本年支出纳税调整金额 （3＞6，本行=2+3-6+10-11；3≤6，本行=2+10-11-9）		
13	八、累计结转以后年度扣除额（7+8-9）		

图 6-18　广告费和业务宣传费跨年度纳税调整明细表

12. A105070 捐赠支出纳税调整明细表填写指导

根据捐赠支出明细表填制捐赠支出纳税调整明细表，如图 6-19 所示。手工填报需按数量关系自行计算；电子填报在输入相关捐赠金额后将自动计算得出捐赠支出纳税调整总金额。其中，表格中深色色块为电子填报时自动计算部分。

行次	项目	账载金额	以前年度结转可扣除的捐赠额	按税收规定计算的扣除限额	税收金额	纳税调增金额	纳税调减金额	可结转以后年度扣除的捐赠额
		1	2	3	4	5	6	7
1	一、非公益性捐赠		*	*	*		*	*
2	二、限额扣除的公益性捐赠（3+4+5+6）							
3	前三年度（　　年）	*		*	*	*	*	
4	前二年度（　　年）	*		*	*	*	*	
5	前一年度（　　年）	*		*	*	*	*	
6	本年（　　年）		*				*	
7	三、全额扣除的公益性捐赠		*	*		*	*	*
8	1		*	*		*	*	*
9	2		*	*		*	*	*
10	3		*	*		*	*	*
11	合计（1+2+7）							
附列资料	2015年度至本年发生的公益性扶贫捐赠合计金额		*	*		*	*	*

图 6-19　捐赠支出纳税调整明细表

13. A105080 资产折旧、摊销情况及纳税调整明细表填写指导

根据实训 4 业务发生情况及固定资产折旧计算表，填制资产折旧、摊销情况及纳税调整明细表，如图 6-20 所示。手工填报需按数量关系自行计算；电子填报在输入相应项目金额后，将自动计算得出资产折旧、摊销及纳税调整总金额。其中，表格中深色色块为电子填报时自动计算部分。

行次	项目		账载金额			税收金额					纳税调整金额
			资产原值	本年折旧、摊销额	累计折旧、摊销额	资产计税基础	税收折旧、摊销额	享受加速折旧政策的资产按税收一般规定计算的折旧、摊销额	加速折旧、摊销统计额	累计折旧、摊销额	纳税调整金额
			1	2	3	4	5	6	7 (5-6)	8	9 (2-5)
1	一、固定资产（2+3+4+5+6+7）							*	*		
2	所有固定资产	（一）房屋、建筑物						*	*		
3		（二）飞机、火车、轮船、机器、机械和其他生产设备						*	*		
4		（三）与生产经营活动有关的器具、工具、家具等						*	*		
5		（四）飞机、火车、轮船以外的运输工具						*	*		
6		（五）电子设备						*	*		
7		（六）其他						*	*		
8	其中：享受固定资产加速折旧及一次性扣除政策的资产加速折旧额大于一般折旧额的部分	（一）重要行业固定资产加速折旧（不含一次性扣除）									*
9		（二）其他行业研发设备加速折旧									*
10		（三）海南自由贸易港企业固定资产加速折旧									
11		（四）500万元以下设备器具一次性扣除									*
12		（五）疫情防控重点保障物资生产企业单价500万元以上设备一次性扣除									*
13		（六）海南自由贸易港企业固定资产一次性扣除									
14		（七）技术进步、更新换代固定资产加速折旧									*
15		（八）常年强震动、高腐蚀固定资产加速折旧									*
16		（九）外购软件加速折旧									*
17		（十）集成电路企业生产设备加速折旧									*
18	二、生产性生物资产（19+20）							*	*		
19	（一）林木类							*	*		
20	（二）畜类							*	*		
21	三、无形资产（22+23+24+25+26+27+28+29）							*	*		
22	所有无形资产	（一）专利权						*	*		
23		（二）商标权						*	*		
24		（三）著作权						*	*		
25		（四）土地使用权						*	*		
26		（五）非专利技术						*	*		
27		（六）特许权使用费						*	*		
28		（七）软件						*	*		
29		（八）其他						*	*		
30	其中：享受无形资产加速摊销及一次性摊销政策的资产加速摊销额大于一般摊销额的部分	（一）企业外购软件加速摊销									*
31		（二）海南自由贸易港企业无形资产加速摊销									*
32		（三）海南自由贸易港企业无形资产一次性摊销									*
33	四、长期待摊费用（34+35+36+37+38）							*	*		
34	（一）已足额提取折旧的固定资产的改建支出							*	*		
35	（二）租入固定资产的改建支出							*	*		
36	（三）固定资产的大修理支出							*	*		
37	（四）开办费							*	*		
38	（五）其他							*	*		
39	五、油气勘探投资							*	*		
40	六、油气开发投资							*	*		
41	合计（1+18+21+33+39+40）										
	附列资料	全民所有制企业公司制改制资产评估增值政策资产						*	*		

图6-20 资产折旧、摊销情况及纳税调整明细表

14. A105090 资产损失税前扣除及纳税调整明细表填写指导

根据实训4业务发生情况，填制资产损失税前扣除及纳税调整明细表，如图6-21所示。手工填报需按数量关系自行计算；电子填报在输入相应项目金额后，将自动计算得出资产损失税前扣除及纳税调整总金额。其中，表格中深色色块为电子填报时自动计算部分。

行次	项目	资产损失直接计入本年损益金额	资产损失准备金核销金额	资产处置收入	赔偿收入	资产计税基础	资产损失的税收金额	纳税调整金额
		1	2	3	4	5	6(5-3-4)	7
1	一、现金及银行存款损失		*					
2	二、应收及预付款项坏账损失							
3	其中：逾期三年以上的应收款项损失							
4	逾期一年以上的小额应收款项损失							
5	三、存货损失							
6	其中：存货盘亏、报废、损毁、变质或被盗损失							
7	四、固定资产损失							
8	其中：固定资产盘亏、丢失、报废、损毁或被盗损失							
9	五、无形资产损失							
10	其中：无形资产转让损失							
11	无形资产被替代或超过法律保护期限形成的损失							
12	六、在建工程损失		*					
13	其中：在建工程停建、报废损失		*					
14	七、生产性生物资产损失							
15	其中：生产性生物资产盘亏、非正常死亡、被盗、丢失等产生的损失							
16	八、债权性投资损失(17+23)							
17	（一）金融企业债权性投资损失（18+22）							
18	1.贷款损失							
19	其中：符合条件的涉农和中小企业贷款损失							
20	其中：单户贷款余额300万（含）以下的贷款损失							
21	单户贷款余额300万元至1000万元（含）的贷款损失							
22	2.其他债权性投资损失							
23	（二）非金融企业债权性投资损失							
24	九、股权（权益）性投资损失							
25	其中：股权转让损失							
26	十、通过各种交易场所、市场买卖债券、股票、期货、基金以及金融衍生产品等发生的损失							
27	十一、打包出售资产损失							
28	十二、其他资产损失							
29	合计（1+2+5+7+9+12+14+16+24+26+27+28）							
30	其中：分支机构留存备查的资产损失							

图6-21　资产损失税前扣除及纳税调整明细表

6.4　实训任务

[任务1]　增值税及附加税纳税申报

请结合实训 4 中北京东方家具有限公司账套信息、关联材料信息以及其他明细表填制以下申报表及附加资料：

（1）增值税及附加税费申报表附列资料（一）；

（2）增值税及附加税费申报表附列资料（二）；

（3）增值税及附加税费申报表附列资料（三）；

（4）增值税及附加税费申报表附列资料（四）；

（5）增值税及附加税费申报表附列资料（五）；

（6）增值税减免税申报明细表；

（7）增值税及附加税费申报表。

关联资料信息清单：

（1）专用发票汇总表（图6-22）；

（2）增值税普通发票汇总表（图6-23）；

（3）认证结果通知书（图6-24）；

（4）机动车销售统一发票认证结果通知书（图6-25）。

制表日期：2022 年12 月31 日
所属日期：2022 年12 月
专用发票统计表 1-01
专用增值税发票汇总表 2022 年12 月
纳税人登记号：91110152352632382
企业名称：北京东方家具有限公司
地址电话：北京市大兴区西红门镇新建工业区91号 010-61207058

★ 发票领用存情况

期初库存份数50　　　　正数发票份数19　　　　负数发票份数 2
购进发票份数　　　　　正数废票份数　　　　　负数废票份数
退回发票份数　　　　　期末库存份数29

★ 销项情况 ★

金额单位：元

序号	项目名称	合计	13 %	9 %	6 %	3 %	其它
1	销项正废金额	0.00	0.00	0.00	0.00	0.00	0.00
2	销项正数金额	4199671.86	4139671.86	0.00	60000.00	0.00	0.00
3	销项负废金额	0.00	0.00	0.00	0.00	0.00	0.00
4	销项负数金额	18880.00	18880.00	0.00	0.00	0.00	0.00
5	实际销售金额	4180791.86	4120791.86	0.00	60000.00	0.00	0.00
6	销项正废税额	0.00	0.00	0.00	0.00	0.00	0.00
7	销项正数税额	541757.34	538157.34	0.00	3600.00	0.00	0.00
8	销项负废税额	0.00	0.00	0.00	0.00	0.00	0.00
9	销项负数税额	2454.40	2454.40	0.00	0.00	0.00	0.00
10	实际销项税额	539302.94	535702.94	0.00	3600.00	0.00	0.00

图 6-22　专用发票汇总表

制表日期：2022年12月31日
所属期间：2022年12月
增值税普通发票统计表 1-01
增值税发票汇总表
纳税人登记号：91110152352632382
企业名称：北京东方家具有限公司
地址电话：北京市大兴区西红门镇新建工业区91号

★发票领用存情况★

期初库存份数 10　　　　正数发票份数 1　　　　负数发票份数
购进发票份数　　　　　正数废票份数　　　　　负数废票份数
退回发票份数　　　　　期末库存份数 9

★销项情况★

金额单位：元

序号	项目名称	合计	13%	9%	6%	3%	其他
1	销项正废金额	0.00	0.00	0.00	0.00	0.00	0.00
2	销项正数金额	67680.00	67680.00	0.00	0.00	0.00	0.00
3	销项负废金额	0.00	0.00	0.00	0.00	0.00	0.00
4	销项负数金额	0.00	0.00	0.00	0.00	0.00	0.00
5	实际销售金额	67680.00	67680.00	0.00	0.00	0.00	0.00
6	销项正废税额	0.00	0.00	0.00	0.00	0.00	0.00
7	销项正数税额	8798.40	8798.40	0.00	0.00	0.00	0.00
8	销项负废税额	0.00	0.00	0.00	0.00	0.00	0.00
9	销项负数税额	0.00	0.00	0.00	0.00	0.00	0.00
10	实际销项税额	8798.40	8798.40	0.00	0.00	0.00	0.00

图 6-23　增值税普通发票汇总表

认证结果通知书

zR3Z9/3de/19XKgPXD92ma5HHprIJpXKRrjJvPLfLXRjQUpvciaCNKmGNpPJJBCK4ac4Fa83e0jd6aNkldMFoIiWr31+mwqJOY2z0qqwJ8LgFiJ8qChi4zToD9p3CzPoIeQKL5Ce/5U1fWYWluO8NbyNx1ZN//8CnPX98ZXzr9g=

北京东方家具有限公司：

　　你单位于2022年12月报送的防伪税控系统开具的专用发票抵扣联共27份。经过认证，认证相符的专用发票27份金额2874924.01元，税额341437.80元。

　　请将认证相符专用发票抵扣联与本通知书一起装订成册，作为纳税检查的备查资料。

　　认证详细情况请你在办税大厅查询纳税人发票认证信息。

国家税务总局北京市大兴区税务局

2023 年 01 月 05 日

图 6-24　认证结果通知书

机动车销售统一发票认证结果通知书

x9SI9/5de/19XKgPXD92ma5HKpr1JpXShyJvPLfL5BJQNpvc1aCHHhGNpPJJBCWAsc4FaS5e0jd6zHk1dNFoI1Wc31+mwqJOY2xOqqwJSLgY1JSqObi4zToD5p5CxPoIeQKL5Ge/5U1fWYWiu0SNySx1ZN//5CnPK96ZkrWgv

北京东方家具有限公司：

  你单位于2022年12月报送的机动车销售统一发票抵扣联共1份。经过认证，认证相符的专用发票1份金额145800.00元，税额18954.00元；认证不符的发票0份，税额0；认证重复的发票0份，税额0；认证密文有误的发票0份，税额0。

  请将认证相符专用发票抵扣联与本通知书一起装订成册，作为纳税检查的备查资料。

  认证详细情况请见本通知所附清单。

国家税务总局北京市东京站区税务局

2023 年 01 月 05 日

图 6-25　机动车销售统一发票认证结果通知书

[任务2] 企业所得税纳税申报

请结合实训 4 中北京东方家具有限公司账套信息、关联材料信息及其他明细表填制以下申报表及附加信息表。

（1）中华人民共和国企业所得税年度纳税申报表（封面）（提示：经办人为王志，经办人身份证号：110128199601026521）。

（2）企业所得税年度纳税申报表填报表单。

（3）A000000 企业基础信息表。

（4）A100000 中华人民共和国企业所得税年度纳税申报表。

（5）A101010 一般企业收入明细表（提示：1—11 月没有非货币性资产交换）。

（6）A102010 一般企业成本支出明细表（提示：1—11 月没有非货币性资产交换）。

（7）A104000 期间费用明细表（装卸费计入运输费；有关科目按电算化设置的会计科目填写）。

（8）A105000 纳税调整项目明细表。

（9）A105030 投资收益纳税调整明细表、填制 A105050 职工薪酬纳税调整明细表。

（10）A105060 广告费和业务宣传费跨年度纳税调整明细表。

（11）A105070 捐赠支出纳税调整明细表。

（12）A105080 资产折旧、摊销情况及纳税调整明细表。

（13）A105090 资产损失税前扣除及纳税调整明细表（有关应收账款账龄已经逾期三年；无形资产转让净收益用负数表示损失填列资产损失的账载金额）。

关联资料信息清单如下。

（1）捐赠明细支出表（表 6-1）；

（2）固定资产折旧计算表（图 6-26）；

（3）企业年度所得税相关资料说明（图 6-27）；

（4）1-11 月利润表（图 6-28）；

（5）投资人信息资料（图 6-29）；

（6）部分损益类科目余额表（图 6-30）；

（7）期间费用科目明细表（图 6-31）；

（8）负债类部分科目余额表（图 6-32）；

（9）资产部分科目余额表（图 6-33）；

（10）企业其他信息（图 6-34）。

表 6-1　捐赠明细支出表

编制单位：北京东方家具有限公司		
北京捐赠单位	金额/元	捐赠性质
北京市昌平希望小学	10 000.00	非公益性捐赠支出

编制单位：北京东方家具有限公司　　　　2022 年 12 月 31 日

设备名称	部门名称	原值	使用日期	使用年限	年折旧	截至 2022 年累计折旧	类别	备注
木工设备 C1	木工车间	700 000	2021/9/1	10	66 500.04	83 125.05	生产设备	
木工设备 D2	木工车间	800 000	2021/9/1	10	75 999.96	94 999.95	生产设备	
木工设备 F3	木工车间	650 000	2021/9/1	10	61 749.96	77 187.45	生产设备	
喷涂设备	油漆车间	200 000	2021/9/1	10	18 999.96	23 749.95	生产设备	
生产线 A	装配车间	350 000	2021/9/1	10	33 249.96	41 562.45	生产设备	
生产线 B	装配车间	400 000	2021/5/1	10	22 166.69	22 166.69	生产设备	
木工设备 CQ	木工车间	699 306.57	2022/12/1	10	0	0	生产设备	本月购入
生产线 C	油漆车间	267 730	2022/12/1	10	0	0	生产设备	本月融资租入
维修设备 LK	机修车间	100 000	2021/9/1	10	9 500.04	11 875.05	生产设备	
维修设备 GH	机修车间	50 000	2021/9/1	10	4 749.96	5 937.45	生产设备	
叉车	仓管部	50 000	2022/5/1	10	2 770.81	2 770.81	运输设备	
东风轻卡货车	销售部	80 000	2022/1/1	10	5 805.58	5 805.58	运输设备	按公里数折旧
东风天龙重卡货车	销售部	160 380	2022/12/1	10	0	0	运输设备	本月购入
办公设备 A	办公室	30 000	2021/9/1	5	5 700	7 125	电子设备	
办公设备 B	财务部	30 000	2021/9/1	5	5 700	7 125	电子设备	
办公设备 C	采购部	30 000	2021/9/1	5	5 700	7 125	电子设备	
办公设备 D	仓管部	30 000	2021/9/1	5	5 700	7 125	电子设备	
办公设备 E	企划部	30 000	2021/9/1	5	5 700	7 125	电子设备	
打印机	办公室	10 000	2021/9/1	5	1 899.96	2 374.95	电子设备	
复印机	办公室	20 000	2021/9/1	5	3 800.04	4 750.05	电子设备	
复印机 DZ	办公室	17 176	2022/12/1	5	0	0	电子设备	本月购入
电脑	办公室	35 000	2022/12/1	5	0	0	电子设备	接受捐赠取得
小轿车	办公室		2021/5/1	10	11 874.96		运输设备	已处置
传真机	办公室		2019/11/1	5	927.12		电子设备	已处置
合计		4 739 592.57			348 495.04	411 930.43		

备注：上述小轿车和传真机年折旧指的是 2022 年的折旧，即处置前当年的折旧额。

图 6-26　固定资产折旧计算表

出于简化考虑，请根据相关背景材料，利用企业 1—12 月的数据完成企业所得税年度纳税申报表及其他表，金额一律保留两位小数；报表申报日期为 2023 年 1 月 15 日。

其他背景信息如下：

1. 企业从业人数（全年月平均人数）为 41 人。

　　101 纳税申报企业类型（填写代码）：100

　　105 所属国民经济行业（填写代码）：2 110

　　103 资产总额（填写平均值，单位：万元）：1 147.70

2. 税法规定本企业发生的坏账损失，应按实际发生额据实扣除。

3. 企业以前年度未发生亏损和股权投资转让损失。

4. 企业期初的长期股权投资仅投资于北京凯乐装饰有限公司，初始投资成本：600 000.00 元。

5. 有关固定资产折旧以及无形资产摊销明细表请参见相关会计凭证后附原始凭证，固定资产、无形资产采用直线法计提，无形资产摊销年限为 10 年。（最低折旧或摊销年限符合税务局规定的年限，暂不考虑固定资产加速折旧企业所得税优惠政策）。

6. 企业工资、薪金支出符合税法规定的合理标准，企业按实际工资薪金支出的 2% 计提工会经费（所有的费用以及职工薪酬都已实际全部发放，并且有合法票据，无股权激励发放，不存在税收优惠及其他特殊事项）。

7. 企业当年广告费和业务宣传支出均列支于销售费用中，均按税法相关规定扣除。

8. 企业仅为职工缴纳基本社会保险费，不缴纳补充养老保险、补充医疗保险及住房公积金（详见相关记账凭证附件）。

9. 按主管税务机关规定，企业取得境外所已纳税抵用方式为：分国不分项抵扣。本年度企业未发生境外所得。

10. 除背景材料及凭证附件中所涉及差异外，企业无其他需调整事项，相关资料未列示的项目则默认年初和本年无数据。

11. 2022 年实际已预缴企业所得税 673 599.02 元。

12. 2022 年度会计政策和估计未发生变化。

13. A105030 投资收益纳税调整明细表中，"处置收益"的"其他"项目栏里，会计确认的处置收入及税收计算的处置收入均为 925 320.00 元；处置投资的账面价值及处置投资的计税基础均为 819 500.00 元。

14. 期间费用：公司目前不存在境外业务，也没有境外相关费用。

15. 职工教育经费不存在全额扣除人员支出，上年度无留抵。

图 6-27　企业年度所得税相关资料说明

1—11 月利润表

编制单位：北京东方家具有限公司　　　　2022 年 12 月 31 日　　　　　　　　单位：元

项目	行次	本期金额	1—11 月金额
一、营业收入	1	（略）	38 417 500
减：营业成本	2		30 457 593.64
税金及附加	3		476 653.37
销售费用	4		1 766 194.93
管理费用	5		2 988 732.09
研发费用	6		
财务费用	7		78 000
其中：利息费用	8		0
利息收入	9		13 000
加：其他收益	10		0
投资收益（损失以"－"号填列）	11		105 820
其中：对联营企业和合营企业的投资收益	12		
以摊余成本计量的金融资产终止确认收益（损失以"－"号填列）	13		
净敞口套期收益（损失以"－"号填列）	14		
公允价值变动收益（损失以"－"号填列）	15		0
信用减值损失（损失以"－"号填列）	16		0
资产减值损失（损失以"－"号填列）	17		−1 749.88
资产处置收益（损失以"－"号填列）	18		0
二、营业利润（亏损以"－"号填列）	19		2 754 396.09
加：营业外收入	20		440 000
减：营业外支出	21		500 000
三、利润总额（亏损总额以"－"号填列）	22		2 694 396.09
减：所得税费用	23		673 599.02
四、净利润（净亏损以"－"号填列）	24		2 020 797.07
（一）持续经营净利润（净亏损以"－"号填列）	25		2 020 797.07
（二）终止经营净利润（净亏损以"－"号填列）	26		
五、其他综合收益的税后净额	27		
（一）不能重分类进损益的其他综合收益	28		
1. 重新计量设定受益计划变动额	29		
2. 权益法下不能转损益的其他综合收益	30		
3. 其他权益工具投资公允价值变动	31		
4. 企业自身信用风险公允价值变动	32		
……	33		
（二）将重分类进损益的其他综合收益	34		
1. 权益法下可转损益的其他综合收益	35		
2. 其他债权投资公允价值变动	36		
3. 其他债权投资信用减值准备	37		
4. 现金流量套期储备	38		
5. 外币财务报表折算差额	39		
……	40		
六、综合收益总额	41		2 020 797.07
七、每股收益：	42		
（一）基本每股收益	43		
（二）稀释每股收益	44		

图 6-28　1—11 月利润表

投资人（法定代表人）：李佳惠

出　　资：人民币 275.00 万元，占注册资本金 55%；

住　　所：北京市朝阳区中山路 1202 号

身份证号：110128197301163172

签发机关：北京市公安局朝阳分局

有效期限：2010.03.01—2030.03.01

固定电话：010—6578×××

移动电话：1385622××××

投资人：王薇

出　　资：人民币 225.00 万元，占注册资本金 45%；

住　　所：北京市朝阳区中山路 836 号

身份证号：11012819830216××××

签发机关：北京市公安局朝阳分局

有效期限：2015.05.01—2035.05.01

固定电话：010—6578×××

移动电话：13256128××××

图 6-29　投资人信息资料

部分损益类科目余额表

编制单位：北京东方家具有限公司　　　　　　　　2022 年 12 月 31 日　　　　　　　　　　单位：元

总账科目	明细科目	本年累计借方发生额	本年累计贷方发生额	备注
主营业务收入	白色办公桌	12 212 640	12 212 640	
主营业务收入	黑色办公桌	2 323 628.32	2 323 628.32	
主营业务收入	棕色会议桌	13 374 640	13 374 640	
主营业务收入	精品办公椅	4 921 303.54	4 921 303.54	
主营业务收入	高档办公椅	9 734 800	9 734 800	
其他业务收入	租金收入	30 000	30 000	
投资收益		104 461.46	104 461.46	
营业外收入		479 750	479 750	其中 1—11 月"其他"金额为 440 000 元
主营业务成本	白色办公桌	9 307 548	9 307 548	
主营业务成本	黑色办公桌	2 101 593.6	2 101 593.6	
主营业务成本	棕色会议桌	10 280 622.59	10 280 622.59	
主营业务成本	精品办公椅	4 112 954.4	4 112 954.4	
主营业务成本	高档办公椅	7 420 147.2	7 420 147.2	
其他业务成本		3 563.89	3 563.89	出租固定资产的折旧
营业外支出		648 830.37	648 830.37	其中，排污费罚款 3 000 元，非公益性（希望小学）捐赠 100 000 元，剩余部分 500 000 元归其他
税金及附加		503 618.61		
资产减值损失		659 964.33		
资产处置损益		21 200		

图 6-30　部分损益类科目余额表

期间费用科目明细表

编制单位：北京东方家具有限公司　　　　　　　2022 年 12 月 31 日　　　　　　　　　　单位：元

总账科目	明细科目	本年累计借方发生额	本年累计贷方发生额	备注
销售费用	工资	234 000	234 000	
销售费用	职工福利费	15 648	15 648	
销售费用	广告费	213 773.56	213 773.56	
销售费用	运输费	502 200	502 200	
销售费用	装卸费	47 16.98	4 716.98	填写运输、仓储费栏
销售费用	包装费	66 307.56	66 307.56	
销售费用	展览费	518 867.91	518 867.91	
销售费用	房租费	15 000	15 000	
销售费用	工会经费	4 680	4 680	
销售费用	社会保险费	74 802	74 802	
销售费用	折旧费	5 541.69	5 541.69	
销售费用	其他	2 880	2 880	
销售费用	业务招待费	54 000	54 000	
销售费用	代销手续费	218 880	218 880	
销售费用	办公用品费	6 000	6 000	
管理费用	工资	1 059 120	1 059 120	
管理费用	职工福利费	237 470.4	237 470.4	
管理费用	办公费	44 573.31	44 573.31	
管理费用	差旅费	44 536.73	44 536.73	
管理费用	社会保险费	338 565.6	338 565.6	
管理费用	审计费	60 000	60 000	
管理费用	工会经费	21 182.4	21 182.4	
管理费用	职工教育经费	60 000	60 000	
管理费用	房租费	225 000	225 000	
管理费用	折旧费	49 772.89	49 772.89	
管理费用	水电费	403 200	403 200	
管理费用	无形资产摊销	4 666.66	4 666.66	
管理费用	其他	59 460.54	59 460.54	
管理费用	维修费	600 000	600 000	
管理费用	电话费	43 694.4	43 694.4	
管理费用	财产保险费	4 800	4 800	
财务费用	手续费	92 036	92 036	
财务费用	利息收入	−16 451.68	−16 451.68	
财务费用	利息支出	10 412.5	10 412.5	

图 6-31　期间费用科目明细表

负债类部分科目余额表

编制单位：北京东方家具有限公司　　　2022 年 12 月 31 日　　　　　　　　单位：元

总账科目	明细科目	本年累计借方发生额	本年累计贷方发生额	备注
应付职工薪酬	短期薪酬（工资）	2 360 684.51	2 343 170	
应付职工薪酬	短期薪酬——医疗（生育保险）	253 062.36	253 062.36	
应付职工薪酬	短期薪酬（工伤保险）	11 715.89	11 715.89	
应付职工薪酬	短期薪酬（福利费）	3 945.2	3 945.2	
应付职工薪酬	短期薪酬（职工教育经费）		60 000	
应付职工薪酬	短期薪酬（工会经费）	47 256	46 863.4	
应付职工薪酬	短期薪酬（非货币性福利）		18 016	
应付职工薪酬	短期薪酬（临时性补助）	5 000	5 000	
应付职工薪酬	离职后福利（养老保险）	374 907.2	374 907.2	
应付职工薪酬	离职后福利（失业保险）	23 431.7	23 431.7	

图 6-32　负债类部分科目余额表

资产部分科目余额表

编制单位：北京东方家具有限公司　　　2022 年 12 月 31 日　　　　　　　　单位：元

总账科目	年初金额	本年累计借方发生额	本年累计贷方发生额	期末余额（贷方）
坏账准备	24 950	20 000	0	4 950
固定资产减值准备		549.88	658 764.33	658 214.45
无形资产减值准备	0	1 200	1 200	0

备注：固定资产减值准备和无形资产减值准备于 2022 年 11 月发生的计提。

图 6-33　资产部分科目余额表

企业其他信息

1. 是否为国家限制或禁止行业：否
2. 是否采用一般企业财务报表格式（2019年版）：是
3. 是否为小型微利企业：否
4. 是否为上市公司：否
5. 是否从事股权投资业务：否
6. 是否存在境外关联交易：否
7. 是否为有限合伙制创业投资企业的法人合伙人：否
8. 是否为创业投资企业：否
9. 是否为非营利组织：否
10. 是否发生政策性搬迁且停止生产经营无所得年度：否
11. 是否政策性搬迁损失分期扣除年度：否
12. 是否发生非货币性资产对外投资递延纳税事项：否
13. 是否非货币性资产对外投资转让所得递延纳税年度：否
14. 是否发生技术成果投资入股递延纳税事项：否
15. 是否技术成果投资入股递延纳税年度：否
16. 是否发生资产（股权）划转特殊性税务处理事项：否
17. 是否债务重组所得递延纳税年度：否
18. 纳税申报企业类型代码：100
19. 适用会计准则或会计制度代码：110
20. 所属国民经济行业：2110

图 6-34　企业其他信息

实训 7
会计人工智能基础实训

随着人工智能技术的快速发展，会计行业正逐步迈向智能化、数据化的新时代。会计人工智能将会在会计核算领域中广泛应用，作为会计核算人员，需要具备相关的基础技能，以适应未来会计行业对数智化人才的需求。因此，本章主要介绍会计人工智能中的基础技能。

会计人工智能基础不仅涵盖了先进的数据处理和分析技术，还结合了大数据、云计算和机器学习等前沿科技，使得会计核算工作能够更加高效、准确和智能化。通过本章的学习，学生将掌握会计数据特征提取的方法、会计人工智能分析思维、数据分析与可视化，以及 Python 在会计核算中的应用等核心技能，提高学生数据处理和分析水平，培养学生创新思维和解决问题的能力，为未来的职业发展奠定坚实的基础。

7.1 实训目的

（1）通过理论教学与实践教学，学生了解和熟悉会计数据特征提取的方法，能应用 Python 语言的基础代码读取 Excel 文件，进行数据的描述性统计、数据排序和累计统计等。

（2）人工智能分析思维利用其发散思维，从不同角度分析比较数据，并利用数据可视化清晰地看出数据的特点、数据之间差异和发展趋势。通过这节的理论教学与实践教学，主要目的是使学生了解和熟悉人工智能分析思维方法和数据可视化，并能结合 Pyecharts 绘图功能和应用 Python 语言的基础代码进行图表绘制。

（3）通过理论教学与 Python 实践教学，学生了解 Python 的特点、Python 在会计核算中的应用，理解大数据对会计行业的影响。同时，能利用 Python 进行基础的财务数据挖掘，熟练掌握并应用 Pandas 及数据可视化第三方库从企业的各个经营环节结构化数据中提取数据，进行业务领域及财务核算等领域的数据分析，以合适的可视化图表展示数据分析结果。

7.2　实训组织

实训组织是本次实训的总体方案流程。学生应当按照实训组织的步骤,逐一进行学习、操作。

(1)参照实训准备,下载相应的软件、数据。

(2)逐个进入实训内容,熟悉相关知识点。

(3)按照任务案例中示例部分进行模仿学习和操作。

(4)开始"实训任务",操作完成对应的任务案例题目,达到举一反三的效果。

7.3　实训内容

7.3.1　会计数据特征提取

1. 相关知识点

1)Pandas 数据库简介

会计数据特征提取需要用到 Pandas 数据库。Pandas 是 Python 第三方库,提供高性能易用数据类型和分析工具。它可以帮助我们任意探索数据,对数据进行读取、导入、导出、连接、合并、分组、插入、拆分、索引、转换等。

2)会计数据特征提取分析方法

(1)索引。

Pandas 通过索引来提取数据,索引包括行索引和列索引,不同的索引方法在行和列的使用上略有不同。主要有直接索引、布尔索引和 loc 索引器这三种索引方式。

(2)描述性统计分析。

描述性统计分析可以帮助我们快速了解数据文件中各财务指标合计数、最大最小值、平均数、中位数和标准差。

(3)数组排序。

数组排序可以帮助我们直观地看出最大值或最小值所对应的公司和年份。

(4)累计统计。

累计统计可以帮助我们直观地比较月份或年份累计数。

2. 任务案例

导入部分

(1)如图 7-1 所示,用 Pycharm 软件打开"fin_data.xlsx"(可扫描图 7-2 二维码获取)。

图 7-2　**fin_data.xlsx** 的二维码

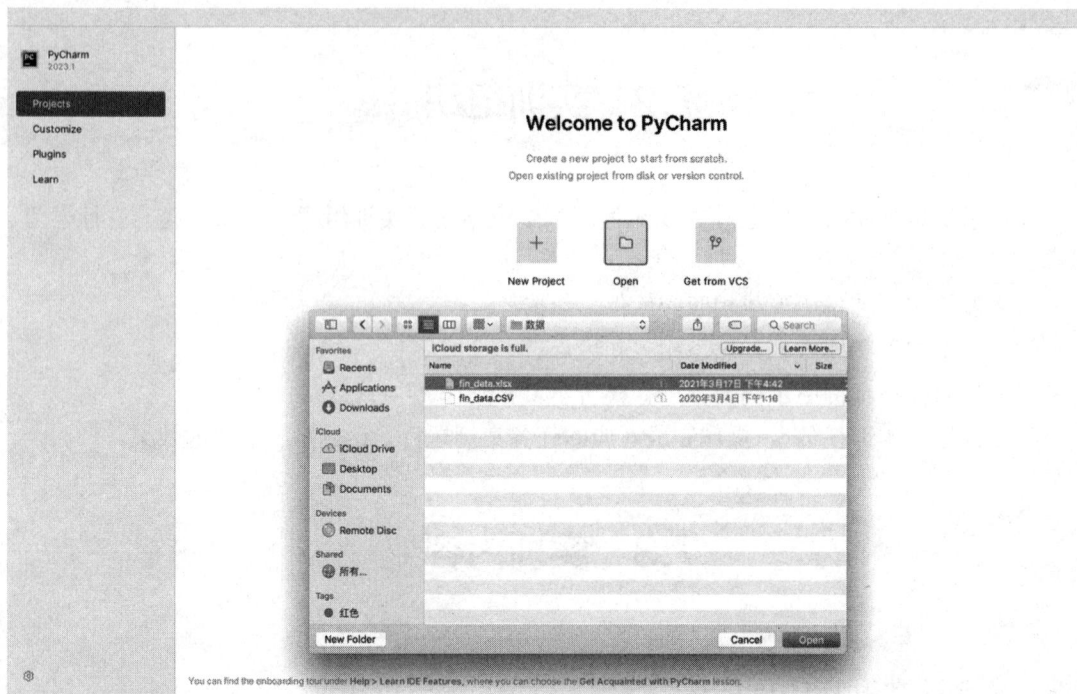

图 7-1　Pycharm 打开页面

（2）用 pandas 读取"fin_data.xlsx"。

【代码】

```
#导入 pandas 作为 pd
import pandas as pd
#读取 excel,'..\数据\ fin_data.xlsx'为文件路径
df=pd.read_excel(r'..\数据\ fin_data.xlsx',sheet_name=0,converters={'年':str,'公司':str})
#显示前 5 行
df.head(5)
```

输出结果如图 7-3 所示。

	年	月	公司	营业收入	营业成本	利润总额	净利润	资产合计	负债合计	权益合计
0	2018	Jan	10104	34603.70	52479.27	6140.64	8573.19	355024.70	-584170.26	939194.95
1	2018	Jan	10105	158326.61	142732.97	14948.80	14211.79	715383.07	736184.44	-20801.37
2	2018	Jan	10108	98515.01	88478.95	8204.14	6658.71	545261.37	344963.70	200297.66
3	2018	Jan	10110	21531.00	20762.68	361.40	361.40	134095.92	294480.98	-160385.06
4	2018	Jan	10111	27109.50	26018.61	578.37	578.37	158604.36	319261.84	-160657.48

图 7-3　Pandas 读取数据输出结果

案例 7-1　索引

索引能够快速提取所需要的会计数据。

从 Excel 导入到 DataFrame 的数据包含了很多信息，但是，如果想要从原始 DataFrame 截取一部分信息，该怎么操作呢？

前面讲过，Pandas 通过索引来提取，下面介绍三种索引方式。

1. 直接索引

直接索引直接使用[]，可以选取一列、多列或指定几行。

【代码】

```
#选取一列
df['列']
#选取多列,方括号里的是一个列名组合的 list
df[['列 1','列 2']]
#按位置选取连续的行
df[n:m]
```

示例：沿用读取到的数据表的前五行进行索引操作，提取"年""月""公司"和"营业收入"。

【代码】

```
df[['年','月','公司','营业收入']]
```

输出结果如图 7-4 所示。

	年	月	公司	营业收入
0	2018	Jan	10104	34603.70
1	2018	Jan	10105	158326.61
2	2018	Jan	10108	98515.01
3	2018	Jan	10110	21531.00
4	2018	Jan	10111	27109.50

图 7-4　直接索引输出结果

2. 布尔索引

布尔索引，也称为带条件判断的索引，可以通过条件在数组中筛选出条件为 True 的数据。常见形式有：选取某列满足一定条件的行、选取多列满足一定条件的行。

【代码】

```
#选取某列满足一定条件的行
df[(df['列']==条件)]
#选取多列满足一定条件的行
df[(df['列 1']==条件)&(df['列 2']>=条件)]
```

示例：沿用读取到的数据表的前五行进行索引操作，提取 10108 公司的财务数据。

【代码】

```
df[(df['公司']=='10108')]
```

输出结果如图 7-5 所示。

	年	月	公司	营业收入	营业成本	利润总额	净利润	资产合计	负债合计	权益合计
2	2018	Jan	10108	98515.01	88478.95	8204.14	6658.71	545261.37	344963.7	200297.66

图 7-5　布尔索引输出结果

3. loc 索引器

loc 索引器基于标签，用行名、列名进行索引。常见形式有以下几种：选取一行；选取行列组合；按条件选取列满足一定条件的行；按列名选取连续的列。

【代码】

```
#选取一行
df.loc['行']
#选取行列组合
df.loc[['行1','行2'],['列1','列2']]
#按列名选取连续的列
df.loc[[行1:行2,列1:列2]
#选取列满足一定条件的行
df.loc[(df['列']>条件)]
```

示例：沿用读取到的数据表的前五行进行索引操作，选取"利润总额"列满足公司的利润总额大于 10 000 元。

【代码】

```
df.loc[(df['利润总额']>10000,['公司','利润总额']]
```

输出结果如图 7-6 所示。

	公司	利润总额
1	10105	14948.8

图 7-6 loc 索引输出结果

案例 7-2 描述性统计分析

描述性统计分析用于快速了解各财务指标合计数、最大值、最小值、平均值、中位数、标准差等。

在一份数据文件中，有不同时间、公司的不同财务指标。那么，如何快速知道这些数据的统计值呢？比如各财务指标合计数、中位数、标准差等。我们可以通过描述性统计分析了解各公司的财务数据表现是否有较大差距。

Pandas 提供了很多现成的描述性统计信息的函数，表 7-1 列出了重要函数。

表 7-1 Pandas 描述统计相关函数

函数	描述	函数	描述
sum()	所有值之和	max()	所有值中的最大值
count()	非空观测数量	abs()	绝对值
mean()	所有值的平均值	prod()	数组元素的乘积
median()	所有值的中位数	cumsum()	累计总和
std()	值的标准偏差	cumprod()	累计乘积
min()	所有值中的最小值	describe()	有关 DataFrame 列的统计信息摘要

　　示例：使用 describe 函数将所有数值列进行描述统计，并结合 loc 索引器单独提取利润总额均值。

　　【代码】

```
#获得表中数值类型指端的分布值(最大值、最小值、平均值、标准差等)
df.describe()
```

　　输出结果如图 7-7 所示。

	营业收入	营业成本	利润总额	净利润	资产合计	负债合计	权益合计
count	484.000000	590.000000	590.000000	590.000000	5.920000e+02	5.920000e+02	5.920000e+02
mean	64035.682913	48618.382610	4214.814983	3440.046814	3.591946e+05	2.245322e+05	1.346624e+05
std	74615.593564	63782.968205	9116.312196	7874.881674	4.580974e+05	3.470262e+05	3.599440e+05
min	2881.170000	-4590.430000	-8374.930000	-43529.500000	-6.039660e+03	-9.020255e+05	-3.015444e+05
25%	21563.002500	8086.200000	-54.467500	-49.992500	8.227271e+04	9.636175e+02	-2.732030e+03
50%	35854.320000	28059.000000	1423.325000	1292.620000	2.161997e+05	1.496489e+05	2.513361e+04
75%	70716.527500	55440.967500	4240.730000	3739.585000	4.859090e+05	3.999711e+05	1.764839e+05
max	440712.170000	375260.250000	76676.910000	82385.760000	2.783599e+06	1.262470e+06	1.672928e+06

图 7-7　描述性统计输出结果

　　【代码】

```
df.describe().loc['mean','利润总额']
```

　　输出结果如下：

```
48618.38261016952
```

案例 7-3　数组排序

　　数组排序就是按某行或者某列的值进行升序或降序排序，从而能直观看出最大值或最小值所对应的公司和年份。

　　通过案例 7-2 的学习，我们统计了某个财务指标的最大值、最小值，但不能直观地看出最大值所对应的公司和年份。如果能够像 Excel 一样对数据进行排序，那么结果就能一目了然了。Pandas 提供了 sort_values()函数，可以按某行或者某列的值进行升序或降序排序。

　　【代码】

```
# axis:0 是按行排序,1 是按列排序。ascending:默认是 Ture,即升序排序; False 为降序排序。
DataFrame.sort_values(by,axis=0,ascending=True)
```

　　示例：按照营业收入进行降序排序。

　　【代码】

```
#reset_index():索引重置,drop=True 参数设置删除原有索引,默认重置后会增加新的列存储
原有索引。
df.sort_values('营业收入',ascending=False).reset_index(drop=True)
```

　　输出结果如图 7-8 所示。

	年	月	公司	营业收入	营业成本	利润总额	净利润	资产合计	负债合计	权益合计
0	2019	Aug	10132	440712.17	375260.25	59247.84	43682.58	2783599.28	1135806.08	1647793.20
1	2019	Jul	10132	406661.43	340890.55	56169.47	40803.46	2639651.78	1035541.16	1604110.62
2	2018	Aug	10132	383878.39	331306.35	44828.02	33621.01	1619809.87	255645.87	1364164.00
3	2018	Jul	10132	363411.87	305299.48	51615.27	38711.46	1560998.88	230455.89	1330542.99
4	2019	Jun	10132	355575.54	309166.26	43710.05	35552.51	2564851.55	1001544.40	1563307.16
...	...	...	...	...	...	...	...	...	...	...
589	2019	Oct	10138	NaN	1022.25	-451.98	-674.30	42525.16	19461.52	23063.64
590	2019	Oct	10140	NaN	0.00	0.00	0.00	0.00	330.37	-330.37
591	2019	Oct	10141	NaN	-0.02	0.02	0.02	0.02	901.33	-901.31
592	2019	Oct	10142	NaN	0.00	0.00	0.00	0.00	49.58	-49.58
593	2019	Oct	10158	NaN	1785.86	-1777.20	-1777.20	6208.17	5384.68	823.48

594 rows × 10 columns

图 7-8　数组排序输出结果

案例 7-4　累计统计

累计统计能够直观地比较月份或年份累计数。

在 fin_data 中，对于"营业收入、营业成本、利润总额、净利润"指标，显示的是每家公司每个月的当月发生数。但是当月数指标往往有不确定的波动影响，因此财务中经常需要比较月份累计数，如统计公司 6 月的损益表现，用的就是 1—6 月财务数据的合计。

Pandas 中执行累积统计分析的函数有 cumsum，cumprod，cummax，cummin，同时它们也都有 axis 轴参数可以根据实际需求来调整参数值。其中：

（1）cumsum 函数可以依次给出前 1，2，…，n 个数的和——财务数据分析中最常用。

（2）cumprod 函数可以依次给出前 1，2，…，n 个数的积。

（3）cummax 函数可以依次给出前 1，2，…，n 个数的最大值。

（4）cummin 函数可以依次给出前 1，2，…，n 个数的最小值。

示例：计算 10104 公司的"营业收入、营业成本、利润总额、净利润"两年内的累计和。

【代码】

```
#set_index(drop=True):将 DataFrame 中的列转化为行索引,想要保留原来的索引可以用
drop=False 参数,默认为 True.
#将年、月、公司信息设置为 index 可以在 cumsum 后保留这些信息。
df.loc[df['公司']=='10104','年':'净利润'].set_index(['年','月','月2','公司']).
cumsum()
```

输出结果如图 7-9 所示。

年	月2	月	公司	营业收入	营业成本	利润总额	净利润
2018	01	Jan	10104	34603.70	52479.27	6140.64	8573.19
	02	Feb	10104	75319.20	107708.60	23330.46	25212.28
	03	Mar	10104	109546.16	155372.24	35122.06	44488.35
	04	Apr	10104	143904.44	190310.50	111798.97	126874.11
	05	May	10104	179772.52	248105.68	118713.37	131856.62
	06	Jun	10104	217352.63	306187.16	128465.99	127723.67
	07	Jul	10104	259838.58	351912.31	158011.52	158164.15
	08	Aug	10104	303447.66	423617.29	165298.65	168702.95
	09	Sep	10104	336949.67	474653.43	173437.64	176317.51
	10	Oct	10104	372269.37	513847.23	197473.84	200376.74
	11	Nov	10104	404201.86	579446.19	195691.41	202020.07
	12	Dec	10104	439928.72	623434.35	224028.72	218014.83
2019	01	Jan	10104	479384.27	678014.49	240018.31	229356.02
	02	Feb	10104	520092.98	733485.83	252225.88	237994.61
	03	Mar	10104	571210.95	792968.16	280823.71	259449.09
	04	Apr	10104	606932.71	847311.35	322541.36	290537.62
	05	May	10104	646157.55	916875.14	329402.27	296736.56
	06	Jun	10104	687681.75	978199.51	346050.34	309116.24
	07	Jul	10104	735181.21	1046379.46	386864.67	339628.43
	08	Aug	10104	784905.81	1134114.40	394955.79	345670.64
	09	Sep	10104	821287.12	1211517.63	389276.14	341426.24
	10	Oct	10104	860303.97	1276293.68	399601.35	349141.61

图 7-9　累积统计输出结果

7.3.2　会计人工智能分析思维与数据可视化

1. 相关知识点

1）常见的人工智能分析思维

（1）对比分析思维。

对比分析主要是对企业业务或财务的实际数据与相关指标数据进行对比，以全面评价和判断企业的实际情况。

（2）分类思维。

数据分析中分类思维方式的目的在于通过将取得原始数据按一定的标准（某个共同特点）进行组别划分，让这些无序的数据变得有序、有特定的特征，这时就会便于我们认识和理解这些数据，找到内在的某种规律，便于我们作出决策或优化改进。

（3）趋势思维。

按照时间的维度，对某一数据或者不同数据变化趋势进行差异化研究，以及对数据的下一步变化进行预测。

（4）相关思维。

相关思维有助于我们找到最重要的数据，排除掉过多杂乱数据的干扰，帮助我们发现不同事物或数据之间的关联性，最终形成我们决策的依据，大大提升我们的管理效率或者处理事情的能力。

（5）漏斗思维。

漏斗思维的核心在于通过层层递减的结构来分析业务流程中的关键环节和转化率，帮助优化流程和提高效率。

2）财务大数据分析及其可视化

通过人工智能系统，可以对公司同行业国内外情况和内部财务状况与生产经营等各个方面的数据进行挖掘、分析、整理、对比，将所收集和录入的数据系统分成不同方面进行数据整合以满足经营管理的需要。在对数据的掌握及分析变得愈加重要的当今时代，数据可视化作为提高用户对数据的理解程度，创新架构，增进体验的重要一环，一向富有表现力的 Python 语言应当可以发挥更大作用，优秀的 Pyecharts 第三方库即在这样的背景下诞生。

对于会计财务人员来说，数据可视化是工作中非常重要的一部分。数据可视化工具在多种财务场景下的落地应用，能够帮助财务人员迅速将巨量碎片化数据整合为信息，并将信息以更为清晰、易懂的方式快速呈现为可视化图表，辅助管理者更敏捷、高效地从多种维度出发把握企业整体发展情况。与 Excel 绘图功能不同的是，Pyecharts 的绘图功能在处理海量数据的基础上，还具有一定的可互动性，这增强了财务数据的趣味性，也使图表更加直观。

2. 任务案例：宁德公司财务指标分析

宁德公司是国内率先具备国际竞争力的动力电池制造商之一，专注于新能源汽车动力电池系统的研发、生产和销售，致力于给全球新能源汽车提供一流动力电池，在汽车行业占据龙头。

如果你是宁德公司聘用的一名会计，现在给你汽车行业所有公司的财务比率（可扫描图 7-10 二维码获取）和汽车行业所有公司的财务指标（可扫描图 7-11 二维码获取），具体示例是宁德公司财务指标分析表示例（可扫描图 7-12 二维码获取），请为公司做出以下分析。

图 7-10　汽车行业所有公司的财务比率的二维码　　图 7-11　汽车行业所有公司的财务指标的二维码　　图 7-12　宁德公司财务指标分析表示例的二维码

案例 7-5　请对宁德公司自身状况进行分析，绘制费用率表

绘制费用率表采用了分类思维和对比分析思维，通过展现各年度的三大费用率，可以清晰地发现费用率的高低和发展趋势，从而促使会计人员找出影响这种差异的原因、优化差异的方法。

1. 打开 Pycharm 软件（图 7-13），新建并保存工程文件（图 7-14）

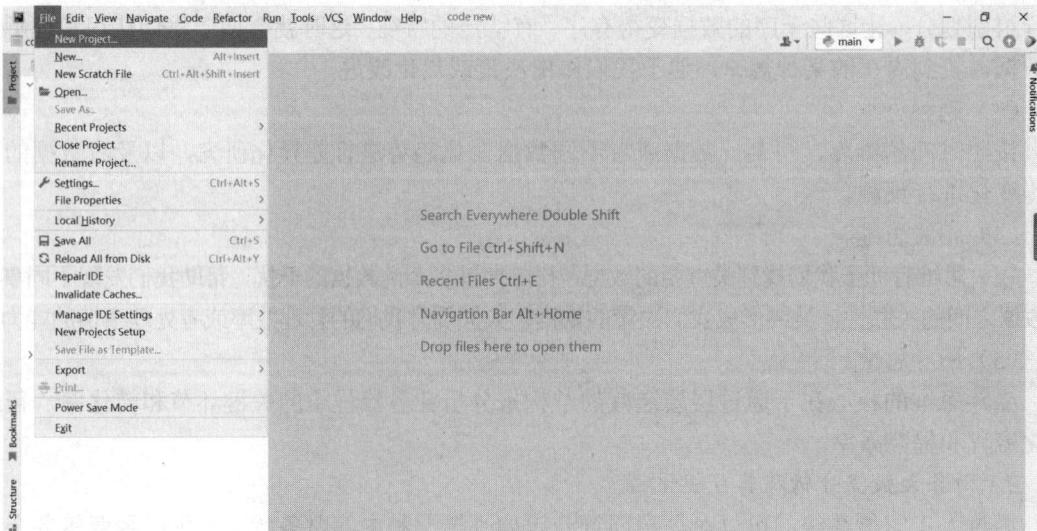

图 7-13　打开 Pycharm 软件

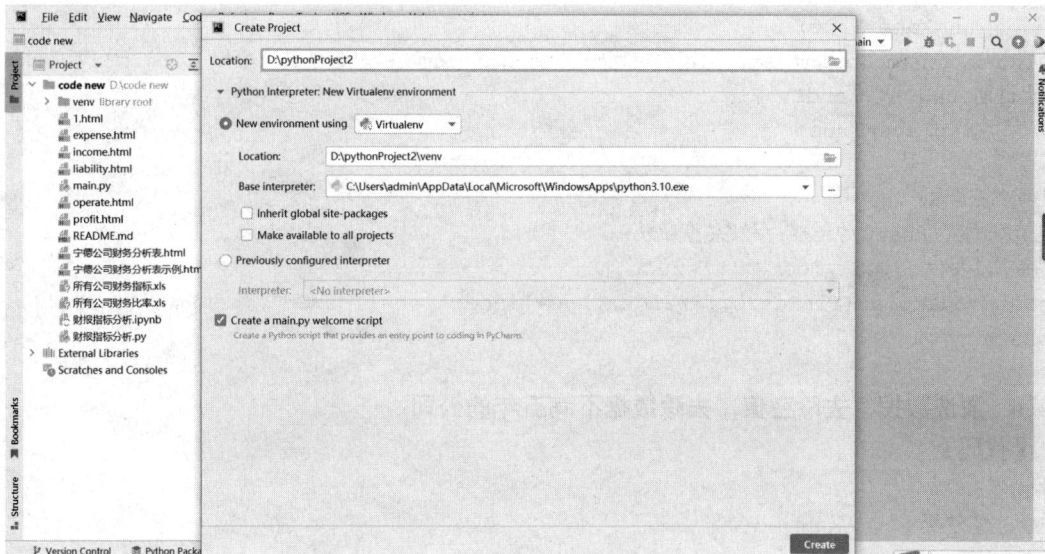

图 7-14 新建并保存工程文件

2. 设置工具

【代码】

```
import pandas as pd
from pyecharts import options as opts
# 柱状图工具
from pyecharts.charts import Bar

# 折线图工具
from pyecharts.charts import Line

# 漏斗图工具
from pyecharts.charts import Funnel

# 页面布局工具
from pyecharts.charts import Page

# 主题样式工具
from pyecharts.globals import ThemeType
```

3. 导入 Excel 数据，设置格式

【代码】

```
# 读取数据
finRatio=pd.read_excel('./所有公司财务比率.xls')
finIndex=pd.read_excel('./所有公司财务指标.xls')

#修改列名：由于两表中有相同字段的列名不同
# inplace=True 替换原 df
finRatio.rename(columns={'上市公司代码_Comcd':'comCd','最新公司全称_Lcomnm':'comNm',
'截止日期_Enddt':'endDt'},
```

```
          inplace=True)
finIndex.rename(columns={'上市公司代码_Comcd':'comCd','最新公司全称_Lcomnm':'comNm',
'截止日期_EndDt':'endDt'},
          inplace=True)
```

```
#将两个表合成一个
#连接方式为inner,内连接:保留共有部分
#连接字段为['comCd','comNm','endDt']
finData=pd.merge(finRatio,finIndex,how='inner',on=['comCd','comNm','endDt'])
finData
```

4. 清洗数据，去除空值，去除数据不满五年的公司
【代码】

```
#数据清洗
#去除空值的行
finData.dropna(how='any',axis=0,inplace=True)
#去除数据不满五年的公司
    for i in finData.comCd:
        if finData.comCd.to_list().count(i)!=5:
            finData.drop(finData[finData.comCd==i].index,axis=0,inplace=True)
```

```
#行业公司总数
comNumber=int(len(finData)/5)
```

```
#选取的五个年份
year_lst=list(finData.endDt.apply(lambda x:str(x)[:4]).unique())
```

```
#本公司代码
code="C300750"
```

```
#本公司名
name="宁德"
```

```
#去掉原索引,设置新索引0~5*n-1
finData.reset_index(inplace=True)
finData.drop("index",axis=1,inplace=True)
```

5. 绘制费用率表
【代码】

```
#初始化图表画布的宽高
expense=(
    Bar(init_opts=opts.InitOpts(width="700px",height="400px",theme=ThemeType.
LIGHT))
#设置标签属性
.add_xaxis(year_lst)
    .add_yaxis("销售费用率",finData[finData.comCd==code]["销售费用率(%)_Opeexprt"].
```

```
to_list(),stack="stack",
            bar_min_width=10,bar_max_width=50)
    .add_yaxis("管理费用率",finData[finData.comCd==code]["管理费用率(%)_Admexprt"].
to_list(),stack="stack")
    .add_yaxis("财务费用率",finData[finData.comCd==code]["财务费用率(%)_Finexprt"].
to_list(),stack="stack")

# 设置标签:显示位置,格式
.set_series_opts(
            label_opts=opts.LabelOpts(position="inside",formatter="{c}%")
    )

#设置标题
.set_global_opts(
            title_opts=opts.TitleOpts(title=name+"费用率表"),

#设置图例属性
#设置横纵坐标属性
    legend_opts=opts.LegendOpts(textstyle_opts=opts.LabelOpts(font_weight='bold')),
    xaxis_opts=opts.AxisOpts(name="Year",name_textstyle_opts=opts.TextStyleOpts
(font_weight='bold')),

# interval=115,boundary_gap=['50%','80%']
yaxis_opts=opts.AxisOpts(name="Percent",
name_textstyle_opts=opts.TextStyleOpts(font_weight='bold'),
                        axislabel_opts=opts.LabelOpts(formatter="{value}%"))
    )
)
```

输出结果如图 7-15 所示。

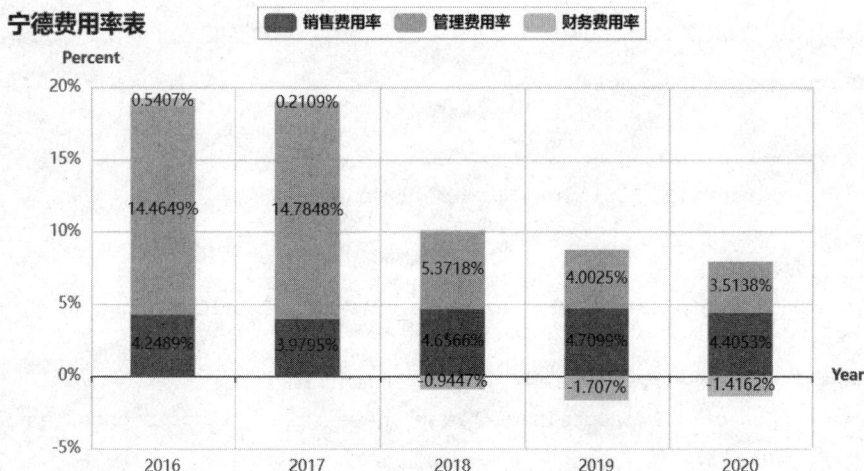

图 7-15　绘制宁德费用率表输出结果

案例 7-6　请对宁德公司自身状况进行分析，绘制偿债能力表、盈利能力表、营运能力表

偿债能力表、盈利能力表、营运能力表采用了趋势思维和相关思维，对同一指标和不同指标按照时间维度进行变化趋势进行研究，可以对数据进行目标预测。而通过数据之间的关联性，会计人员可以对企业现状进行原因分析和下一步决策。

1. 基本设置

【代码】

```python
# 定义一个折线图:横坐标 x 为年份,y 为下列展示的 liability,profit,operate;cpnCode 为本公司
代码; chartname 为图标名称
def drawLineChart(df,cpnCode,chartName,x,y):

# 初始化折线图,将宽设置为 700px,高为 400px
    lineChart=Line(init_opts=opts.InitOpts(width="700px",height="400px",))

# 添加 x 轴:[str]
    lineChart.add_xaxis(x)

# 添加所有 y 轴系列
    for idx in y:
        idx_ch=""

# 提取汉字
        for i in idx:
            if("\u4e00"<i<"\u9fa5"):
                idx_ch+=i
        lineChart.add_yaxis(idx_ch,df[df.comCd==cpnCode][idx].to_list())

# 设置图表全局属性
    lineChart.set_global_opts(

# 设置图表标题
        title_opts=opts.TitleOpts(title=chartName),

# 将字符设置为粗体字符
        legend_opts=opts.LegendOpts(textstyle_opts=opts.LabelOpts(font_weight='bold')),

# 将 x 轴 y 轴都设置为粗体字符,x 轴为 Year,y 轴为 Percent
        xaxis_opts=opts.AxisOpts(name="Year",name_textstyle_opts=opts.TextStyleOpts
(font_weight='bold')),
        yaxis_opts=opts.AxisOpts(name="Percent",name_textstyle_opts=opts.TextStyleOpts
(font_weight='bold')),
    )
```

```
# 三个图表使用同一配置
    lineChart.set_series_opts(

# 标签显示格式
        label_opts=opts.LabelOpts(formatter="{@[1]}%"),

# 设置线宽为2
        linestyle_opts=opts.LineStyleOpts(width=2)
    )
    return lineChart
```

2. 绘制偿债能力表
【代码】

```
# 绘制偿债能力表
liability=drawLineChart(finData,code,name+"偿债能力表",year_lst,["净负债率(%)_
NetLiaRt","净资产负债率(%)_NetAstLiaRt","现金流动负债比_OpeCcurdb"])
```

输出结果如图 7-16 所示。

图 7-16　绘制宁德偿债能力表输出结果

3. 绘制盈利能力表
【代码】

```
# 绘制盈利能力表
profit=drawLineChart(finData,code,name+"盈利能力表",year_lst,["销售净利率(%)_
Netprfrt","销售毛利率(%)_Gincmrt","营业利润率(%)_Opeprfrt"])
```

输出结果如图 7-17 所示。

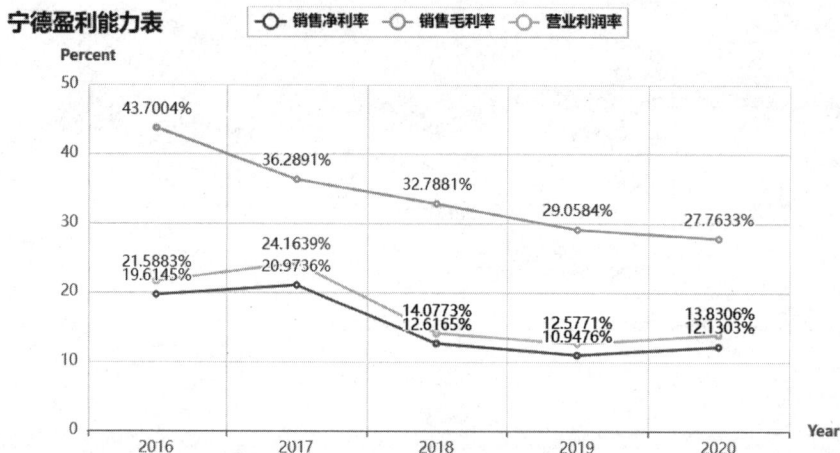

图 7-17　绘制宁德盈利能力表输出结果

4. 绘制营运能力表

【代码】

```
#绘制营运能力表
operate=drawLineChart(finData,code,name+"营运能力表",year_lst,["存货周转率(次)_
Invtrtrrat","总资产周转率(次)_Totassrat"])
```

输出结果如图 7-18 所示。

图 7-18　绘制宁德营运能力表输出结果

案例 7-7　请对汽车行业进行分析，绘制营收漏斗图

营收漏斗图采用漏斗思维，漏斗是层层递减的结构，上面宽下面窄。上面是行业内优秀企业，下面是即将被淘汰的企业，这有利于企业清晰自己的行业地位，有利于企业发展。

1.绘制营收漏斗图
【代码】

```
# 取出所有公司今年(行)的营收(列),并排序(默认排序)
incmOpe_df=finData[finData.endDt==finData['endDt'].iloc[-1]][["comCd","营业收入
(元)_Incmope"]].sort_values("营业收入(元)_Incmope",ascending=True)

# 设置y轴为五个行业均值,设置x轴为20%、40%、60%、80%、100%
# rolling(n).mean()求相邻n行数据的均值
y=[incmOpe_df["营业收入(元)_Incmope"].rolling(comNumber//5).mean().iloc
[i*comNumber//
5-1]for i in range(1,6)]
x=[f"行业排名{i*20-20}%-{i*20}%\n平均营收=" for i in range(5,-1,-1)]

# funnel的输入:二位列表[[text,index],[]……]
# 设置数字格式,单位为万元,index1~5
data=[[x[i]+str(y[i]//10000)+"w",i+1]for i in range(len(y))]

# 设置宽高
# 设置小标题
incmOpe=(
    Funnel(init_opts=opts.InitOpts(width="900px",height="500px"))
.add(
        series_name="平均营收",

# 添加数据
# 设置间隙
    data_pair=data,
    gap=1,

# 实现触发交互
# 设置图形为倒三角
        tooltip_opts=opts.TooltipOpts(trigger="item",formatter="{a}<br/>{b}{c}"),
        sort_="descending",

# 标签显示位置
# 边框设置
    label_opts=opts.LabelOpts(is_show=True,position="inside"),
        itemstyle_opts=opts.ItemStyleOpts(border_color="#fff",border_width=1),
    )

# 标题设置
#标题距上边位置
    .set_global_opts(
        title_opts=opts.TitleOpts(
            pos_top='30%',
```

```
#标题名称
#显示宁德公司数据
    title=f"{year_lst[-1]}行业营收分析",
                subtitle=f"{name}={incmOpe_df[incmOpe_df.comCd==code]['营业收
入(元)_Incmope'].iloc[-1]//10000}w"
                )
            )
    )
```

输出结果如图 7-19 所示。

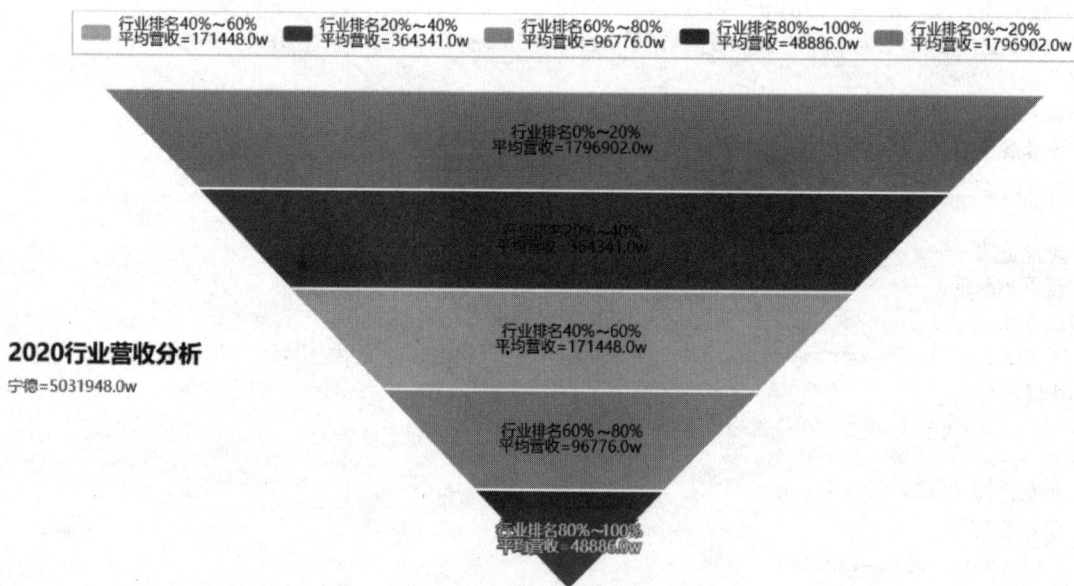

图 7-19　绘制汽车行业营收漏斗图输出结果

2. 输出为 html 文件

html 格式输出的网页文件可以让财务人员与可视化图表实现一定的触发交互功能，使图表更为直观，数据结果更加清晰。所以，将以上案例的分析图表都添加到一个网页中，输出成html 格式的网页文件，方便查阅。

【代码】

```
# 将 page 页面设为简单布局模式
Page=Page(layout=opts.PageLayoutOpts(justify_content='center',display="flex",f
lex_wrap="wrap"))

# 将上面定义好的图(费用率表为 expense、偿债能力表为 liability、盈利能力表为 profit、营运能力
表为 operate、营收漏斗图为 incmOpe)添加到 page
Page.add(expense,liability,profit,operate,incmOpe)

# 将 page 输出成自定义名称的 html 格式文件
Page.render("宁德公司财务指标分析表示例.html")
```

7.3.3　Python 在会计核算中的应用

1. 相关知识点

1）Python 简介

Python 是一个高层次的结合了解释性、编译性、互动性和面向对象的脚本语言。

2）Python 技术的特征

① 语言简洁，功能强大；

② 兼容性强；

③ 面向对象较为丰富。

3）Python 在会计核算工作中的优势

当今正处大数据时代，在财经领域具有海量的数据，对这些数据进行管理和分析，充分挖掘数据背后的商业价值对我们的财经人员提出了更高的要求。财经类学生也应在传统的理论学习的基础上，掌握数据建模、数据库技术、查询语言等数据管理工作。目前 Python 技术在各大领域已经广泛应用，它在财务数据挖掘和分析中作用明显，因此研究大数据尤其是 Python 技术，在会计核算中的应用具有重要意义。

会计财务离不开和数据打交道，而且每天有大量重复性工作，对于大量的重复性工作，部分场景下 Excel 的确能解决大部分需求，不过在运行 Excel 的过程中很容易出现看错行、复制错误、突然死机、忘记保存等情况。特别是数据量比较大的时候，用 Excel 处理就会显得烦琐且易错，而 Python 只需要运行几行代码就能将庞大的数据库进行归集整理，分析出想要的数据结果，因此利用 Python 可以释放大部分的人力来进行数据处理和释放重复性工作。同时，运用 Excel 进行数据处理需要有事先整合好的原始数据，不同的财务指标需要手动整理在一起，而 Python 可以通过运行代码在各大财经网站中爬取有关数据并整合在一起，以便进行会计核算。比如会计核算工作中往往要计算工资，税收，补贴等，这些往往是有固定公式的，而且基础数据可能来源于多个文件，因此会计核算人员可以利用 python 把整个的流程编程自动化，将不同页面的数据爬取在 python 中进行一键计算，一键统计，这样能极大程度上提高统计计算的效率，解决核算工作中的许多问题。

2. 任务案例

案例 7-8　租金计算

规则　当营业额小于 10 000 元时，采取固定租金方式，租金 1 000 元；当营业额介于 10 000 元到 20 000 元时，租金按营业额的 10%；当营业额超过 20 000 元时，租金=2 000 元+超过部分的 5%。租金数据（可扫描图 7-20 二维码获取）。

已知　甲公司 20×3 全年 12 个月的营业额（单位：元）如下：6 000，12 000，15 000，5 000，24 000，10 000，13 000，8 000，20 000，26 000，30 000，19 000。

图 7-20　租金数据的二维码

求解　甲公司每个月应付的租金？

【代码】

```
revenues={1:6000,2:12000,3:15000,4:5000,5:24000,6:10000,
        7:13000,8:8000,9:20000,10:26000,11:30000,12:19000}
rents={}
```

```
sum=0
for key in revenues.keys():
    if revenues[key]<10000:
        rent=1000
    elif 10000<=revenues[key]<=20000:
        rent=(revenues[key])*0.1
    else:
        rent=2000+(revenues[key]-20000)*0.05
    rents[str(key)+"月租金"]=int(rent)
    sum+=int(rent)
print(rents)
print("\n","全年总租金为:",sum,"元")
```

输出结果为：

甲公司每个月应付的租金(1000,1200,1500,1000,2200,1000,1300,1000,2000,2300,3500,1900)

案例 7-9 企业所得税计算（业务招待费扣除限额）

标准 ① 业务招待费允许按照发生额的 60%在税前扣除；② 但最高不得超过当年销售（营业）收入的 5‰。业务招待费标准如表 7-2 所示。

表 7-2 业务招待费标准 元

收入	20 000	30 000	50 000	80 000	70 000
业务招待费	250	300	400	600	800

要求：导入收入和招待费数据，计算各期允许税前扣除的招待费金额。

【代码】

```
incomes=[20000,30000,50000,80000,70000]
expenses=[250,300,400,600,800]
tax_expenses=map(lambda x,y:y*0.6 if y*0.6<x*0.005 else x*0.005,incomes,expenses)
print("各期允许税前扣除的业务招待费金额是:",list(tax_expenses))
```

输出结果如下：

各期允许税前扣除的招待费金额(100,150,240,360,350)

案例 7-10 根据表 7-3 和表 7-4 计算某公司 20×4 年 9 月所有员工的工资、五险一金和应纳个税税额。具体财会实验数据可扫描图 7-21 二维码获取。

图 7-21 财会实验数据的二维码

表 7-3 该公司 20×4 年 9 月的出勤天数及其他工资相关数据

员工序号	岗位	出勤天数	基础工资	绩效工资	津补贴	社保基数	专项扣除
A01	生产人员	20	8 000.00		200.00	8 200.00	
A02	生产人员	22	12 184.00		200.00	12 300.00	2 000.00
A03	生产人员	22	6 055.00		200.00	6 200.00	

员工序号	岗位	出勤天数	基础工资	绩效工资	津补贴	社保基数	专项扣除
A04	销售人员	18	7 650.00		200.00	7 800.00	
A05	销售人员	20	11 986.00		200.00	12 100.00	
A06	销售人员	19	16 338.00	3 000.00	200.00	16 500.00	2 000.00
A07	管理人员	22	20 197.00		200.00	20 300.00	
A08	管理人员	19	18 840.00		200.00	19 000.00	
A09	管理人员	22	35 539.00		200.00	35 700.00	2 000.00

表 7-4　工资个人所得税计税标准

级数	全年应纳税所得额	税率	速算扣除数
1	不超过 5 000 元的部分	0%	0
2	超过 5 000 元至 8 000 元的部分	3%	0
3	超过 8 000 元的部分至 17 000 元的部分	10%	210
4	超过 17 000 元至 30 000 元的部分	20%	1 410
5	超过 30 000 元至 40 000 元的部分	25%	2 660
6	超过 40 000 元至 60 000 元的部分	30%	4 410
7	超过 60 000 元至 85 000 元的部分	35%	7 160
8	超过 85 000 元的部分	45%	15 160

【代码】

```
Import pandas as pd
Df=pd.read excel('财会实验数据.xlsx',sheet name='职工薪酬')
Df.fillna(0,inplace=True)

Df['缺勤']=round((22-df['出勤天数'])*(df['基础工资']/21.75),2)
Df['应发工资']=df['基础工资']+df['绩效工资']+df['津补贴']-df['缺勤']
Df['公司缴纳五险一金']=round(df['应发工资']*0.2+df['应发工资']*0.08+df['应发工资']*0.02+df['应发工资']*0.005+df['应发工资']*0.008+df['应发工资']*0.1,2)
Df['个人缴纳五险一金']=round(df['应发工资']*0.08+df['应发工资']*0.02+df['应发工资']*0.01+df['应发工资']*0.1,2)
Pd.concat([df'员工序号'],df.loc[:,'应发工资':],axis=1)

Def tax(x):
        If x>85000:
                return round(x*0.45-15160,2)
elif x>60000:
```

```
                return round(x*0.35-71600,2)
elif x>40000:
                return round(x*0.3-4410,2)
elif x>30000:
                return round(x*0.25-2660,2)
elif x>17000:
                return round(x*0.2-1410,2)
elif x>8000:
                return round(x*0.1-210,2)
elif x>5000:
                return round(x*0.03,2)
else:
                return round(0)
Df['本期应纳个税税额']=((df['应发工资']-5000-df['个人缴纳五险一金']-df['专项附加扣除'])*
                df['税率']-df['速算扣除数']).apply(lambda x:x if x>0 else 0)
Pd.concat([df['员工序号'],df.loc[:,'应发工资':]],axis=1)
```

输出结果如下：

```
应发工资(A01 7464.37,A02 12384,A03 6255,A04 6443.1,A05 11083.84,A06 17284.48,A07
19468.4,A08 16441.38,A09 35739)
公司缴纳五险一金(A01 3082.78,A02 5114.59,A03 2583.32,A04 2661,A05 4577.72,A06
7138.49,A07 8040.45,A08 6790.29,A09 14760.21)
个人缴纳五险一金(A01 1567.52,A02 2600.64,A03 1313.55,A04 1353.05,A05 2327.61,A06
3629.74,A07 4088.36,A08 3452.69,A09 7505.19)
本期应纳个税税额(A01 26.91,A02 68.34,A03 0,A04 2.7,A05 165.62,A06 181.37,A07 666,A08
187.74,A09 2648.45)
```

7.4 实训任务

[任务1] 会计数据特征提取

（1）使用 Pandas 读取 Excel 文件后，运用直接索引，提取"公司、资产合计、负债合计、权益合计"；运用布尔索引，提取年份为 2018，营业收入大于 100 000 元的公司的财务数据；运用 loc 索引器，选取 1 至 30 行、"公司"列至"资产总计"列的财务数据。

（2）使用 Pandas 计算所有公司的总营业收入，并计算所有公司净利润的均值。

（3）使用 Pandas 按照公司净利润进行升序排序。

（4）使用 Pandas 分别计算 10108 公司和 10120 公司"营业收入、营业成本、利润总额、净利润"两年内的累计和。

[任务2] 会计人工智能分析思维与数据可视化

在汽车行业所有公司的财务比率（图 7-10）、汽车行业所有公司的财务指标（图 7-11）中，任意选择一家公司（除宁德公司外），绘制该公司的费用率表、偿债能力表、盈利能力表、营运能力表、营收漏斗图，并根据图表进行文字分析。最后，提交一份 html 格式文件和一份 Word 格式文件。

[任务3] Python 在会计核算中的应用

（1）根据案例 7-8 中已知数据使用 Python 计算应付租金。

（2）根据表 7-2 所给数据使用 Python 计算五年间公司允许税前扣除的招待费金额。

（3）参考案例 7-10 中计算员工的工资、五险一金和应纳个税税额的代码，根据员工工资数据（扫描图 7-22 二维码获取）使用 Python 计算应发工资、个人缴纳五险一金以及应纳个税税额。

图 7-22　员工工资数据的二维码

7.5　实训准备

7.5.1　硬件

（1）处理器：多核心 CPU，如 Intel Core i5 或 AMD Ryzen 5。

（2）内存：4 GB 以上。

（3）硬盘：至少有 200 GB 的可用空间。

7.5.2　软件

（1）官网下载 Visual Studio Code（简称"VS Code"）。它是针对编写现代 Web 和云应用的跨平台源代码编辑器，可在桌面上运行，并且可用于 Windows，MacOS 和 Linux。打开 Visual Studio Code，可在此下载 Python。

（2）官网下载 PyCharm Community 版本，在此下载 Pandas 和 Pyecharts（过程见图 7-23～图 7-25）。

https://www.jetbrains.com.cn/en-us/pycharm/download/#section=windows

图 7-23　在官网中找到"Settings"

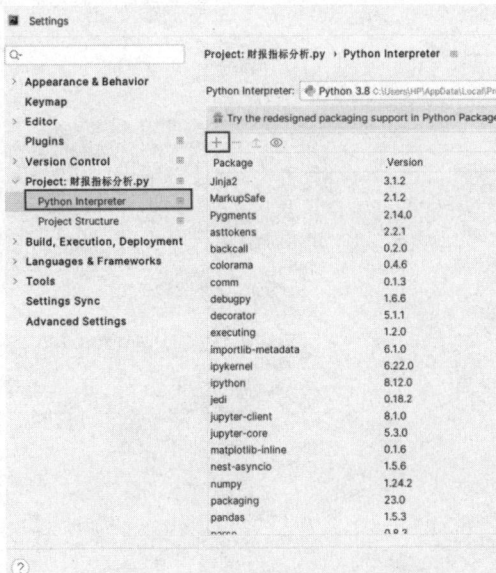

图 7-24　找到"Python Interpreter"

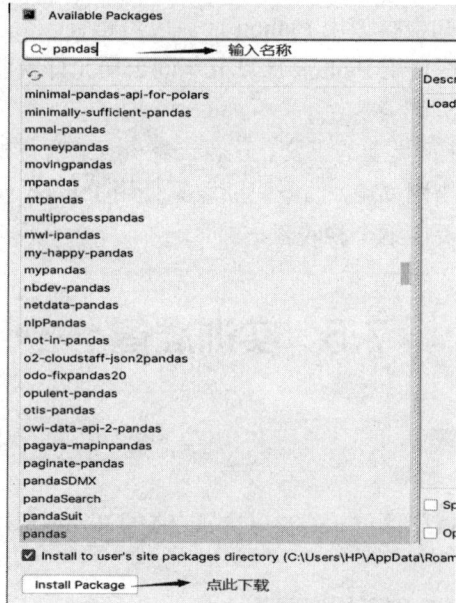

图7-25　找到"Pandas"并下载